실전에서 바로 쓰는

시계열 데이터 처리와 분석

in R

실전에서 바로 쓰는 **시계열 데이터 처리와 분석 in R**

ⓒ 2021. 이기준 All rights reserved.

1쇄 발행 2021년 7월 20일
2쇄 발행 2024년 11월 4일

지은이 이기준
펴낸이 장성두
펴낸곳 주식회사 제이펍

출판신고 2009년 11월 10일 제406-2009-000087호
주소 경기도 파주시 회동길 159 3층 / **전화** 070-8201-9010 / **팩스** 02-6280-0405
홈페이지 www.jpub.kr / **원고투고** submit@jpub.kr / **독자문의** help@jpub.kr / **교재문의** textbook@jpub.kr

소통기획부 김정준, 이상복, 안수정, 박재인, 송영화, 김은미, 배인혜, 권유라, 나준섭
소통지원부 민지환, 이승환, 김정미, 서세원 / **디자인부** 이민숙, 최병찬

진행 김정준 / **교정·교열** 배규호 / **내지디자인 및 편집** 남은순 / **표지디자인** 미디어픽스
용지 타라유통 / **인쇄** 해외정판사 / **제본** 일진제책사
ISBN 979-11- 91600-15-5 (93000)
책값은 뒤표지에 있습니다.

※ 이 책은 저작권법에 따라 보호를 받는 저작물이므로 무단 전재와 무단 복제를 금지하며,
  이 책 내용의 전부 또는 일부를 이용하려면 반드시 저작권자와 제이펍의 서면 동의를 받아야 합니다.
※ 잘못된 책은 구입하신 서점에서 바꾸어드립니다.

제이펍은 여러분의 아이디어와 원고를 기다리고 있습니다. 책으로 펴내고자 하는 아이디어나 원고가 있는 분께서는
책의 간단한 개요와 차례, 구성과 지은이/옮긴이 약력 등을 메일(submit@jpub.kr)로 보내주세요.

실전에서 바로 쓰는

시계열 데이터 처리와 분석

교육, 고용, 코로나 데이터를
활용한 시계열 프로젝트

이기준 지음

Education Employment COVID-19

제이펍

```
R version 4.0.2 (2020-06-22)
Platform: x86_64-w64-mingw32/x64 (64-bit)
Running under: Windows 10 x64 (build 19043)

Matrix products: default

locale:
[1] LC_COLLATE=Korean_Korea.949  LC_CTYPE=Korean_Korea.949
[3] LC_MONETARY=Korean_Korea.949 LC_NUMERIC=C
[5] LC_TIME=Korean_Korea.949

attached base packages:
[1] stats     graphics  grDevices utils     datasets  methods   base

other attached packages:
 [1] yardstick_0.0.7   workflows_0.2.1   tune_0.1.2
 [4] tidyr_1.1.2       tibble_3.0.6      rsample_0.0.8
 [7] recipes_0.1.15    purrr_0.3.4       parsnip_0.1.5
[10] modeldata_0.1.0   infer_0.5.4       dials_0.0.9
[13] scales_1.1.1      broom_0.7.4       tidymodels_0.1.2
[16] modeltime_0.4.1   fable.prophet_0.1.0 fable_0.3.0
[19] prophet_0.6.1     rlang_0.4.10      Rcpp_1.0.5
[22] astsa_1.12        tseries_0.10-48   seastests_0.14.2
[25] urca_1.3-0        tibbletime_0.1.6  lubridate_1.7.9
[28] timetk_2.6.1      feasts_0.1.4      fabletools_0.3.0
[31] forecast_8.12     ggrepel_0.8.2     ggplot2_3.3.2
[34] readxl_1.3.1      dplyr_1.0.2       tsibble_0.9.2
[37] xts_0.12-0        zoo_1.8-8
```

차 례

머리말

시계열 데이터, 당신은 얼마나 자신 있는가?

요즘 사람들은 많은 정보를 접한다. TV, 인터넷, 모바일을 통해서 접하는 그 수많은 정보에는 독자의 이해를 돕기 위해 많은 데이터와 플롯이 사용된다. 4차 산업혁명, 빅데이터, AI가 유행을 타면서 우리가 접하는 데이터와 플롯은 양은 물론 그 종류도 점점 많아지고 있는 것 같다. 그러다 보니 데이터를 처리하고 시각화하는 능력이 더욱 중요해졌는데, 아마도 이 책의 제목이나 목차를 보고 흥미를 느끼는 독자라면 적어도 머신러닝 알고리즘 몇 개쯤은 돌려 보았을 것으로 생각한다. 그런데 우리가 늘 접하는 언론 기사나 회사 보고 문서에서 머신러닝을 배우면서 사용했던 박스 플롯, 점 플롯 등 그 수많은 종류의 플롯을 얼마나 보았는가? 또 실무에서 수없이 작성하는 보고 문서에서 당신은 얼마나 많은 종류의 플롯을 그려 넣었는지 생각해 보라. 물론 각자 맡은 업무에 따라 다르겠지만, 지난 20여 년간 교육 통계 업무를 수행했던 필자가 그린 플롯의 대부분은 연도별 선 플롯 혹은 연도별 막대 플롯이 전부였던 것 같다.

우리는 시계열 데이터와 시계열 플롯을 항상 보고 살아간다. 저출산 문제를 얘기할 때는 연도별 인구수 플롯으로 인구수가 계속 줄고 있는 것을 확인할 수 있고, 우리나라 경제를 얘기할 때는 연도별 GDP 플롯으로 우리나라 경제력이 좋아지고 있다는 것을 확인할 수 있다. 정치 영역에서도 대통령의 지지율이 이번 주는 지난주보다 올랐는가 떨어졌는가가 중요하다.

이렇게 우리 주위에 항상 존재하는 시계열 데이터, 당신은 얼마나 잘 다룰 자신이 있는가?

시간이 흘러 시대가 바뀌었는데, 우리는?

필자가 통계업무를 처음 시작했던 1999년을 기억해 보면 통계부서에서도 통계 분석과 예측에 대해 큰 신뢰가 없었던 것으로 기억한다. 데이터가 부족했기 때문에 그저 데이터를 잘 수집하고 축적하는 데 큰 에너지를 쏟았다. 그 후 10년이 지난 2010년 즈음, 미래 예측 데이터에 대한 필요성이 조금씩 얘기되면서 미래 예측 데이터를 생산하라는 요청에 어렵게 예측 모델을 만들고 예측 데이터를 생산했었다. 그때는 컴퓨터로 예측을 하면 한 자리 숫자까지 정확히 맞아떨어져야 한다고 생각하는 사람들이 있었다. 그것도 공부깨나 했다는 분들께서. 그래서 마치 해답을 채

점하듯이 몇 년 전 예측한 수치가 예측 연도의 실제값이 틀렸다고 이유를 밝히라고 종용받았었다. 무슨 하느님도 아니고 예측이 오차 없이 어떻게 정확할 수 있겠는가? 그때를 생각하면 지금도 아찔하다. 그래서 예산 낭비이니 어쩌니 해서 몇 년 못 가 예측 서비스를 종료했었다.

하지만 그 이후 10년이 지난 지금은 그때와 많은 면에서 달라졌다. 빅데이터와 머신러닝, R과 파이썬으로 대표되는 시대의 변화는 통계를 데이터 사이언스로 바꿔 놓았고, 예측을 바라보는 시선도 확 바꿔 놓았다. 예측에는 오차가 있을 수밖에 없다는 것도 이젠 많이 인식된 것 같다.

그런데 주위를 돌아보면 나는, 우리는 얼마나 바뀌었는지 모르겠다. 회사 생활이라는 게 다 그렇지만, 적응되고 안정되면 안주하게 된다. 한동안 그저 아침에 출근했다가 저녁에 퇴근하는 게 일상이었던 것 같다. LG 트윈스는 20여 년간 우승을 못 하고 있고, 10여 년 전에 들어온 Sun V880은 아직도 돌아가고 있고, 내 음악 플레이리스트에는 여전히 부활의 노래로 가득하다. 그런데 내 주위의 사람들도 다 그런 것 같다. 시대는 바뀌었는데, 나는, 우리는 10년 전과 다른 게 없는 것 같다.

왜 시계열 데이터 분석만?

이런 변화에 대응하려고 마음먹은 이후 머신러닝 책도 많이 읽고 DataCamp와 같은 온라인 콘텐츠도 많이 접했다. 그런데 공부한 걸 써먹으려고 할 때, 가장 많이 사용하는 시계열 데이터에 대한 처리, 시각화, 분석 방법은 찾기가 매우 힘들었고, 겨우 찾은 자료들은 온통 수학 공식뿐이었다. 온통 수학식들이 범람하는 자료, 도서에서 실무에 사용할 수 있는 코드를 찾기란 하늘의 별 따기였다. 수없이 나열된 수학식으로는 시계열 데이터를 처리할 수 없었고 플롯을 만들 수도 없었다. 겨우겨우 찾은 코드는 사용하는 샘플 데이터가 시계열 분석에 적합하도록 너무나도 간결하게 정제된 데이터였기 때문에 샘플 코드가 너무 잘 실행되었다. 그리고 이상한 게, 어렵게 찾은 수많은 자료는 왜 다 똑같은 데이터에 똑같은 코드를 쓰고 있는 걸까? 하지만 내 데이터는 그렇게 간결하지도, 코드에 적합하지도 않았다. 데이터 처리도 안 되는데 어떻게 플롯을 만들 것이며, EDA Exploratory Data Analysis를 할 것이며, 예측 모델을 만들 것인가?

게다가 다른 머신러닝 알고리즘들도 다 수학적 기반에서 나왔을 것인데, 필자가 본 머신러닝 책에서 그 수학적 기반을 상세하게 설명한 책은 거의 없었다. 그런데 왜 시계열 데이터 분석을 소개하는 책이든 인터넷 소스이든 시계열 모델의 설명에 수학적 수식을 잔뜩 넣고 설명하는 것인가? 다른 머신러닝 알고리즘들은 툴박스를 쓰듯이 쓰는데, 시계열 알고리즘은 왜 수학적 잣대를 들이미는 것인가?

그래서 이 책을 시작했다. 깔끔하게 정리된 샘플 데이터가 아닌 우리가 쉽게 얻을 수 있는 실제 데이터를 사용하고 싶어서, 어려운 수학 공식에 대한 이해 없이 다른 머신러닝 툴박스 돌리듯이 시계열 알고리즘을 돌려 보고 싶어서, 이론 위주의 설명이 아닌 코드 위주의 설명으로 시계열 데이터를 다뤄 보고 싶었다.

어쩌면 이 책을 접하는 통계학, 경제학 전공자들은 시계열 데이터 분석에 필요한 수학적 설명이 없다고 이 책을 비난할지도 모르겠다. 그러한 비난은 필자도 겸허히 받도록 하겠다. 하지만 그들에게 하나만 이야기하고 싶다. 실무에서 시계열 데이터를 사용하는 사람들에게 필요한 것은 시계열 데이터의 수학적 수식보다는 시계열 데이터를 어떻게 읽어 들이고, 어떻게 그루핑하고, 어떻게 합계와 평균을 낼 것이며, 어떻게 플롯을 만들고, 어떻게 예측 모델과 미래 데이터를 만들 것인가에 대한 코드가 필요하다고! 수학 공식이 아니라고!

이 책에서는...

이 책을 기획할 때 여러 도서를 참고했다. 우리나라에서 발간되는 시계열 전문 도서는 대부분, 아니 전부 다 대학 강의용 도서였다. 필자는 이 한계를 탈피하고 싶었다. 데이터 사이언스, 머신 러닝을 대학이나 교육기관에서 배우는 사람들도 많겠지만, 책을 통해, 유튜브를 통해, 인터넷을 통해 배우는 사람들도 많다. 이 책은 강의용 도서가 아닌, 실무에서 시계열 데이터를 사용하는 직장인이나 시계열 데이터 분석을 시작하기를 원하는 분들이 시계열 데이터를 쉽게 다루고 분석할 수 있도록 하는 것을 목표로 했다. 이 책을 보고 시계열 데이터에 관심을 둔다면 이 책을 다 본 후 본격적인 시계열 모델링을 공부하기를 권하고 싶다. 따라서 이 책은 시계열 데이터의 입문을 목적으로 했고, 강의에 사용한다면 강의용 도서보다는 보조교재로 활용이 가능할 것으로 생각된다.

1장에서는 시계열 데이터가 여타 데이터와는 다른 특징을 설명하였다. 계절성, 자기 회귀성과 같이 시계열 분석을 위해 꼭 알고 넘어가야 하는 특징 몇 가지를 설명하였다. 2장에서는 R에서 사용할 수 있는 시계열 객체들의 특징과 생성 방법, 엑셀, CSV에 저장된 데이터를 시계열 객체로 가져오는 방법을 설명하였다. 3장에서는 시계열 데이터를 시각화하기 위해 사용할 수 있는 ggplot2, timetk 등의 패키지를 사용해서 시계열 데이터 플롯 작성법을 설명하였다. 4장은 시계열 데이터를 어떻게 처리할 것인지에 대해 설명하였다. 월별 데이터를 연도별 데이터로 만들거나, 지난해, 지난달 데이터와의 증감을 구하는 방법 등 실무에서 바로 사용할 수 있는 코드 위주로 구성하였다. 5장과 6장은 시계열 모델링과 미래 데이터 예측 방법을 설명하였다. 5장에서는 실무에서 흔히 사용하는 평균 모델, 랜덤 워크 모델과 같은 전통적인 모델부터 ARIMA, 지수 평활화 모델과 같이 시계열 전용 모델, prophet, 신경망 모델과 같이 최신 모델을 사용하여 시계열 모델을 만들고, 플롯을 그리고, 미래 예측 데이터를 산출하는 방법을 설명하였다. 6장에서는 여러 모델을 동시에 생성하고 분석하여 성능을 비교할 수 있는 최신 시계열 전용 프레임워크인 fable과 modeltime 프레임워크를 설명하였다.

실무에서 보고서를 작성하거나 EDA를 위주로 하는 독자는 4장까지의 내용이 도움이 될 것이며, 시계열 강의를 듣거나 모델 개발을 원하는 독자는 5, 6장까지의 내용을 활용할 수 있다.

Thanks to...

이 책이 나올 때까지 많은 분의 도움이 있었다. 드래프트 수준의 초고에서 가능성을 발견해 주신 제이펍 장성두 대표님, 그리고 진행을 맡아주신 김정준 부장님과 디자이너, 교정자 분의 도움에 감사드린다. 책의 코드 검증에 시간을 할애해 준 장세영 선생님, 비문이 가득해서 이해되지 않는 원고 초고를 불평 한마디 없이 손봐 준 손지혜 선생님과 구경아 선생님, 항상 고민을 같이 이해 주시고 조언을 주시는 김창환 박사님, 임후남 박사님, 박성호 박사님, 스승 같기도 형님 같기도 친구 같기도 한 강성국 박사님, 새로운 기회를 주셨던 반상진 원장님, 술벤져스(한승, 창모), 일로 만났지만 많은 도움을 주시는 김경신 대표님, 천종섭 상무님, 이동구 대표님, 윤여운 대표님, 새로운 견문을 넓혀주는 조재동 선생님, 이원호 선생님, 이병남 국장님, 강상원 부장님, 이인영 부장님, 한국 오라클 정우철 님, 자주 만나지 못해도 항상 마음은 옆에 있는 동호, 남홍, 주호, 인철과 엽승현 선생님에게 감사를 전한다.

절망했던 2017년 겨울, 차가운 수술대 위에서의 암담함, 그 좋아하던 술, 담배와 맞바꾼 이 한 권의 책이 지금까지의 매너리즘을 날리는 신호탄으로, 열심히 살아온 인생의 증거품으로, 인생의 새로운 시작점의 의미가 되길 바란다.

마지막으로, 내 인생을 함께하는 정덕순 님, 김옥남 님, 찬진, 준우 그리고 멋진 아내 지현에게 감사와 사랑을 전한다.

이기준 드림

추천사

요즘 데이터에 대한 관심과 인기가 매우 높아지고 있습니다. 데이터를 다루고 분석하는 데이터 리터러시를 어떻게 학생들에게 교육할지에 대한 관심도 높아지고 있고, 비즈니스 의사결정 과정에서 데이터를 최대한 활용하는 기업의 효율성에도 주목하고 있습니다.

최근의 데이터 환경은 점점 커지는 대량의 데이터를 기존의 DB 운영 환경에서 클라우드, 데이터 센터 환경으로 전환하여 빠르고 효과적이며 자동으로 관리되는 환경, 기업이 인프라에 대한 고민 없이 비즈니스와 서비스에 집중하는 환경을 구축하는 방향으로 전환되고 있습니다. 이에 더해 최근 4차 산업혁명, 빅데이터, AI 등의 기술 발전은 데이터의 관리만큼 활용도 중요하다는 것을 우리에게 알려 주고 있습니다. 이처럼 다양한 데이터의 생성부터 관리, 처리, 활용, 분석의 능력이 미래 비즈니스 환경에서 핵심적인 능력으로 간주되는 데 이의가 없을 것입니다.

우리가 다루는 많은 데이터 중에 시계열 데이터는 데이터의 과거에서부터 현재에 이르기까지의 데이터의 패턴을 가장 쉽고 잘 보여 줄 수 있는 데이터이기 때문에 그동안 비즈니스 의사결정에도 많이 사용되어 온 데이터였지만, 어려운 분야로 여겨지던 탓에 시계열 데이터를 다루는 전문가들은 많지 않았습니다.

이 책은 그동안 어렵게만 여겨지던 시계열 데이터를 개념 위주로 설명하여 보다 쉽게 접근했다는 데 큰 의의가 있습니다. 특히 생활 속에서 실제로 얻을 수 있는 우리나라의 최신 데이터를 예제로 다루었기 때문에 데이터가 우리가 살고 있는 세상을 어떻게 보여 주는지를 확인해 볼 수 있다는 점에서 더 큰 의의가 있습니다.

또한, 저자가 20여 년간 우리나라의 교육통계 데이터를 다뤄 오면서 겪었던 다양한 실무에서의 경험을 이 책에서 자세히 설명하고 있어 시계열 데이터 분석을 시작하는 초보자들이 겪을 수 있는 다양한 문제에 대해서도 많은 참고가 될 것으로 생각됩니다.

저자가 언급했듯이, 이 책이 시계열 데이터에 대해 관심을 가지게 되는 기폭제 역할을 해서 이후 본격적인 시계열 데이터의 이론을 공부한다면 다른 분야 데이터 분석에 비해 어렵게 느껴졌던 시계열 데이터 분석 분야에 대한 관심과 발전에 큰 도움이 될 것으로 기대합니다.

한국 오라클 대표이사 **탐 송**

우리나라에서 시계열 데이터 전문 서적은 많지 않습니다. 현재도 책 제목에 '시계열'이 들어간 도서는 약 20여 권에 불과하고 대부분은 경영경제 분야에서 SPSS, SAS 등 통계 패키지를 사용하는 대학 강의용 도서입니다. 몇 권 되지 않는 R, 파이썬 기반의 도서는 대부분 번역서이기 때문에 우리나라 데이터로 실습하기 어렵습니다. 그래서 시계열 데이터를 다루는 것을 다들 어려워합니다. 시계열 데이터의 생성부터 처리, 분석, 예측까지를 모두 담은 이 책은 지난 20여 년간 우리나라 교육 통계 시스템과 분석의 시작부터 현재까지를 구축한 저자의 실무 경험이 반영되어 있습니다. 이 책은 시계열 데이터 분석을 원하는 분석가나 미래의 분석가를 희망하는 학생들에게 필독서로서 매우 큰 도움이 될 것입니다.

한국항공대학교 소프트웨어학과 교수 황수찬

시계열 데이터 분석은 매우 어려운 분석 분야였습니다. 시간을 다루는 방법도 어렵고, 경영경제 분야에서 많이 사용하는 시계열 데이터 모델링과 예측 알고리즘들은 대부분 수학적 기초가 있어야 가능했기 때문에 다루기가 쉽지 않고 분석가도 많지 않습니다. 하지만 이 책을 통해 시간을 다루는 방법, 시계열 데이터를 처리하는 방법을 충실히 배울 수 있고, 특히 수학식 하나 없이 시계열 데이터 예측 알고리즘을 사용할 수 있다는 점에서 이제는 시계열 데이터를 보다 쉽게 다룰 수 있을 것입니다. 이 책은 시계열 데이터 분석과 예측의 대중화에 기여하게 될 것입니다.

KT 공공/금융고객본부 상무 김지훈

현재 우리 사회는 코로나19라는 팬데믹을 겪으면서 데이터가 가장 중요한 경제적 자원이 되고 있는 디지털 사회로 급격하게 전환되고 있으며, 이미 식상한 용어가 되어 버린 '빅데이터'가 포스트 코로나 시대에 우리나라 발전을 이끌 핵심이 되고 있습니다. 하지만 '빅데이터'는 단순히 데이터의 크기나 양의 문제가 아닌, 어떻게 관리되고 분석되어 활용되어야 하는지가 핵심적인 기능입니다.

현재 우리나라 사회현상을 설명하는 '저출산으로 학생 수가 줄고 있고, 노령 인구가 급증하고 있으며, 취업자 수가 줄어들고 실업률이 높다'라는 사실을 언론을 통해 접하지만, 체계적인 데이터 분석이 이루어지지 않으면 우리 사회의 전반적이고 정확한 흐름을 파악하는 것은 쉽지 않습니다. 따라서 빅데이터를 정확하게 분석하고 이해하는 것이 무엇보다 중요하다고 할 수 있습니다. 이 책에서 일관되게 설명하고 있는 세 가지 시계열 데이터 사례는 이러한 사회현상에 우리가 빨리 대처할 방법을 일깨워 주고 있습니다. 즉, 이 책은 실제 우리나라 데이터의 시계열 분석을 통해 데이터 분석이 왜 필요한지, 예측을 왜 해야 하는지에 대해 다시 한번 생각해 보게 합니다. 이 책은 단순한 데이터 분석 코드의 차원을 넘어 빅데이터를 활용할 수 있는 데이터 사이언스 학문과 산업이 왜 존재해야 하는지에 대한 분명한 이유를 설명하는 중요한 역할을 할 것으로 기대합니다.

개인정보보호위원회 개인정보보호정책과장 부이사관 이병남

강찬석(LG전자)

R로 학생, 취업, 코로나 등 우리 생활 속에서 경험할 수 있을 법한 시계열 관련 데이터를 다룬다는 점에 의미를 부여하고 싶습니다. 더불어 기본적인 시계열 처리 기법 외에도 신경망과 Prophet 같은 비교적 최신 시계열 기법도 다루고 있어, 해당 분야에 관심 있는 사람들에게는 도움이 많이 되리라 생각합니다.

 공민서

시계열 분석의 이론과 실습에 대해 체계적으로 잘 정리해 놓았습니다. 단순히 최근에 나온 것이 좋은 게 아니라 데이터의 성향에 따라 적용할 수 있는 모델이 다르고 이 모델을 통계적으로 검증하는 방식들이 서술되어 있어 유용합니다. 무엇보다 '그래서 뭘 써야 하는 거야?' 할 때 직접적인 답안보다는 각자의 상황에 맞게 데이터를 들여다보고 실험하여 사용하라는 메시지를 전달하는 서술 방식이 개인적으로는 좋았습니다.

 김용현(Microsoft MVP)

시계열 분석에 특화된 각종 패키지 소개, 시각화 방법, 데이터 처리, 기반 개념을 배울 수 있으며, 각종 예측 모델, fable/modeltime 프레임워크 실습을 통하여 관련된 모든 것을 경험할 수 있습니다. 특히, 한 가지 간단한 샘플 데이터를 통해 이해를 요구하는 기존 책들과 달리, 특징 있는 세 가지의 데이터를 활용한 코드 실행 결과 비교는 독자들의 이해에 큰 도움이 될 것입니다.

주석을 따라가다 보면서 만난 레퍼런스를 통해 저자분의 꼼꼼한 면을 간접으로나마 경험할 수 있었고, 거의 모든 레퍼런스를 비교적 최근 문서로 선택하신 것만으로도 최근 지식으로 검증하셨다는 느낌을 받을 수 있었습니다.

 김태근(연세대학교 대학원 물리학과)

시계열 데이터 분석은 항상 중요하다고 들어 왔지만, 선뜻 발을 내딛기가 어려운 분야였습니다. 실제로도 몇 번 관련 도서를 접했지만, 그때마다 지루한 설명에 책을 덮게 되었습니다. 하지만 이 책은 하나하나 모두 코드와 그래프로 예시를 들어 각각의 분석을 쉽고 재미있게 설명해 주었고, 최신 데이터를 활용해 몰입감을 더했습니다. 글도 깔끔하여 가독성까지 좋으니 누구에게나 자신 있게 추천할 수 있는 책입니다.

 박조은(오늘코드)

시계열 관련 패키지를 사용하면 그럴듯한 리포트와 시각화를 보여 줍니다. 하지만 이 그럴듯한 결과를 어떻게 해석해야 할지는 다른 일입니다. 그동안 여러 시계열 도구를 사용하며 궁금했던 것들을 이 책을 통해 해소할 수 있었습니다. 코로나 확진자 수와 취업자 수를 통해 다양한 모델을 비교해 보는 예제로 시계열 관련 저서 중 손꼽을 만한 책이지 않을까 싶습니다. 기존에 출판된 책은 너무 오래되었거나 번역서였는데, 내공이 깊은 국내 저자분이 쓰신 책이라 어려운 내용도 쉽게 이해할 수 있을 만큼 설명이 자세합니다.

 이석곤(엔컴)

데이터를 다루다 보면 미래를 예측하거나 분석할 때 시계열 분석 방법을 사용합니다. 하지만 처음에 어떻게 접근해야 할지 난감합니다. 이 책에서는 시계열 기초 개념부터 예측 모델, 시각화 및 프레임워크 사용까지 다뤄 전반적으로 살펴보기에 좋습니다. 특히, 데이터 분석가들이 많이 사용하는 R로 코드 작성을 해서 쉽게 접근할 수 있습니다. 시계열 분석을 공부하다 보면 기존에 해결하기 힘들었던 인과관계, 트렌드, 미래 예측에 대한 답을 찾을 수 있을 겁니다.

제이펍은 책에 대한 애정과 기술에 대한 열정이 뜨거운 베타리더의 도움으로
출간되는 모든 IT 전문서에 사전 검증을 시행하고 있습니다

1장

시계열 데이터

우리는 연도별 학생수, 일별 기온 변화 등과 같이 시간의 흐름에 따라 수집된 시계열 데이터를
흔히 볼 수 있는데, 특히 주식시장에서 발생되는 주가 변동, 주식 거래량 데이터가 시계열 데이
터의 대표적인 예다.

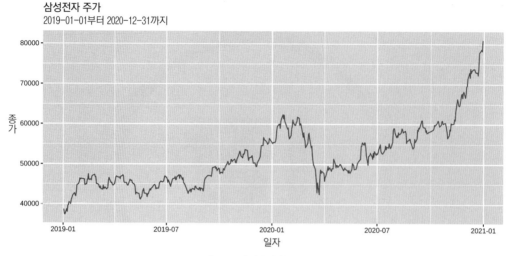

▲ 그림 1-1 삼성전자의 주가 변동

시계열 데이터는 시간의 흐름에 따라 과거 데이터를 확인하고 앞으로 데이터가 어떻게 흘러갈
것인가를 예측하기 위해 사용된다. 지금까지 시계열 데이터를 활용하는 사례 중에서 우리가 가
장 많이 쓰는 사례는 뭐니 뭐니 해도 절기가 아닐까 한다. 우리나라 달력에는 입동, 우수, 초복
등 날씨가 변경되는 각종 절기가 표기되어 있는데, 우리 조상들은 오랜 시간에 걸쳐 1년 중 시간
의 변화에 따라 기후의 변화를 파악했다. 이를 절기로 기록했고, 이를 통해 기후의 변화를 예측
했다.

지금도 이런 시간적 변화에 따라 발생하는 데이터의 변화량을 파악하여 응용하는 경우가 많은
데, 특히 경제지표 예측, 상품 수요 예측, 관광객 수요 예측, 전기 수요 예측 등과 같이 경제, 경
영 분야뿐만 아니라 많은 산업에서 사용된다. 이처럼 시계열 데이터는 과거의 데이터 패턴이 유
사하게 지속된다는 가정하에 미래 특정한 기간의 데이터 흐름을 분석하기 위해 사용된다. 특히
시간적 변화에 따른 미래의 결과를 예측하는 것은 정부의 정책을 수립하거나 기업에서 비즈니
스 전략을 수립하는 과정에서 많이 사용되고 있기 때문에 시계열 데이터에 대한 중요성이 매우
높다.

최근 머신러닝이 발달함에 따라 데이터를 기반으로 예측하는 알고리즘들이 많이 소개되고 사용되고 있다. 그 알고리즘들은 지도 학습supervised learning, 비지도 학습unsupervised learning, 강화 학습reinforcement learning 등으로 분류된다. 이런 알고리즘을 사용하여 예측 모델을 생성하고 새로운 데이터가 주어졌을 때 예측 모델을 통해 예측값을 산출해 낸다. 그러나 일반적으로 시계열 데이터를 위한 예측 모델은 지도 학습, 비지도 학습, 강화 학습의 범주에 포함시키지 않지만, Azure, AWS, H2O와 같은 머신러닝 플랫폼에서는 대부분 시계열 분석을 위한 알고리즘을 포함하고 있고, 컨설팅 회사 맥킨지McKinsey는 시계열 데이터의 가치는 텍스트나 오디오, 비디오보다 높다고 평가하고 있다.[1]

최근에는 머신러닝 알고리즘을 시계열 데이터에 적용하여 예측 모델을 생성하는 방법들이 속속 소개되고 있고, 페이스북에서는 자사에서 개발한 시계열 데이터 분석 알고리즘(prophet)을 소개하는 등 시계열 데이터에 대한 예측 알고리즘도 발전하고 있다. 이와 같은 시계열 예측 모델을 이해하기 위해서 시계열 데이터의 개념부터 시작하도록 하겠다.

1.1 시계열 데이터란?

시계열 데이터time series data는 일정한 시간 간격에 따른 정보량을 기록한 데이터다. 기록되는 정보량은 여러 측정값이 가능한데, 대부분의 경우 가격, 온도, 인구수 등 수치적 측정값이 기록되지만, 이들을 조작하는 인덱스는 반드시 시간형 타입으로 설정되거나 시간을 나타낼 수 있는 데이터로 설정되어야 한다.

사실, 시계열 데이터이든 관찰값 데이터이든 미래 데이터를 예측한다는 것은 데이터 간의 특정한 패턴을 찾아내고 이 패턴을 반복 적용하여 미래의 결과를 산출하는 과정이다. 빅데이터의 사례를 얘기할 때 자주 언급되는 사례인 미성년 고객에게 보낸 임신용품 쿠폰 사례가 대표적이다. 미국의 유통업체인 '타깃'은 데이터 분석 과정에서 무향 티슈, 마그네슘 보충제를 사는 고객들은 임신 중일 확률이 높다는 구매 패턴을 발견하였고 이 패턴을 통해 미성년 고객이 임신한 사실을 부모보다 먼저 알아내었다. 이렇게 데이터 간의 패턴을 어떻게 뽑아낼 것이냐가 예측 성능을 좌우한다.

---

1 https://mck.co/3vm3Qrc

	date	status	0-9세	10-19세	20-29세	30-39세	40-49세	50-59세	60-69세	70-79세	80세 이상
1	2020-04-09	신규	2	4	12	7	7	2	2	0	3
2	2020-04-10	신규	1	1	7	4	2	3	6	2	1
3	2020-04-11	신규	1	5	5	2	3	6	7	0	1
4	2020-04-12	신규	0	3	13	5	1	4	3	3	0
5	2020-04-13	신규	2	1	10	2	1	2	5	1	1
6	2020-04-14	신규	0	3	7	4	4	3	3	2	1
7	2020-04-15	신규	0	4	9	5	3	2	1	2	1
8	2020-04-16	신규	3	3	5	1	2	2	2	1	2
9	2020-04-17	신규	1	4	9	3	1	2	1	1	0
10	2020-04-18	신규	2	0	9	1	1	2	1	1	1
11	2020-04-19	신규	0	2	3	1	0	1	0	0	1
12	2020-04-20	신규	0	3	5	2	0	3	0	0	0
13	2020-04-21	신규	0	1	2	0	1	3	0	1	1
14	2020-04-22	신규	0	1	3	1	4	0	1	1	0
15	2020-04-23	신규	0	1	2	1	1	1	0	1	1
16	2020-04-24	신규	0	1	1	1	0	1	1	0	1
17	2020-04-25	신규	1	1	3	1	2	0	2	0	0
18	2020-04-26	신규	2	0	3	4	1	0	0	0	0

▲ 그림 1-2 시계열 데이터 예시

그렇다면 시계열 데이터는 어떤 특성을 가지고 어떻게 패턴을 뽑아내야 할까? 시계열 데이터는 데이터에서 예측 가능한 특성을 뽑아내고 예측 불가능한 특성을 제거하는 과정을 거쳐서 예측 모델을 생성한다. 이는 마치 껍질을 벗겨내고 알맹이를 취하는 탈곡 과정과 유사하다. 향후 미래 예측에 사용되는 패턴이 담겨 있는 알맹이를 뽑아내고 예측이 불가능한 찌꺼기인 백색잡음을 제거하는 형태로 예측 모델이 생성된다.

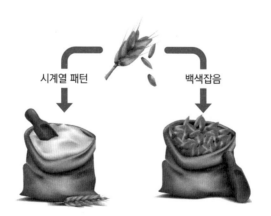

▲ 그림 1-3 시계열 데이터 분석의 개념(© www.freepik.com)

이처럼 시계열 데이터는 다른 데이터 세트data set와 달리 반드시 시간을 특성으로 가지기 때문에 다른 데이터에서 보이지 않는 다음과 같은 몇 가지 특성을 지닌다.

1.2 시계열 데이터의 특성

1.2.1 시간 독립변수

일반적으로 데이터 분석 시에는 독립변수와 종속변수 간의 관계를 분석하는 경우가 많다. 종속변수의 행동을 예측하기 위해서는 하나 혹은 여러 개의 독립변수가 필요하고, 이들 간의 관계성을 알아냄으로써 독립변수에 따른 종속변수의 예측값을 산출한다. 예를 들어, 자동차의 속도가 빠를수록 제동 거리는 길어지게 된다. 이를 그래프에서 보면 양의 상관관계를 보이는데, 이 경우는 제동 거리를 종속변수로, 자동차 속도를 독립변수로 분석할 수 있다.

그러나 **시계열 데이터는 독립변수가 시간으로 고정**된다. 따라서 시계열 데이터는 시간 변수와의 상관관계 분석이라는 점에서 다른 데이터 분석과 다르다.

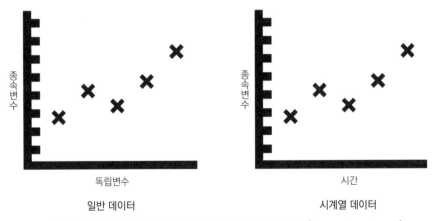

▲ 그림 1-4 일반 데이터와 시계열 데이터의 변수 구성상의 차이(© www.freepik.com)

시간 독립변수를 설정할 때 중요한 요소는 기록되는 시간 간격이 동일해야 한다는 점이다. 예를 들어, 매월 측정된 어떤 물품의 판매량이 있다면 데이터 전체적으로 월간 데이터가 기록되어야 한다. 특정 기간의 주간 데이터로 기록되거나 분기 데이터로 기록되면 올바른 시계열 데이터로 볼 수 없다. 매시간, 매일, 매월, 매분기, 매년 등 데이터가 기록된 간격이 일정해야 시계열 데이터를 다루기 위한 다양한 함수에 적용할 수 있다.

이것은 간격이 일정하더라도 결측값에 의해 모든 간격의 데이터가 기록되지 않은 것과는 다르다. 결측값이 있는 데이터는 시계열 데이터의 플롯plot을 만들고 탐색적 데이터 분석EDA, Exploratory Data Analysis를 수행할 수는 있으나 모델링을 하고 예측에 적용하기 위해서는 결측값을 적절히 처리하는 것이 중요하다.

1.2.2 자기상관 관계

최근 우리나라는 저출산 고령화 사회에 접어들었다고 한다. 우리나라의 출생아 수가 줄어드는 추세가 몇 년째 계속되고 있다고 뉴스에서 보도되고 있다. 재작년보다 작년이 줄었고, 작년보다 올해가 줄었다. 특별한 사건이나 이슈가 발생하지 않는 이상 이러한 추세는 반복될 것이다. 이처럼 과거의 데이터가 현재의 데이터에 영향을 주는 경향을 자기상관autocorrelation이라고 한다. 시계열 데이터는 일련의 시간 간격에 따라 기록되는 데이터들의 집합이기 때문에 인접한 시간 데이터 간의 상관관계가 존재하는 경우가 많다.

일반적으로 상관관계는 서로 다른 두 변수 간의 경향성을 말한다. 기온과 아이스크림 판매량, 자동차 속도와 제동 거리 등과 같이 한 변수가 움직일 때 다른 변수가 어떻게 움직이는지를 살펴보는 것이 상관관계이고, 이를 수치화한 것이 상관계수다. 하지만 자기상관 관계는 자기 자신의 n번째 과거 데이터(n차 지연lag 데이터)와 현재 데이터 간의 상관관계를 의미한다. 상관관계가 존재한다는 것은 n차 지연 데이터와 현재 데이터 간의 상관계수가 높다는 것을 의미한다.

그림 1-5의 왼쪽 표는 1999년부터 2020년까지의 우리나라 유, 초, 중, 고등학교의 전체 학생수를 나타내고 있고, 오른쪽 플롯은 1년 전 전체 학생수와 전체 학생수에 대한 플롯이다. 이 플롯을 보면 1년 전 학생수가 증가하면 전체 학생수가 증가하는, 관계성이 매우 높은 플롯이 나타난다. 이는 전체 학생수는 자기 자신의 데이터와의 상관성, 즉 자기상관성이 매우 높다고 말할 수 있다.

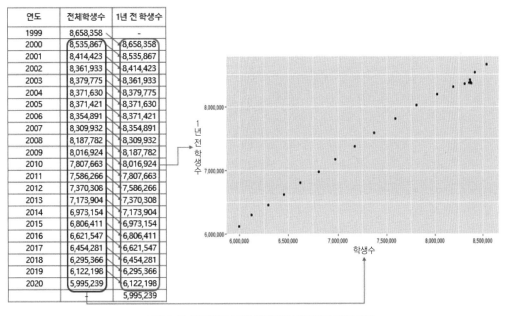

연도	전체학생수	1년 전 학생수
1999	8,658,358	-
2000	8,535,867	8,658,358
2001	8,414,423	8,535,867
2002	8,361,933	8,414,423
2003	8,379,775	8,361,933
2004	8,371,630	8,379,775
2005	8,371,421	8,371,630
2006	8,354,891	8,371,421
2007	8,309,932	8,354,891
2008	8,187,782	8,309,932
2009	8,016,924	8,187,782
2010	7,807,663	8,016,924
2011	7,586,266	7,807,663
2012	7,370,308	7,586,266
2013	7,173,904	7,370,308
2014	6,973,154	7,173,904
2015	6,806,411	6,973,154
2016	6,621,547	6,806,411
2017	6,454,281	6,621,547
2018	6,295,366	6,454,281
2019	6,122,198	6,295,366
2020	5,995,239	6,122,198
		5,995,239

▲ 그림 1-5 자기상관 관계 데이터와 자기상관 관계 플롯

1.2.3 추세 경향성

시계열 데이터는 장기적으로 점차 증가하거나 점차 감소하는 추세 경향성trend을 보이는 경우가 있다. 사실, 시계열 데이터 분석에서 우리가 가장 원하는 것이 데이터가 그동안 어떤 추세를 보였고 이 추세가 유지된다면 앞으로 어떻게 미래에 대응해야 할지를 결정하기 위한 정보다. 따라서 이 추세 경향성을 어떻게 찾아낼 것인가가 시계열 분석에서 중요한 부분이다.

그림 1-6은 위에서 살펴본 우리나라 전체 학생수의 플롯이다. 플롯에서도 보다시피 우리나라의 전체 학생수는 전반적으로 감소하는 추세에 있다. 2003년에서부터 2007년까지는 추세가 유지되었지만, 이후 급격히 감소하는 추세임을 눈으로 쉽게 확인할 수 있다.

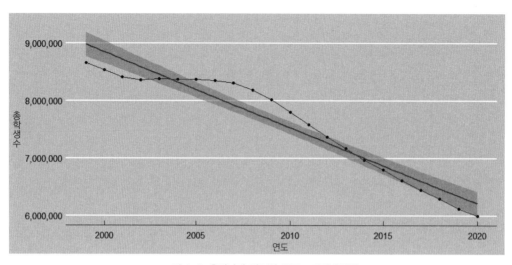

▲ 그림 1-6 우리나라 연도별 초중고 전체 학생수

추세 경향성은 시간의 흐름에 따라 영향을 받는 데이터의 중장기적인 지속적 데이터의 변동을 말한다. 시간 축에 따라 발생하는 데이터 변동은 시계열 플롯에서 확인이 가능하다. 이 추세 변동성을 해석할 때는 변동성을 단순한 선형 회귀로 단정하여 예측하지 않도록 주의해야 한다. 추세 경향성을 선형 회귀로 분석할 때는 앞서 언급한 자기상관 관계가 있는지를 먼저 확인한 후에 적용해야 한다. 자기상관 관계가 있는 경우에는 선형 회귀 외에 다른 시계열 분석 방법을 함께 고려하여 성능이 더 좋은 모델을 사용하도록 해야 한다.

1.2.4 계절성, 순환성

시계열 데이터는 중장기적인 추세 경향성 외에 데이터가 달력calendar의 날짜나 기간에 따라 주기적으로 변화하거나 장기적인 시간의 흐름에 따라 오르거나 내리는 추세가 반복되는 변동성을 가지는 경우가 있다.

달력의 날짜나 일정한 기간에 따라 데이터가 변동되는 경우의 대표적인 예가 월별 아이스크림 판매량, 밸런타인데이의 초콜릿 판매량, 크리스마스 기간의 소매 판매량, 설이나 추석의 고속도로 이용자수 등이다.

이는 앞으로 예제로 사용할 우리나라 월별 전체 취업자수 플롯에서도 명확하게 나타난다. 그림 1-7은 2013년부터 2020년까지의 우리나라의 월별 신규 취업자수에 대한 플롯이다. 플롯을 보면 매년 겨울에 신규 취업자수는 전반적으로 줄어들고, 봄부터 증가하다 여름에 잠시 줄어들며,

가을에 다소 회복했다가 다시 겨울이 시작되면서 줄어드는 계절성seasonality을 보인다.

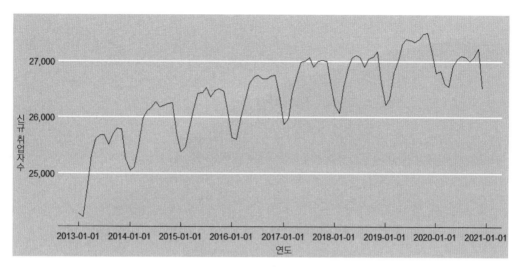

▲ 그림 1-7 우리나라 월별 신규 취업자수

이처럼 계절성은 봄, 여름, 가을, 겨울과 같은 계절, 일, 주, 월, 분기와 같은 기간의 변화 등에 따라 주기적으로 변동하는 시계열 성질을 말한다. 이에 비해 순환성cyclic은 일정한 기간과는 상관없이 데이터의 변동성이 반복되거나 1년을 넘겨 주기적으로 발생하는 데이터의 반복성을 말한다.

계절성과 순환성은 혼동되는 경우가 많다. 계절성은 주기가 고정된 기간에 대한 주기적 반복이고, 순환성은 변동적 기간에 대한 주기적 반복이다. 일반적으로 순환성의 주기가 계절성 주기보다 길기 때문에 계절성은 언제쯤 데이터 피크peak가 나타날지 예측이 가능하나, 순환성은 데이터 피크에 대한 예측이 어려운 성질을 지닌다.

1.2.5 불확실성

우리는 아침마다 일기예보를 확인한다. 일기예보는 오늘 비가 올 확률을 알려주고, 일기예보를 확인한 사람들은 비 올 확률을 보고 우산을 가져갈지 말지에 대한 판단을 한다. 기상청에서 우리에게 주는 정보는 결국 불확실성uncertainty인 것이다.

그림 1-8은 기상청에서 제공하는 태풍의 경로다. 태풍이 앞으로 어떻게 이동할지를 시간대별로 예측한 그림으로, 현재 서귀포 부근에 상륙한 태풍은 부산, 독도를 지나 일본 삿포로로 빠져나갈 것이라고 예측하고 있다. 하지만 그 태풍의 경로를 둘러싸고 있는 범위를 보면 태풍의 위치 70% 확률 반경의 범위가 보인다. 결국, 태풍의 경로는 70%의 확률로 그 범위 안에 있을 것이다.

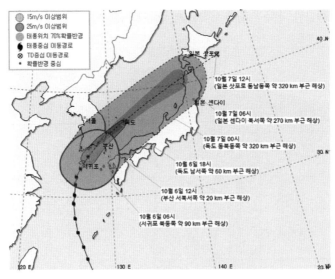

▲ 그림 1-8 태풍의 예상 이동 경로

여기서 하나 주의해야 할 것은 태풍의 경로가 70% 범위라는 것은 태풍이 그 경로를 지나갈 확률이 70%라는 것이 아니고, 수많은 예측을 수행했을 때 태풍의 경로 예측값의 70%가 해당 범위 내에 있다는 것이다. 좀 이해하기 어렵고 말장난 같을 수 있을 것이다. 하지만 두 가지 모두에서 중요한 것은 '미래 예측값은 현재로서는 정확히 모른다'는 것이다.

따라서 시계열 모델의 해석에는 반드시 불확실성에 대한 고려가 수반되어야 한다. 시계열 분석을 통해 예측된 미래 데이터는 사용된 모델에 적합한 확률분포probability distribution에 따른 신뢰구간이 같이 제공되어 평가되어야 한다.

일반적으로 미래 데이터를 말할 때는 앞서 말한 확률분포의 평균을 말하는 경우가 많다. 이를 나타낼 때는 '모자 기호hat'를 붙여서 $\hat{x}$로 표현하는 경우가 많다. 하지만 중앙값을 사용하는 경우도 있다.

대부분의 시계열 모델은 불확실성을 표현하기 위해 90%, 95%와 같이 확률분포에 따른 신뢰구간을 제공한다. 시계열 예측의 신뢰구간에서 가장 먼저 이해해야 하는 것은 시계열 예측의 예측 기간이 길수록 예측 신뢰구간의 데이터 분포가 점점 넓어진다는 것이다. 결국, 먼 미래의 예측이 더 힘들고 어렵다는 의미다.

2장

시계열 데이터 객체

시계열 데이터는 시간을 인덱스로 사용해야 하기 때문에 반드시 시간형 데이터 클래스가 존재하거나 이에 준하는 정보가 포함되어야 한다. R에서는 시간을 인덱스로 허용하는 데이터 클래스를 몇 가지 제공하고 있는데 그 클래스에 따라 데이터 처리 함수, 플롯 함수, 모델 생성 함수 등의 사용법이 다르기 때문에 주의깊게 설정해야 한다.

또한 각각의 데이터 클래스들이 장단점을 가지기 때문에 데이터 클래스 간의 변환을 통해 사용해야 할 경우도 있다. 이 장에서는 R에서 많이 사용하는 날짜/시간 데이터 클래스와 시계열 전용 객체를 소개하고 외부 데이터를 R로 불러들여 시계열 객체로 저장하는 방법에 대해 알아본다. 여기서 생성된 시계열 데이터를 사용하여 앞으로 시계열 모델링의 실습 예제로 사용할 것이다.

2.1 날짜/시간 데이터 클래스

앞서 설명한 것과 같이 시계열 분석을 위한 시계열 데이터에는 반드시 시간이 표현된 데이터가 포함되어야 한다. 따라서 R이 특정 데이터를 시간 데이터로 이해하기 위해서는 R이 이해할 수 있는 형태로 시간 데이터를 표기해야 한다. R이 이해하는 시간 데이터의 형태는 date, POSIXct, POSIXlt, yearmon, yearqt 클래스 등이 있다.

2.1.1 date 클래스

R에서 기본적으로 제공하는 시간 표현 클래스로, 1970년 이후의 달력상의 일수를 기록하는 데이터 클래스다. 양수일 경우 1970년 이후의 일(하루 단위)의 수이며, 음수인 경우 1970년 이전의 일(하루 단위)의 수를 표시한다. date 클래스는 실제 R 내부에 저장 시 정수 형태로 저장되지만, 출력 시에는 'yyyy-mm-dd' 형태로 표현된다.

date 클래스는 특별한 패키지의 로딩 없이 바로 사용할 수 있다. date 타입의 데이터를 생성하기 위해서는 다음과 같이 as.Date()를 사용한다.

```
(date <- as.Date(c('2021-01-31', '2021-02-28', '2021-03-31')))
```
```
[1] "2021-01-31" "2021-02-28" "2021-03-31"
```
```
(date <- as.Date(c('21/01/31', '21/02/28', '21/03/31'), format = '%y/%m/%d'))
```
```
[1] "2021-01-31" "2021-02-28" "2021-03-31"
```

```
unclass(date)
```
```
[1] 18658 18686 18717
```

 코드 설명
- as.Date()는 벡터로 전달된 데이터를 date 클래스로 변환
- 변환하기 위해서는 전달된 벡터가 date format을 갖추어야 하나 갖추지 못한 경우는 format 매개변수로 설정할 수 있으며, 많이 사용되는 format 지정자는 다음 절에서 설명
- date class의 클래스를 해제(unclass())하면 내부적으로 저장된 1970년 이후의 날짜가 보임

2.1.2 POSIXct, POSIXlt 클래스

date 클래스는 1970년 이후 일(하루 단위)의 수를 기록하는 클래스이지만, POSIXct 클래스는 1970년 이후, POSIXlt 클래스는 1900년 이후의 시간을 초단위로 기록하는 클래스이다. POSIXct 는 date 클래스와 같이 1970년 이후의 시간을 초 단위의 정수로 기록하는 클래스이고, POSIXlt 는 연, 월, 일, 시, 분, 초의 정보를 리스트 형태로 기록하는 클래스다. POSIXlt는 1900년 이후로 계산되어 리스트가 만들어진다.

```
# character를 POSIXct class로 변환
as.POSIXct('2021-01-31 12:34:56')
```
```
[1] "2021-01-31 12:34:56 KST"
```
```
# POSIXct를 해제하면 정수
unclass(as.POSIXct('2021-01-31 12:34:56'))
```
```
[1] 1612064096
attr(,"tzone")
[1] ""
```
```
# character를 POSIXlt class로 변환
as.POSIXlt('2021-01-31 12:34:56')
```
```
[1] "2021-01-31 12:34:56 KST"
```
```
# POSIXlt를 해제하면 list
unclass(as.POSIXlt('2021-12-31 12:34:56'))
```
```
$sec
[1] 56

$min
[1] 34
```

```
$hour
[1] 12

$mday
[1] 31

$mon
[1] 11

$year
[1] 121

$wday
[1] 5

$yday
[1] 364

$isdst
[1] 0

$zone
[1] "KST"

$gmtoff
[1] NA
```

```
# POSIXlt에서 1900년 이후 연도를 추출
as.POSIXlt('2021-12-31 12:34:56')$year
```

```
[1] 121
```

 코드설명

- as.POSIXct()는 벡터로 전달된 데이터를 POSIXct 클래스로 변환
- POSIXct class를 해체(unclass())하면 내부적으로 저장된 1970년 이후의 해당 시간까지의 초 수가 보임
- as.POSIXlt()는 벡터로 전달된 데이터를 POSIXlt 클래스로 변환
- POSIXlt class를 해체하면 리스트로 저장된 날짜 속성이 보임
- POSIXlt에서 날짜 속성을 뽑아내려면 $속성명을 사용

2.1.3 yearmon, yearqtr 클래스

yearmon과 yearqtr 클래스는 모두 zoo 패키지에서 제공하는 클래스다. 따라서 두 클래스를 사용하기 위해서는 zoo 패키지를 설치하고 로딩해야 한다.

yearmon과 yearqtr 클래스는 연, 월로 표현되거나 연, 분기로 표현된 시간 데이터가 있을 때 사용한다. yearmon 클래스는 연, 월별 데이터를 표현하는 클래스이고, yearqtr는 연, 분기 데이터를 표현하는 클래스다. yearmon 클래스는 1월을 0으로, 2월을 1/12 = 0.083, 12월을 11/12 = 0.917로 표기하고, yearqtr 클래스는 분기마다 0.25씩 더해서 저장되지만, 표현될 때는 우리가 쓰는 시간 형태로 표현된다.

```
if(!require(zoo)) {
  install.packages('zoo')
  library(zoo)
}
# character를 yearmon class로 변환
as.yearmon("2007-02")
```

```
[1] "2 2007"
```

```
# yearmon class를 해제하면 double
unclass(as.yearmon("2007-02"))
```

```
[1] 2007.083
```

```
# 날짜가 있어도 yearmon은 연, 월까지만 인식
as.yearmon("2007-02-01")
```

```
[1] "2 2007"
```

```
# character를 yearqtr class로 변환(1분기)
as.yearqtr("2007-01")
```

```
[1] "2007 Q1"
```

```
# yearqtr class를 해제하면 double
unclass(as.yearqtr("2007-04"))
```

```
[1] 2007.75
```

- yearmon, yearqtr 클래스를 사용하기 위해서는 zoo 패키지를 먼저 로딩해야 함

- as.yearmon()로 날짜 문자열이나 date 클래스를 yearmon 클래스로 변환

- yearmon 클래스를 해제하면 정수 부분이 연도이고 소수점 부분이 월(month/12)로 표현된 실수로 보임

- as.yearmon()에 연, 월, 일을 전달해도 연, 월만 인식

- as.yearqtr()로 날짜 문자열이나 date 클래스를 yearqtr 클래스로 변환

- yearmon 클래스를 해체하면 정수 부분이 연도이고 소수점 부분이 분기(분기/4)로 표현된 실수로 보임

2.1.4 날짜, 시간 포맷

날짜와 시간을 표현하는 방법은 여러 가지가 있다. R에서는 as.Date(), as.POSIXct() 등과 같은 시간 클래스 생성 함수에서 format을 사용하여 다양한 날짜와 시간의 표현을 지원한다. format 매개변수에 의해 표현되는 날짜, 시간 표기는 날짜 표현 방법, 시간 클래스의 지역 설정 (timezone)에 따라 달라진다. 예를 들어, 월의 명칭을 표현하는 %B, %b는 우리나라 지역 설정 에서는 'January', 'Jan'이 아닌 '1월'로 표기된다.

▼ 날짜 포맷 표준 코드

표준 코드	설명	예
%d	월의 날짜(정수)	23
%m	월(정수)	12
%B	전체 월 이름	January
%b	축약형 월 이름	Jan
%Y	4자리 연도	2010
%y	2자리 연도	10
%a	요일	수

```
as.Date('01/12/2010', format = '%d/%m/%Y')
```

```
[1] "2010-12-01"
```

```
Sys.setlocale("LC_ALL", "English")
```

```
[1] "LC_COLLATE=English_United States.1252;LC_CTYPE=English_United States.1252;LC_
MONETARY=English_United States.1252;LC_NUMERIC=C;LC_TIME=English_United States.1252"
```

```
as.Date('01jan21', format = '%d%b%y')
```

```
[1] "2021-01-01"
```

```
Sys.setlocale("LC_ALL", "Korean")
```

```
[1] "LC_COLLATE=Korean_Korea.949;LC_CTYPE=Korean_Korea.949;LC_MONETARY=Korean_
Korea.949;LC_NUMERIC=C;LC_TIME=Korean_Korea.949"
```

```
as.Date('011월21', format = '%d%b%y')
```

```
[1] "2021-01-01"
```

 **코드
설명**
- format이 %d/%m/%Y 형태로 표시된 문자열을 date 형태로 변환

- locale을 영어로 설정

- format이 %d%b%y 형태로 표시된 문자열을 date 형태로 변환

- locale을 한국어로 설정

- format이 %d%b%y 형태로 표시된 문자열을 date 형태로 변환

2.2 시계열 데이터 객체

R에서는 일반적으로 데이터 프레임에 데이터를 저장하는 경우가 많다. 시계열 데이터도 데이터 프레임에 저장할 수 있다. 하지만 시계열 데이터는 시간 인덱스를 기반으로 검색, 분할, 집계, 병합과 같은 데이터 처리가 이루어지기 때문에 데이터 프레임보다는 시계열 데이터 객체에서 처리하는 것이 효과적이다.

R에서는 시간 인덱스를 기반으로 데이터를 처리하기 위한 시계열 데이터 객체를 제공하고 있다.[1] R에서 사용할 수 있는 시계열 데이터 객체는 R 자체적으로 제공하는 객체도 있지만, 시계열 패키지를 통해 제공되는 객체도 있다.

2.2.1 ts

ts 객체는 R에서 기본적으로 제공되는 시계열 데이터 타입이다. ts 객체는 stats 패키지를 로딩해야 사용할 수 있지만, stats 패키지는 R이 실행될 때 기본적으로 로딩되기 때문에 바로 활용할 수 있다. 또한 ts 객체는 stats 패키지에서 제공하는 다양한 시계열 데이터 처리 함수가 다루기 때문에 많이 사용된다.[2]

---

1   Eric Zivo, 《Working with Financial Time Series Data in R》, 2014, https://bit.ly/2PSXHCq

2   ts, R document, https://bit.ly/3vplfyb, 2021.1.31

ts 객체는 앞서 설명한 바와 같이 R에서 기본적으로 제공되는 시계열 객체라는 장점이 있지만, 단점도 있다. 가장 큰 단점은 ts 객체는 원본 데이터 시간을 사용하지 않는다는 점이다. ts 객체 생성 함수인 ts()는 매개변수로 원본 데이터의 측정값은 사용하지만, 원본 데이터의 시간은 사용하지 않는다. 그 대신 시계열 데이터의 시작일, 종료일, 저장 주기(1은 연도별, 12는 월별 등)를 설정하면, 데이터의 시간을 설정한다. 예를 들어 주 5일 근무하는 직장인의 매일 근무시간인 10개의 시계열 데이터가 있는데 시작일이 21년 2월 1일 월요일이라고 가정해 보자. 이 경우 주말 (6, 7일)은 근무하지 않기 때문에 실제 데이터는 2월 1일 월요일부터 2월 12일 금요일까지의 데이터이지만 ts 객체로 저장될 때는 2월 1일이 시작일이고 저장 주기가 1일이기 때문에 2월 1일 월요일부터 2월 10일 수요일까지의 데이터가 된다.

ts 데이터 객체는 다음과 같이 생성할 수 있다.

```
ts(1:10, frequency = 4, start = c(1959, 2))

     Qtr1 Qtr2 Qtr3 Qtr4
1959         1    2    3
1960    4    5    6    7
1961    8    9   10
```

 • 10개의 데이터(1:10)를 가지는 1959년 2분기(start = c(1959, 2))부터 주기가 분기(frequency = 4)인 ts 객체 생성

2.2.2 xts

xts는 extensible time-series의 준말로, xts 패키지를 로딩해야 활용할 수 있는 시계열 데이터 객체다. xts는 뒤에서 다룰 모델링 패키지(forecast, fable, modeltime)에서 사용되지 않는 시계열 객체이지만, 시계열 데이터 처리를 위한 다양한 함수를 제공하기 때문에 간단히 데이터를 확인하거나 데이터를 원하는 형태로 변환하는 데 쉽게 사용할 수 있다. 그래서 xts 객체를 사용하여 원하는 형태로 데이터를 만들고 다른 시계열 객체로 변환하는 것도 좋은 방법이다. xts로 데이터를 처리하는 방법은 다음 장에서 설명한다.

xts 클래스를 사용하기 위해서는 먼저 xts 패키지를 설치하고 로딩해야 한다.

```
if(!require(xts)) {
  install.packages('xts')
  library(xts)
}
```

• require()는 library()와 같이 패키지를 로딩하는 함수이지만, 다른 함수 안에서 사용하는 것을 목적으로 만들어진 함수로, 로딩에 성공하면 TRUE, 로딩에 실패하면 FALSE를 반환함
  • 만약 패키지 로딩에 실패하면(!require(xts)) 패키지를 설치(install.packages('xts'))하고 로딩(library(xts))함

xts 데이터 객체 생성은 다음과 같이 생성할 수 있다.

```
set.seed(345)
xts(rnorm(5), as.Date("2008-08-01") + 0:4)
```

```
                 [,1]
2008-08-01 -0.78490816
2008-08-02 -0.27951436
2008-08-03 -0.16145790
2008-08-04 -0.29059656
2008-08-05 -0.06753159
```

 • set.seed()로 동일한 랜덤값이 나오도록 지정
  • 2008년 8월 1일부터 5일치(as.Date("2008-08-01") + 0:4) 데이터를[3] 가지는 xts object 생성
  • 2008년 8월 1일부터 5일치 데이터를 가지는 xts 객체로 변환

xts()는 xts 객체를 생성하는 함수이지만, as.xts()는 timeSeries, ts, irts, fts, matrix, data.frame, zoo 객체를 xts 객체로 변환하는 함수다.[4] 다음과 같은 차이가 발생한다.

```
ts <- ts(1:10, frequency = 4, start = c(1959, 2))
xts(ts)
```

```
Error in xts(ts): order.by requires an appropriate time-based object
```

```
as.xts(ts)
```

```
        [,1]
1959 Q2    1
1959 Q3    2
1959 Q4    3
1960 Q1    4
1960 Q2    5
1960 Q3    6
```

---

3 random 변수를 사용하여 사용자마다 데이터가 다를 수 있다.

4 https://bit.ly/2OMaxSx

```
1960 Q4    7
1961 Q1    8
1961 Q2    9
1961 Q3    10
```

- xts를 생성해야 하나 인덱스가 정해지지 않아 에러 발생
- ts 객체의 특성을 해석하여 인덱스를 설정하여 xts로 변환

ts, xts는 모두 시계열 데이터를 다루는 객체이지만, xts가 ts보다 시계열 데이터를 다루는 데 유연한 함수가 많다. 최근에는 ts 객체에도 동일하게 적용할 수 있는 xts 함수가 제공되고 있는데, xts 매뉴얼에 의하면 as.xts()와 reclass()를 활용하는 것이 xts()를 사용하는 것보다 이익이 있다고 명기하고 있다.[5]

```
# 시계열 데이터 형태로 보이지 않음
head(ts)
```

```
[1] 1 2 3 4 5 6
```

```
# 시계열 형태로 보임
head(as.xts(ts))
```

```
          [,1]
1959 Q2    1
1959 Q3    2
1959 Q4    3
1960 Q1    4
1960 Q2    5
1960 Q3    6
```

2.2.3 tsibble

최근 R에서 데이터를 처리하는 방법으로 많이 사용되는 방법이 tidyverse를 사용하는 방법이다. 이 방법을 시계열 데이터 작업에도 사용할 수도 있는데, 이를 위한 패키지가 tidyverts 패밀리 패키지다.

tidyverts는 tidyverse처럼 단독으로 제공되는 패키지가 아니고 시계열 데이터를 저장할 수 있는 객체 패키지인 tsibble, 시계열 예측을 위한 fable, 시계열 특성 추출과 통계를 위한 feast,

---

5   https://bit.ly/38FrmWt

최근에 페이스북에서 개발된 prophet 모델을 사용하기 위한 fable.prophet 패키지 등을 포함한다.[6]

tsibble 객체는 tsibble 패키지를 통해 제공되는 시계열 데이터 객체로서 tidy 데이터 원칙[7]을 준용하여 시계열 데이터를 다룰 수 있도록 tibble 객체를 확장한 객체다.

tsibble 객체는 각 관찰값observation을 고유하게 식별할 수 있는 칼럼 혹은 칼럼의 집합인 key와 시간의 순서가 지정되는 index를 필요로 한다. 즉, tibble 객체에서는 key로 특정 데이터의 관찰값을 식별할 수 있지만 tsibble에서는 key를 통해 특정 데이터를 식별하고 index를 통해 식별된 데이터의 특정 시간의 데이터 값을 식별할 수 있다. 따라서 tsibble은 key와 index를 사용하여 고유한 데이터의 고유한 관찰값을 식별하게 된다.[8]

tsibble 객체를 사용하기 위해서는 우선 tsibble 패키지를 설치하고 로딩해야 한다. 다음과 같이 설치는 install.package 함수를 사용하고, 로딩은 library 함수를 사용한다.

```
if(!require(tsibble)) {
  install.packages('tsibble')
  library(tsibble)
  }
```

tsibble 패키지를 로딩한 후에 tsibble 객체를 생성할 수 있다. tsibble 객체를 생성하는 방법은 tsibble()을 사용해서 직접 tsibble 객체를 생성하는 방법과 데이터 프레임으로 생성된 객체를 as_tsibble()을 사용해 tsibble 객체로 변환하는 방법이 있다. 이 중 데이터 프레임을 tsibble 객체로 변환하는 방법은 다음과 같다.

```
library(dplyr)
set.seed(345)
x <- data.frame(date = as.Date('2008-01-01') + 0:9, id = 1:10, x1 = rnorm(10), x2 = rep('a', 10))
as_tsibble(x, key = id, index = date)
```

```
# A tsibble: 10 x 4 [1D]
# Key:       id [10]
   date           id    x1 x2
   <date>      <int>  <dbl> <chr>
```

---

6   https://tidyverts.org/

7   https://bit.ly/3cNVTCt

8   https://bit.ly/3lvgXBF

```
 1 2008-01-01     1 -0.785  a
 2 2008-01-02     2 -0.280  a
 3 2008-01-03     3 -0.161  a
 4 2008-01-04     4 -0.291  a
 5 2008-01-05     5 -0.0675 a
 6 2008-01-06     6 -0.634  a
 7 2008-01-07     7 -0.928  a
 8 2008-01-08     8  1.71   a
 9 2008-01-09     9  1.65   a
10 2008-01-10    10  1.81   a
```

```
as_tsibble(x, index = date)
```

```
# A tsibble: 10 x 4 [1D]
   date          id    x1 x2
   <date>     <int> <dbl> <chr>
 1 2008-01-01     1 -0.785  a
 2 2008-01-02     2 -0.280  a
 3 2008-01-03     3 -0.161  a
 4 2008-01-04     4 -0.291  a
 5 2008-01-05     5 -0.0675 a
 6 2008-01-06     6 -0.634  a
 7 2008-01-07     7 -0.928  a
 8 2008-01-08     8  1.71   a
 9 2008-01-09     9  1.65   a
10 2008-01-10    10  1.81   a
```

- tsibble로 변환할 데이터 프레임 x를 생성. date 칼럼은 '2008년 1월 1일'(as.Data('2008-01-01'))부터 10일 후까지(+ 0:9)이고, id 칼럼은 1부터 10까지(1:10), x1은 정규분포 랜덤값 10개(rnorm(10)), x2는 'a'(rep('a', 10))로 채움

- as_tsibble()로 x를 tsibble로 변환하는데, key 값은 id(key = id), index 값은 date(index = date)로 설정

- as_tsibble()로 x를 tsibble로 변환하는데, key 값은 생략하고, index 값은 date(index = date)로 설정

2.3 시계열 데이터 import[9]

시계열 데이터를 R에서 직접 생성할 수도 있으나, 대부분의 경우는 다양한 파일 포맷(엑셀, CSV, SPSS 등)으로 저장된 파일에서 읽어 들이는 방법이 일반적이다. 데이터 파일에서 데이터를 읽어

---

[9] 본 장에서 사용하는 예제 파일은 필자의 tistory 블로그에서 다운받을 수 있다(2stndard.tistory.com).

들여 시계열 데이터로 저장하는 방법은 다음과 같은 과정을 거친다.

1. read_excel(), read.csv()를 사용하여 엑셀 파일을 읽어 데이터를 데이터 프레임에 저장
2. 읽어 온 데이터가 적절한 데이터 타입으로 불러들여졌는지 확인하고 적절치 않은 데이터 타입으로 설정된 경우 적절히 변환
3. 읽어 온 데이터 중 시간을 기록한 데이터 칼럼을 as.Date()를 사용하여 date 클래스로 변환
4. 시간 칼럼이 생성된 데이터 프레임을 as.ts(), as.xts(), as.tsibble() 등을 사용하여 사용하기 원하는 시계열 객체로 변환

여기에서는 다양한 파일 포맷 중 엑셀과 CSV 파일에서 시계열 데이터를 읽어 들여 활용하는 방법을 설명한다.

2.3.1 엑셀 파일

데이터를 엑셀 파일에서 읽어 들여 데이터 프레임에 저장 후 저장된 데이터 프레임을 시계열 데이터 타입으로 변환할 수 있다.

다음 예제에서 사용하는 자료는 연도별 학교급별 학생수 자료로, 한국교육개발원 교육통계 서비스 홈페이지[10]에서 다운로드하였으며, 연도별 시계열 데이터 샘플로 사용한다.

read_excel()을 통해 excel 파일을 바로 읽어 들일 수 있다. read_excel()을 사용하기 위해서는 먼저 readxl 패키지가 필요하다. 앞에서 소개한 엑셀 데이터를 데이터 프레임으로 읽어 들이는 방법은 다음과 같다. 주의해야 할 점이 있는데, col_type으로 적절한 데이터 타입을 미리 알려주지 않으면 엉뚱한 데이터가 들어온다는 것이다. 이 데이터 파일에서의 문제는 숫자에 천 단위 구분 기호(,)가 포함되어 있기 때문에 해당 칼럼이 numeric이라고 설정해 주지 않으면 엉뚱한 데이터 타입(POSIXct)으로 불러들인다는 점이다.

```
library(readxl)
students.all <- read_excel("./students.xlsx", skip = 16, na = '-', sheet = 1, col_types
= c('text', 'text', 'numeric', 'numeric', 'numeric', 'numeric', 'numeric', 'numeric',
'numeric', 'numeric', 'numeric', 'numeric', 'numeric', 'numeric', 'numeric', 'numeric',
'numeric', 'numeric'))
students <- students.all %>%
  filter(지역규모 == '계') %>% select(-지역규모)
```

---

10 https://bit.ly/3vIkPEq

```
head(students)   # 데이터 확인
```

연도	학생수계	유치원	초등학교	중학교	고등학교계	일반계고	전문계고	일반고	특목고	특성화고	자율고	특수학교	공민학교	고등공민학교	고등기술학교	각종학교
1999	8658358	534166	3935537	1896956	2251140	1399389	851751	0	0	0	0	23490	150	511	8399	8009
2000	8535867	545263	4019991	1860539	2071468	1324482	746986	0	0	0	0	23605	150	297	6601	7953
2001	8414423	545142	4089429	1831152	1911173	1259975	651198	0	0	0	0	23769	140	302	5408	7908
2002	8361933	550256	4138366	1841030	1795509	1220146	575363	0	0	0	0	23453	145	156	4911	8107
2003	8379775	546531	4175626	1854641	1766529	1224452	542077	0	0	0	0	24119	105	150	4324	7750
2004	8371630	541713	4116195	1933543	1746560	1232010	514550	0	0	0	0	23876	106	147	3457	6033

- readxl 패키지를 로딩
- read_excel()을 이용하여 'students.xlsx' 파일의 데이터를 읽음. 데이터 파일의 처음 16줄은 skip,(skip = 16), '-'로 표기된 데이터는 NA로 처리(na = '-'), 첫 번째 엑셀 시트 데이터를 읽고(sheet = 1), 칼럼별 데이터 타입을 설정
- filter()를 사용하여 '지역규모' 칼럼이 '계'인 데이터를 걸러내고 '지역규모' 칼럼을 제거

불러들인 데이터는 데이터 프레임으로 저장된다. 데이터 프레임도 시계열 객체를 담아 사용할 수 있는데, 이를 위해서는 반드시 시간 인덱스로 사용할 칼럼이 필요하다. 불러들인 데이터에는 시간 인덱스로 사용할 수 있는 칼럼이 '연도' 칼럼이다. 이 칼럼을 date 칼럼으로 바꾸는 과정은 다음과 같다.

```
students$연도 <- as.Date(paste0(students$연도, '-01-01'))
```

- 연도만 있는 데이터를 date 형태로 바꾸려면 먼저 월, 일을 추가해야 하기 때문에 paste0()를 사용하여 연도에 '-01-01' 문자열을 붙임
- '연도-01-01'로 만들어진 문자열을 as.Date()로 date 클래스로 변환
- 변환된 데이터를 students$연도에 저장

연도 칼럼을 date 클래스로 변환한 데이터 프레임을 사용하여 ts, xts, tsibble 시계열 데이터로 변환한다. 주의해야 할 사항은 각각의 클래스로 변환하는 함수명이 다르다는 것이다.

```
students.ts <- ts(students, frequency = 1, start = 1999)
students.xts <- as.xts(students[,-1], order.by = students$연도)
students.tsibble <- students %>%
  mutate(연도 = yearmonth(paste0(students$연도, '-01-01')))
students.tsibble <- as_tsibble(students.tsibble, index = 연도)
```

**코드
설명**

- ts( )로 students 데이터 프레임의 데이터를 ts 객체로 변환하는데, 연간 데이터이므로 주기를 1(frequency = 1)로, 시작년을 1999년(start = 1999)으로 설정
- as.xts( )로 students 데이터 프레임의 데이터를 xts 객체로 변환하는데, 시간 인덱스를 students$연도로 설정(order.by = students$연도)
- tsibble로 변환할 데이터 프레임을 미리 만들어 두는데, 시간 인덱스로 사용할 칼럼을 yearmonth 클래스로 변환해 둠
- as_tsibble( )을 사용하여 students.tsibble 객체를 tsibble 객체로 변환

2.3.2 CSV 파일

CSV 파일은 데이터 필드의 구분자를 콤마(',')로 사용하는 형태의 텍스트 파일로, Comma Seperated Value의 준말이다. 데이터 간의 호환을 위해 광범위하게 사용되는 파일 포맷이다.

R에서 CSV 파일을 읽을 수 있는 함수는 여러 가지가 있지만, 여기서는 read.csv( )를 사용하는 방법을 설명한다.

CSV 파일로 데이터를 읽어 들이는 예제는 월별 데이터로 통계청 KOSIS 홈페이지의 경제활동인구조사의 산업별 취업자수에서 다운로드한 월간 취업자수와 교육서비스업 취업자수 데이터다. 이 데이터는 통계청 KOSIS 홈페이지에서 다운로드[11]할 수 있는데, '국내통계 〉 노동 〉 경제활동인구조사 〉 취업자 〉 산업별 취업자'에서 시점을 2013.1부터 2020.12까지, 산업 구분을 전체 계와 교육서비스업으로 설정 후 행렬전환 기능을 사용하여 행에 기간, 열에 산업을 설정하여 다운로드했다.

다운로드받은 파일은 다음과 같이 read.csv( )를 통해 읽어 들일 수 있다.

```
employees <- read.csv('./산업별_취업자_20210206234505.csv', header = TRUE, na = '-',
strip.white = TRUE, stringsAsFactors = TRUE)
colnames(employees) <- c('time', 'total', 'employees.edu')
```

 **코드
설명**

- read.csv( )를 사용하여 csv 파일의 데이터를 읽어오는데, csv 파일의 첫 줄은 헤더 줄로 설정 (header = TRUE), '-'로 기록된 데이터는 NA로 설정(na = '-'), 빈칸은 제거(strip.white = TRUE), 문자열은 factor로 설정(stringsAsFactors = TRUE)
- 칼럼명을 time, total, employees.edu로 설정

---

11 https://bit.ly/3p740zZ

읽어 들인 데이터가 저장된 employees 데이터 프레임에는 시계열 객체에서 사용할 수 있는 시간 인덱스 칼럼이 없다. 따라서 time 칼럼을 date 클래스로 바꿔 준다.

```
employees$time <- as.Date(paste0(employees$time, '. 01'), format = '%Y. %m. %d')
```

- employees$time 칼럼에 저장된 데이터 형태는 '네 자리 연도. 두 자리 월'의 형태로 되어 있기 때문에 우선 '네 자리 연도. 두 자리 월. 두 자리 일'로 맞추기 위해 paste0()를 사용하여 '. 01'을 붙여 줌
- 생성된 문자열을 date 클래스로 바꾸기 위해 as.Date()를 사용하는데, 문자열 형태가 date 클래스의 기본 형태가 아니기 때문에 R이 연, 월, 일을 제대로 읽을 수 있도록 format 매개변수를 사용하여 날짜 정보를 추출하기 위한 정보('%Y. %m. %d')를 전달

시간 인덱스로 사용될 date 클래스가 생성되었으므로 ts, xts, tsibble 객체로 변환한다.

```
employees.ts <- ts(employees, start = c(2013, 01), frequency = 12)
employees.xts <- xts(employees[,2:3], order.by = employees[,1])
employees.tsibble <- as_tsibble(employees, index = time)
```

- ts()를 사용하여 employees를 ts 클래스로 변환하는데, 시작월을 2013년 1월로 설정(start = c(2013, 01)), 월별 데이터이기 때문에 시계열 주기를 12(frequency = 12)로 설정
- xts()를 사용하여 employees를 xts 클래스로 변환하는데, 사용하는 데이터는 employees의 두 번째와 세 번째 칼럼만을 선택(employees[,2:3])하고, 시간 인덱스로 첫 번째 칼럼(order.by = employees[,1])을 사용
- as_tsibble()을 사용하여 employees를 tsibble 클래스로 변환하는데, 인덱스 칼럼을 time 칼럼으로 설정

2.3.3 추가 실습 데이터 생성

앞서 생성한 두 개의 데이터 세트(students, employees)에 더하여 하나의 추가 데이터 세트를 더 생성할 것이다. 앞서 생성한 데이터는 연별 데이터(students), 월별 데이터(employees)이었기 때문에 추가적으로 일별 데이터인 코로나 확진자 수 데이터 세트를 생성한다. 코로나 데이터 세트는 통계청 KOSIS 홈페이지의 코로나 현황 홈페이지에서 다운로드하였다.

일별 코로나 확진자 수는 통계청 KOSIS 홈페이지에서 다운로드[12]하였다. 이 데이터 세트는 시계

---

12 통계청 KOSIS 코로나19 홈페이지의 개편으로 인해 다운로드 기능이 제거되었다. 해당 데이터는 필자의 tistory 블로그(2stndard.tistory.com)에서 다운로드할 수 있다.

열 데이터 분석에 적절치 않은 긴long 형태의 데이터 프레임으로 다운로드되었기 때문에 spread()를 사용하여 넓은wide 형태의 데이터 프레임으로 변환하였다.

먼저, read.csv()를 이용하여 파일의 데이터를 읽어 들인다.

```
covid19 <- read.csv('./covid19.csv', header = TRUE, na = '-', strip.white = TRUE,
stringsAsFactors = TRUE)
colnames(covid19) <- c('category', 'status', 'date', 'value')
covid19 <- covid19[, c(3, 1, 2, 4)]
```

- read.csv()를 사용하여 csv 파일의 데이터를 읽어 오는데, csv 파일의 첫 줄은 헤더 줄로 설정(header = TRUE), '-'로 기록된 데이터는 NA로 설정(na = '-'), 빈칸은 제거(strip.white = TRUE), 문자열은 factor로 설정(stringsAsFactors = TRUE)
- 칼럼명을 'category', 'status', 'date', 'value'로 설정
- 데이터 프레임을 보기 쉽게 하기 위해 칼럼의 순서를 바꿈

날짜 칼럼을 만들기 위해 date 칼럼의 데이터를 date 클래스로 바꾼다.

```
covid19$date <- as.Date(covid19$date, "%Y. %m. %d")
```

- 읽어 들인 데이터의 date 칼럼의 데이터 클래스를 바꾸기 위해 as.Date()를 사용하는데, 문자열 형태가 date 클래스의 기본 형태가 아니기 때문에 R이 연, 월, 일을 제대로 읽을 수 있도록 format 매개변수를 사용하여 날짜 정보를 추출하기 위한 정보('%Y. %m. %d')를 전달

읽어 들인 데이터 중에 연령대별 데이터만 사용하기 위해 category 칼럼에서 '세'를 포함한 행만 선택하는데, 지역구분 중에 '세종'이 있기 때문에 '세종'만 추가로 제외한다. 그러고 나서 데이터에 NA로 기록된 결측값를 처리한다. 결측값을 처리하는 방법이 여러 가지가 있지만, 여기서는 일단 0을 넣어 주는 방법으로 결측값을 처리하였다.

```
covid19 <- covid19 %>%
  filter(grepl('세', category)) %>%
  filter(category != '세종')
covid19$value <- ifelse(is.na(covid19$value), 0, covid19$value)
```

- grepl()은 문자열에서 특정 문자가 존재하면 TRUE를 반환하는 함수임. category에서 '세' 문자가 존재하는 행을 골라내고, 다시 그 결과 중에서 '세종'이 아닌 행만 골라내서 covid19에 저장함

- is.na( )로 covid1$value이 NA인지 검사하고, 만약(ifelse) NA라면 0을 넣고 아니면 원래 값 (covid19$value)을 넣어 줌

이제 사용해야 할 데이터의 처리가 완료되었다. 시계열 데이터 처리에는 긴long 형태의 데이터보다는 넓은wide 형태의 데이터가 좋기 때문에 spread( )를 사용하여 긴 형태를 넓은 형태로 바꾸었다.

```
covid19 <- tidyr::spread(covid19, category, value)
```

- covid19 데이터 프레임의 category 열과 value 열을 사용하여 넓은 형태의 데이터 프레임으로 변환

데이터 정리가 다 끝났으므로 ts, xts, tsibble 객체로 변환한다.

```
covid19.ts <- ts(covid19[, 2:10], frequency = 365)
covid19.xts <- as.xts(covid19[, 3:10], order.by = covid19$date)
covid19.tsibble <- as_tsibble(covid19, index = date)
```

- ts( )를 사용하여 covid19를 ts로 변환하는데, covid19의 두 번째부터 10번째 칼럼(covid19[, 2:10])까지를 사용하고, 일별 데이터이기 때문에 시계열 주기를 365로 설정(frequency = 365)
- xts( )를 사용하여 covid19를 xts로 변환하는데, covid19의 세 번째부터 10번째 칼럼(covid19[, 3:10])까지를 사용하고, 시간 인덱스를 covid19$date로 설정(order.by = covid19$date)
- as_tsibble( )을 사용하여 covid19를 tsibble로 변환하는데, 시간 인덱스를 date로 설정(index = date)

샘플 데이터 import 종합 코드

```
library(readxl)
library(dplyr)
library(xts)
library(tsibble)

### 1. 학생 데이터 import

## 데이터가 담긴 엑셀파일을 열고 students.all에 저장
students.all <- read_excel("./students.xlsx", skip = 16, na = '-', sheet = 1, col_types
                         = c('text', 'text', 'numeric', 'numeric', 'numeric',
'numeric', 'numeric', 'numeric', 'numeric', 'numeric', 'numeric', 'numeric', 'numeric',
'numeric', 'numeric','numeric', 'numeric', 'numeric'))
```

```
## 필요한 데이터만 필터링하여 students에 저장
students <- students.all %>%
  filter(지역규모 == '계') %>% select(-지역규모)

## 연도칼럼의 뒤에 '-01-01' 문자열을 붙여주고 date 클래스로 변환된 값을 다시 연도칼럼으로 저장
students$연도 <- as.Date(paste0(students$연도, '-01-01'))

## ts 객체인 students.ts 생성
students.ts <- ts(students, frequency = 1, start = 1999)

## xts 객체인 students.xts 생성
students.xts <- as.xts(students[,-1], order.by = students$연도)

## tsibble 객체인 students.tsibble 생성
students.tsibble <- students %>%
  mutate(연도 = yearmonth(students$연도)) %>%
  as_tsibble(index = 연도)


### 2. 취업자 데이터 import

## 데이터가 담긴 csv파일을 열고 employees에 저장
employees <- read.csv('./산업별_취업자_20210206234505.csv', header = TRUE, na = '-',
strip.white = TRUE, stringsAsFactors = TRUE)

## 열 이름을 지정
colnames(employees) <- c('time', 'total', 'employees.edu')

## time열을 date 객체로 변환
employees$time <- as.Date(paste0(employees$time, '. 01'), format = '%Y. %m. %d')

## ts 객체인 employees.ts 생성
employees.ts <- ts(employees, start = c(2013, 01), frequency = 12)

## xts 객체인 employees.xts 생성
employees.xts <- xts(employees[,2:3], order.by = employees[,1])

## tsibble 객체인 employees.tsibble 생성
employees.tsibble <- as_tsibble(employees, index = time)


### 3. 코로나 데이터 import

## 데이터가 담긴 csv파일을 열고 covid19에 저장
covid19 <- read.csv('./covid19.csv', header = TRUE, na = '-', strip.white = TRUE,
stringsAsFactors = TRUE)
```

```
## 열 이름을 지정
colnames(covid19) <- c('category', 'status', 'date', 'value')

## 열 순서를 변경
covid19 <- covid19[, c(3, 1, 2, 4)]

## date 열을 date 객체로 변환
covid19$date <- as.Date(covid19$date, "%Y. %m. %d")

## 사용할 데이터를 필터링
covid19 <- covid19 %>%
  filter(grepl('세', category)) %>%
  filter(category != '세종')

## NA값을 0으로 변환
covid19$value <- ifelse(is.na(covid19$value), 0, covid19$value)

## 긴 형태의 데이터를 넓은 형태로 변환
covid19 <- tidyr::spread(covid19, category, value)

## ts 객체인 covid19.ts 생성
covid19.ts <- ts(covid19[, 2:10], frequency = 365)

## xts 객체인 covid19.xts 생성
covid19.xts <- as.xts(covid19[, 3:10], order.by = covid19$date)

## tsibble 객체인 covid19.tsibble 생성
covid19.tsibble <- as_tsibble(covid19, index = date)
```

3장

시계열 시각화

시계열 데이터는 일반적으로 가로축(X축)에 시간 인덱스가 위치하고, 세로축(Y축)에 값이 표현되는 선 플롯이 많이 사용된다. 선 플롯은 시간의 흐름에 따라 발생하는 추세trend, 계절성 seasonality 등의 시계열 데이터의 특성을 표현하고 파악하는 데 효율적이다. 시계열 데이터 분석에는 시계열 데이터의 직접적인 선 플롯 외에도 자기상관 함수autocorrelation function, ACF, 편자기상관함수partial autocorrelation function, PACF 등의 다양한 플롯들이 사용된다. 이 장에서는 data.frame, ts, xts, tsibble 등 시계열 객체별로 시각화 방법을 설명한다.

3.1 data.frame: ggplot2 패키지

ggplot2 패키지는 시계열 데이터 이외에 다양한 플롯을 그리는 R의 대표적인 플롯 패키지로 널리 사용되고 있다. ggplot2는 R-Studio의 수석 데이터 사이언티스트인 해들리 위컴Hadley Wickham이 주도적으로 개발한 패키지로 2005년 출간된 르랜드 윌킨슨Leland Wilkinson의 《The Grammar of Graphics》를 토대로 개발되었다.

《The Grammar of Graphics》는 데이터를 효과적으로 시각화하기 위해 다음과 같은 7가지 요소를 통해 시각화할 것을 제안하였는데[1] ggplot2의 플롯을 그리는 요소로 사용하고 있다. ggplot2의 플롯은 ggplot()를 호출하면서 시작하고 각각의 요소들을 + 기호를 사용하여 연결시켜 가면서 전체적으로 시각화한다.

---

ggplot2의 시각화 7요소

1. data
   - 플롯에서 표현해야 할 데이터를 지정하는 요소로서 ggplot2 플롯에는 반드시 하나 이상의 데이터가 지정되어야 함
   - 추가적인 데이터를 표현하기 위해서는 +로 연결되는 geom_ 함수에 설정하여 사용할 수 있음
   - ggplot은 데이터 프레임을 지원하는데 데이터 프레임이 아닌 객체가 설정되면 내부적으로 데이터 프레임으로 변환(fortify()를 활용)하여 사용함
2. aesthetics
   - 데이터의 칼럼을 시각적 속성에 매핑시키는 요소로서 aesthetics는 ggplot()와 geom_로 표현되는 개별 레이어에서 aes 매개변수를 이용하여 매핑함
   - 매핑 가능한 시각적 속성은 X축, Y축, color, size 등임

---

1 https://bit.ly/30NQzK1

3. geometry
   - geometry는 플롯에서 실질적으로 표현되는 point, line, bar 등의 그래픽 요소를 설정함
   - 하나의 geometry는 하나의 레이어에 표현되는데, 여러 geometry가 표현되는 플롯은 각각의 geometry가 표현된 여러 개의 레이어가 겹쳐져서 플롯이 생성됨
4. facet
   - 플롯에 표현되는 데이터가 일변량(univariate)이 아닌 다변량(multivariate)인 경우 하나의 플롯에 다변량 데이터가 표현되어 데이터 분석이 어려움
   - 이런 경우 다변량을 일변량화하여 일변량 플롯을 여러 개 표현할 때 사용하는 요소임
5. statistics
   - mean, median 등 데이터의 통계값을 표현할 필요가 있을 때 사용하는 요소임
6. coordinates
   - 플롯에 표현되는 2차원 좌표계를 설정하기 위한 요소임. X축과 Y축의 limit, label 등을 설정할 수 있음
7. theme
   - 플롯 제목, 축 제목, 축 단위, legend 등 플롯의 전반적인 디자인을 꾸며 줄 수 있음
   - 미리 정의된 theme를 적용하여 설정할 수 있음

시계열 플롯은 주로 geometry 요소가 선으로, aesthetic 요소의 X축이 시간으로 사용된다. 2장에서 생성한 전체 학생수(students) 데이터 프레임을 ggplot()을 사용하여 시계열 플롯으로 시각화한 코드는 다음과 같다.

```
library(ggplot2)
students %>%
  ggplot(aes(x = 연도, y = 학생수계)) +
  geom_line(aes(group = 1)) +
  labs(title = '연도별 학생수 추이')
```

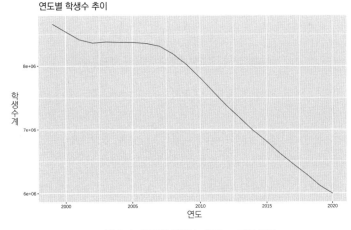

▲ 그림 3-1 연도별 학생수 추이 — 기본 플롯

- ggplot를 사용하여 시각화하기 위한 데이터 프레임을 파이프(%)%)로 ggplot()에 전달
- aesthetic 요소를 설정하기 위해 aes()를 하는데, X축에 바인딩될 칼럼은 연도, Y축에 바인딩될 칼럼은 학생수로 설정(aes(x = 연도, y = 학생수계))
- geom_line()을 사용하여 선 geometry 레이어를 생성. 선 geometry는 같은 라인으로 표현될 데이터를 group으로 묶어 주어야 하는데 단변량 데이터의 경우 group을 1로 설정(aes(group=1))
- labs()를 사용하여 플롯 제목을 설정(title =)

위의 예제에서 X축에 연도 칼럼을 연결했는데 students 데이터 프레임에 전체 연도가 다 나타나지 않는다. 연도 칼럼은 date 클래스이기 때문에 ggplot()이 스스로 적절한 표기 범위를 잡는데 이를 1년 단위로 표기하는 코드는 다음과 같다.

```
ggplot(data = students, aes(x = as.factor(lubridate::year(연도)), y = 학생수계)) +
  geom_line(aes(group = 1)) +
  theme(axis.text.x=element_text(angle=90,hjust=1)) +
  labs(title = '연도별 학생수 추이', x = '연도')
```

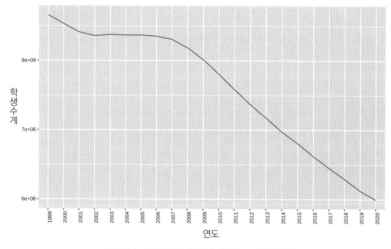

▲ 그림 3-2 연도별 학생수 추이 — 연도 변환

- 앞선 코드에서 사용한 파이프(%)%)를 사용하지 않으면 ggplot()에 직접 사용할 데이터 프레임을 지정해야 함(data =)
- date 클래스로 연-월-일로 설정된 연도 칼럼에서 lubridate 패키지의 year()를 이용하여 연도만 추출(lubridate::year(연도))하고 factor()를 사용하여 factor로 변환
- theme()를 사용하여 theme 요소를 추가. 추가된 요소는 X축에 표기되는 텍스트(axis.text.x)의 방향을 90° 회전(angle = 90)시키고 정렬을 맞춤(hjust = 1)

- labs()를 사용하여 X축 제목을 추가로 설정(x =)

이번에는 다중 선 플롯을 그려 본다. 앞 장에서 생성했던 데이터 중에 students.all 데이터 프레임을 사용한다. 앞에서 설명했듯이 선 geometry는 여러 그룹들을 같이 그릴 수 있는데 지역규모별로 플롯을 생성하려면 다음과 같이 그릴 수 있다.

```
ggplot(data = students.all, aes(x = 연도, y = 학생수계)) +
  geom_line(aes(group = 지역규모, linetype = 지역규모)) +
  theme(axis.text.x=element_text(angle=90,hjust=1)) +
  labs(title = '연도별 학생수 추이', x = '연도')
```

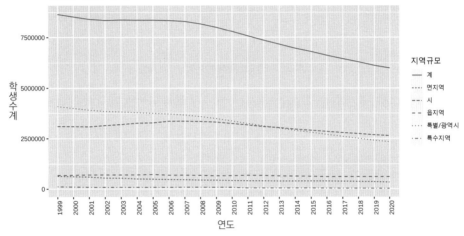

▲ 그림 3-3 연도별 학생수 추이 — 다변량 플롯

 • geom_line()을 사용하여 선 geometry 레이어를 생성. 선 geometry로 표시될 다변량 칼럼을 group(group = 지역규모)과 선 형태로 설정(linetype = 지역규모)

위에서 그려진 플롯은 전체적인 흐름을 보기에는 편리하지만 연도별 데이터의 위치를 가늠하기에는 조금 어렵다. 각 연도에 점을 찍어 주면 더욱 보기가 편리할 듯하다. 이럴 때에는 점point geometry 레이어를 추가하면 되는데 geom_point()를 사용한다.

```
ggplot(data = students, aes(x = as.factor(lubridate::year(연도)), y = 학생수계)) +
  geom_line(aes(group = 1)) +
  geom_point(shape = 'circle') +
  theme(axis.text.x=element_text(angle=90,hjust=1)) +
  labs(title = '연도별 학생수 추이', x = '연도')
```

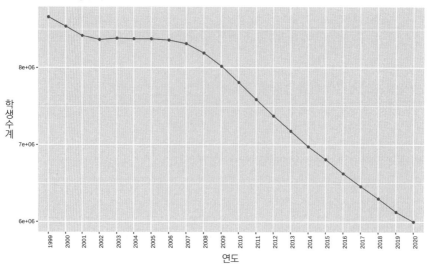

▲ 그림 3-4 연도별 학생수 추이 — 점 사용

 • geom_point()를 사용하여 점 geometry layer를 추가. 점 모형은 circle로 설정(shape = 'circle')

```
ggplot(data = students.all, aes(x = 연도, y = 학생수계)) +
  geom_line(aes(group = 지역규모, linetype = 지역규모)) +
  geom_point(shape = 'circle', size = 0.5) +
  theme(axis.text.x=element_text(angle=90,hjust=1)) +
  labs(title = '연도별 학생수 추이', x = '연도')
```

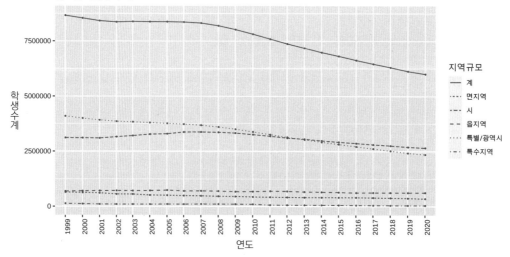

▲ 그림 3-5 연도별 학생수 추이 — 다변량 플롯 + 점 사용

점을 표기하면 좀 더 데이터를 이해하기가 쉬워진다. 하지만 구체적인 값을 표기하면 이해하기가 더 쉬워질 것이다. 다만 이 과정에서 조심해야 할 것은 값을 표기하다 보면 숫자들이 너무 많아져 플롯이 전체적으로 보기가 어려워질 수 있다는 점이다.

```
ggplot(data = students, aes(x = as.factor(lubridate::year(연도)), y = 학생수계)) +
  geom_line(aes(group = 1)) +
  geom_point(shape = 'circle') +
  geom_text(aes(label = scales::number(학생수계, big.mark = ',')), size = 2, vjust = 1.5) +
  theme(axis.text.x=element_text(angle=90,hjust=1)) +
  labs(title = '연도별 학생수 추이', x = '연도')
```

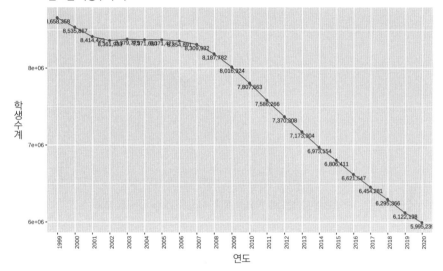

▲ 그림 3-6 연도별 학생수 추이 — 데이터 값 표기

 • geom_text()를 사용하여 각 데이터 포인트에 데이터 값을 표기(aes(label =)). 표기되는 값은 scales 패키지의 number()를 사용하여 숫자 형태로 표기하되 천 단위 콤마를 표기(big.mark = ',')하고 크기는 2(size = 2)로, 정렬은 수직 위치로 1.5(vjust = 1.5)만큼 이동

그림 3-6에서 2000년에서 2006년까지는 데이터 값을 보기가 어렵다. 이럴 때는 ggrepel 패키지의 geom_text_repel()을 이용하면 겹치지 않게 라벨을 표시할 수 있다.

```
library(ggrepel)
ggplot(data = students, aes(x = as.factor(lubridate::year(연도)), y = 학생수계)) +
  geom_line(aes(group = 1)) +
  geom_point(shape = 'circle') +
  geom_text_repel(aes(label = scales::number(학생수계, big.mark = ',')), size = 2, vjust = 1.5) +
  theme(axis.text.x=element_text(angle=90,hjust=1)) +
  labs(title = '연도별 학생수 추이', x = '연도')
```

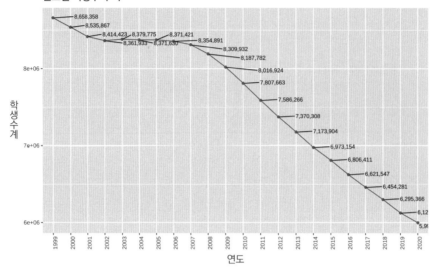

▲ 그림 3-7 연도별 학생수 추이 — geom_text_repel( ) 사용

 • ggrelpe 패키지의 geom_text_repel()을 사용하여 각 데이터 포인트에 데이터 값을 표기. 사용법은 geom_text()와 동일

ggplot()은 X축과 Y축의 표현 설정을 지정하지 않으면 자체적으로 판단하여 설정하는데, 표현되는 값이 클 경우 지수 형태로 표기된다. 전체 학생수 플롯에는 지수 형태로 표기된 Y축 라벨이 보이는데 이렇게 표현되면 값을 알아보기가 어렵다. 이 부분을 수정하면 다음과 같다.

```
ggplot(data = students, aes(x = as.factor(lubridate::year(연도)), y = 학생수계)) +
  geom_line(aes(group = 1)) +
  geom_point(shape = 'circle') +
  geom_text_repel(aes(label = scales::number(학생수계, big.mark = ',')), size = 2, vjust = 1.5) +
  theme(axis.text.x=element_text(angle=90,hjust=1)) +
  labs(title = '연도별 학생수 추이', x = '연도') +
  scale_y_continuous(labels = scales::number_format(big.mark = ','))
```

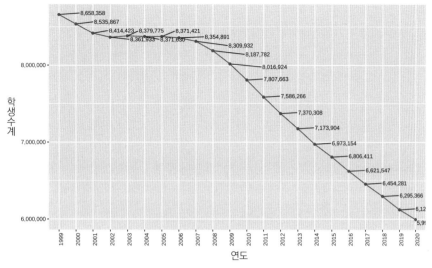

연도별 학생수 추이

▲ 그림 3-8 연도별 학생수 추이 — Y축 라벨 변경

 코드 설명 · scale_y_continuous()를 사용하여 Y축 특성을 설정. 설정하는 특성은 라벨 특성으로 sacles 패키지의 number_format()을 사용하는데 천 단위의 콤마를 찍어 주도록 설정

ggplot2가 아닌 다른 시계열 패키지에서 제공하는 플롯은 ggplot2에서 제공하는 것만큼 다양한 기능을 제공하지 않는다. 디자인이 중요한 플롯을 작성하기 위해서는 ggplot2의 다양한 기능을 사용하여 플롯을 작성하는 것이 바람직하다. 이외에 ggplot2에 관련한 자세한 사항은 여러 다른 책들에서 소개하고 있다. 아래의 코드는 전체 취업자 데이터와 코로나 발생 데이터를 ggplot()을 사용하여 그린 코드다.

```
ggplot(data = employees, aes(x = time, y = total)) +
  geom_line(aes(group = 1)) +
  geom_point(shape = 'circle') +
  labs(title = '월별 신규 취업자수', x = '기간', y = '취업자수') +
  scale_y_continuous(labels = scales::number_format(big.mark = ',')) +
  scale_x_date(breaks = '6 month') +
  theme(axis.text.x=element_text(angle=90,hjust=1))
```

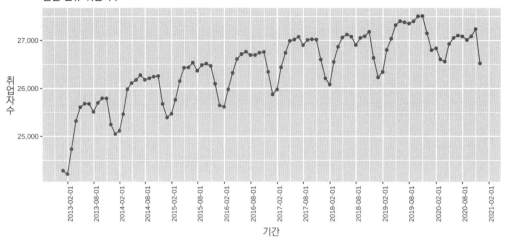

▲ 그림 3-9 월별 신규 취업자수 추이

 • scale_x_date()를 사용하여 X축의 라벨 표기점을 설정. X축으로 바인딩된 칼럼이 date 클래스이므로
scale_x_date()를 사용해서 표기점을 6개월 주기로 설정(breaks = '6 month')

```
ggplot(data = covid19, aes(x = date, y = `0-9세`)) +
  geom_line(aes(group = 1)) +
  geom_point(shape = 'circle') +
  labs(title = '일별 코로나 확진자수(0-9세)', x = '일자', y = '확진자수') +
  scale_y_continuous(labels = scales::number_format(big.mark = ',')) +
  scale_x_date(breaks = '15 day') +
  theme(axis.text.x=element_text(angle=90,hjust=1))
```

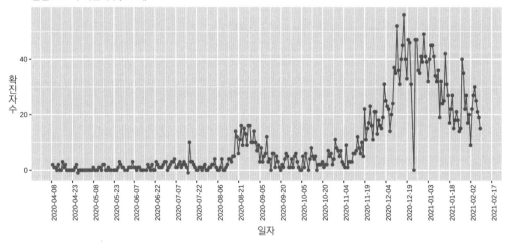

▲ 그림 3-10 일별 코로나 확진자수 추이(0-9세)

3.2 xts: xts 패키지

xts는 시계열 데이터를 다루는 데이터 클래스로 xts 패키지를 로딩해야 사용할 수 있다. xts 패키지에서는 시간 처리 함수, 시계열 데이터 시각화 함수 등을 제공한다. 따라서 xts 패키지에서 제공하는 함수는 xts 클래스 객체를 대상으로 한다.

xts 패키지를 사용하여 플롯을 작성하려면 plot.xts()를 사용해야 한다. plot.xts()로 작성한 플롯에 추가적인 데이터의 선 플롯이나 범례 등을 추가할 수 있다.

xts 패키지의 plot.xts()를 활용하는 것은 디자인적 측면에서 ggplot에는 못 미치지만 사용이 간편하다는 점이 큰 장점이다.

```
library(xts)
plot.xts(employees.xts$total, main = '월별 취업자수 추이', xlab = '월, 연',  ylab = '취업자수')
```

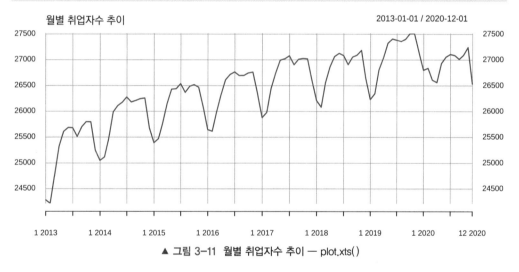

▲ 그림 3-11 월별 취업자수 추이 — plot.xts()

- xts 데이터를 다루기 위해 xts 패키지를 로딩
- plot.xts()를 사용하여 전체 취업자수(employees$total)의 플롯을 생성
- 플롯의 제목(main =), X축 제목(xlab =), Y축 제목(ylab =)을 설정

위에서 본 것과 같이 xts 클래스 데이터의 단변량 플롯은 plot.xts()로 간단히 그릴 수 있다. 그렇다면 다변량 플롯은 어떻게 그릴 수 있을까? 또 다변량 플롯은 반드시 범례를 같이 표기해야 하는데 이는 어떻게 추가할까? 다변량 플롯을 그리기 위해서는 그리기 원하는 단변량 칼럼을 모아서 하나의 다변량 xts 클래스 데이터로 만든 후 plot.xts()에 전달하면 그릴 수 있고, 범례는 addLegend()를 사용하여 추가할 수 있다.

```
plot.xts(employees.xts, main = '연도별 학생수 추이', xlab = '연',  ylab = '학생수',
yaxis.right=FALSE)
```

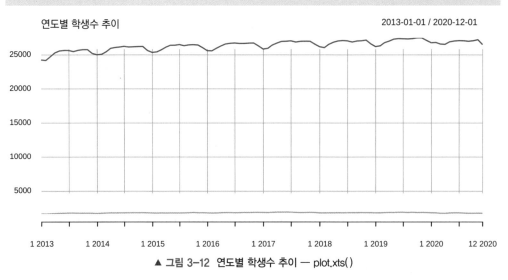

▲ 그림 3-12 연도별 학생수 추이 — plot.xts( )

```
addLegend('bottomleft', ncol = 1, bg = 'white', lty=c(rep(1, 12)), lwd=c(rep(2, 12)), bty="o")
```

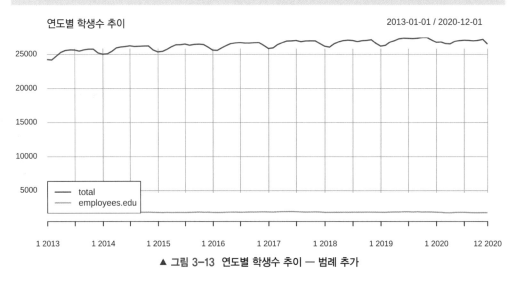

▲ 그림 3-13 연도별 학생수 추이 — 범례 추가

 • plot.xts( )에 두 개의 단변량 시계열 데이터로 구성된 다변량 xts 객체(employee.xts)를 전달하여
다변량 플롯을 생성하고, 좌우 Y축에 모두 값이 표기되므로 우측 Y축에는 값을 제거

만약 다변량 플롯에서 그려야 할 단변량 데이터들을 하나의 xts 객체로 만들기 어렵다면 다음과
같이 lines()를 사용하여 겹쳐 그리는 방법을 사용할 수 있다.

```
plot.xts(students.xts$초등학교, main = '연도별 학생수 추세', xlab = '연',  ylab = '학생수',
yaxis.right=FALSE, ylim = c(0, max(students.xts$초등학교)), col = 'black')
```

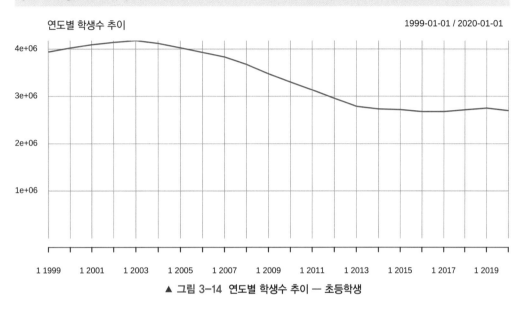

▲ 그림 3-14 연도별 학생수 추이 ― 초등학생

```
lines(students.xts$유치원, lty = 2, col = 'red')
```

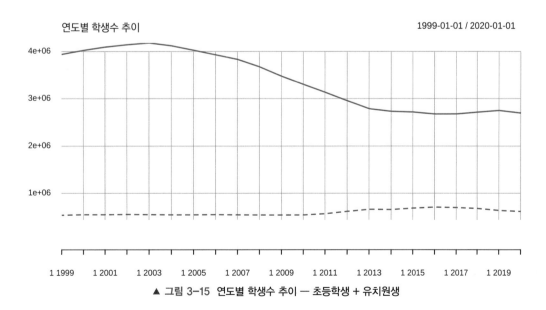

▲ 그림 3-15 연도별 학생수 추이 ― 초등학생 + 유치원생

```
lines(students.xts$중학교, lty = 3, col = 'blue')
```

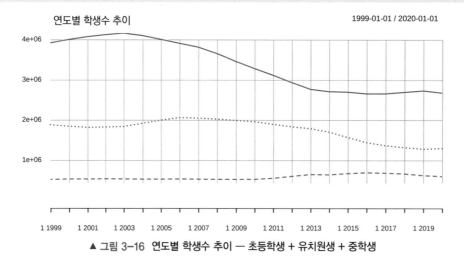

▲ 그림 3-16 연도별 학생수 추이 — 초등학생 + 유치원생 + 중학생

```
addLegend('topright', ncol = 1, legend.names = c('초등학교', '유치원', '중학교'), col =
c('black', 'red', 'blue'), lty=c(1, 2, 3), bg = 'white', bty="o")
```

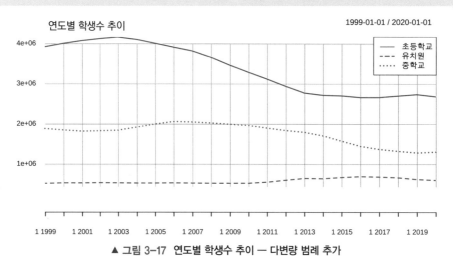

▲ 그림 3-17 연도별 학생수 추이 — 다변량 범례 추가

- plot.xts()를 사용하여 students.xts$초등학교 플롯을 그림. 플롯 제목, 축 제목들을 적절히 설정. Y축 값의 범위를 0부터 students.xts$초등학교의 최대값까지 설정하였는데 범위가 적절히 설정되지 않으면 뒤에 그려지는 라인들이 범위를 벗어나서 보이지 않을 수 있음

- lines()를 사용하여 students.xts$유치원 선 플롯을 생성하는데, 라인 타입(lty = 2)과 색(col = 'red')을 설정

- lines()를 사용하여 students.xts$중학교 선 플롯을 생성하는데, 라인 타입(lty = 3)과 색(col = 'blue')을 설정

- addLegend()를 사용하여 범례를 생성. 범례의 행은 1개, 범례에 사용하는 item 이름(legend.names = c('초등학교', '유치원', '중학교')), 색(col = c('black', 'red', 'blue')), 라인 타입(lty=c(1, 2, 3))을 설정, 배경색은 흰색(bg = 'white'), 범례 배경 타입은 불투명(bty="o")으로 설정

plot.xts()를 사용하여 코로나 확진자에 대한 플롯은 다음과 같이 그릴 수 있다.

```
plot.xts(covid19.xts, main = '일별 확진자수', xlab = '날짜',  ylab = '확진자수')
```

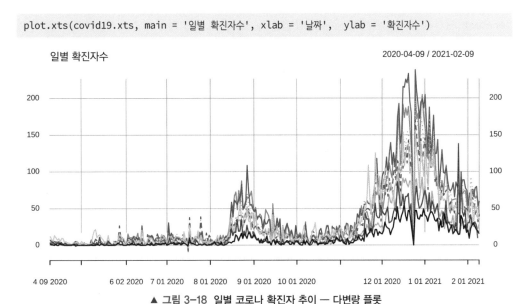

▲ 그림 3-18 일별 코로나 확진자 추이 ― 다변량 플롯

```
addLegend('topleft', ncol = 2, legend.names = c('0-9세', '10-19세', '20-29세', '30-39세',
'40-49세', '50-59세', '60-69세', '70-79세', '80세 이상'), lty = 1, bg = 'white', bty="o")
```

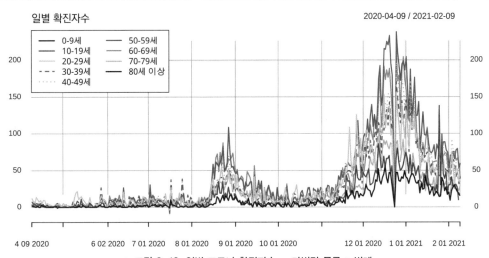

▲ 그림 3-19 일별 코로나 확진자수 ― 다변량 플롯 + 범례

3.3 ts: forecast 패키지

forecast 패키지는 시계열 자료의 시각화와 분석 방법과 도구를 제공하는 패키지로 호주의 롭 하인드만Rob Hyndman 교수가 주도하여 개발하였다.[2] 이 패키지는 단변량univariate 시계열 데이터에 적합하도록 설계되었고, 시각화는 ggplot2 패키지를 기반으로 사용하고 있다.

forecast 패키지에서는 시계열 시각화 방법으로 autoplot()를 제공하고 있다. 사실, forecast 패키지에서 사용하는 autoplot()은 ggplot2에서 제공하는 함수이지만 ggplot2에서는 ts 데이터 클래스를 지원하지 않는다. 따라서 autoplot()에 전달된 데이터가 ts 클래스인 경우는 ggplot2 패키지의 autoplot()이 아닌 forecast에서 제공하는 autoplot() (autoplot.ts() 또는 autoplot.mts())를 호출하여 플롯을 생성한다.[3]

autoplot()는 ggplot2와 마찬가지로 geometry 레이어를 겹쳐 가면서 최종 플롯을 생성하는데 + 기호와 autolayer()를 사용하여 레이어를 겹칠 수 있다.

```
library(forecast)
autoplot(students.ts[,-1], main = '연도별 학생수', xlab = '연도', ylab = '학생수')
```

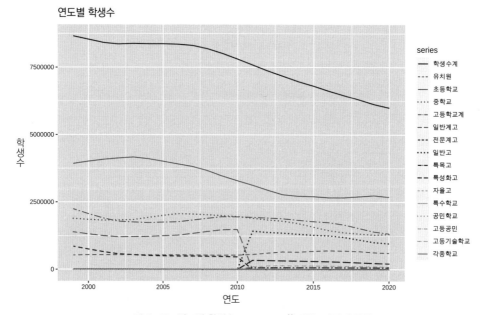

▲ 그림 3-20 연도별 학생수 — autoplot( ) 사용, 다변량 플롯

---

2   https://bit.ly/2Q8okn2

3   이런 함수를 래핑(wrapping) 함수라고 한다.

- autoplot()을 사용하여 플롯을 생성. students.ts의 첫 번째 칼럼은 연도이므로 제외(students.ts[,-1])하고 플롯 제목(main =), X축 제목(xlab =), Y축 제목(ylab =)을 설정

그림 3-20은 students.ts의 전체 칼럼을 모두 시각화하였다. 하지만 일부만 그리고 싶다면 어떻게 할까? autoplot()에서도 앞선 plot.xts()와 유사한 방법을 사용한다.

먼저 autoplot()으로 처음 그리고 싶은 데이터를 설정하여 그리고, + autolayer()를 사용하여 추가적인 레이어를 겹쳐서 그린다. 그림 3-20에서 유치원, 초등학교, 중학교만 그리면 다음과 같다. 단 여기서 주의해야 할 것은 ts 객체에서는 $를 사용한 열 이름에 접근할 수 없기 때문에 []에 열 번호를 넣어 접근해야 한다.

```
autoplot(students.ts[, 4], main = '연도별 학생수', xlab = '연도', ylab = '학생수', series =
'초등학교', lty = 1) +
  autolayer(students.ts[, 3], series = '유치원', lty = 2) +
  autolayer(students.ts[, 5], series = '중학교', lty = 3) +
  labs(colour = "학교급")
```

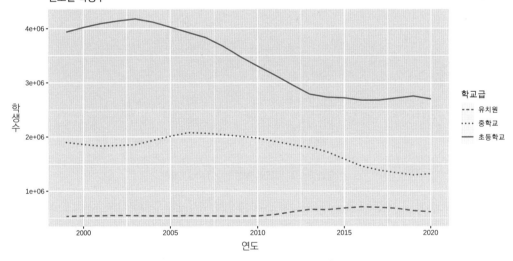

▲ 그림 3-21 연도별 학생수 — 유치원, 초등학교, 중학교

- autoplot()을 사용하여 students.ts의 네 번째 칼럼(초등학교) 플롯을 생성. 플롯 제목(main =), X축 제목(xlab =), Y축 제목(ylab =), 범례 아이템 이름(series =)을 설정
- autolayer()를 사용하여 students.ts의 세 번째 칼럼(유치원) 플롯 레이어를 추가하고 범례 아이템 이름(series =)을 설정

- autolayer()를 사용하여 students.ts의 다섯 번째 칼럼(중학교) 플롯 레이어를 추가하고 범례 아이템 이름(series =)을 설정
- labs()를 사용하여 범례 제목을 설정(colour =)

이번에는 다변량 플롯을 하나의 플롯이 아닌 여러 플롯으로 그려 보겠다. ggplot2에서도 facet 요소를 사용하여 다중 플롯을 생성하는데 autoplot()에서도 facet 매개변수를 사용하여 다중 플롯을 그릴 수 있다.

```
autoplot(students.ts[, 3:5], main = '연도별 학생수', xlab = '연도', ylab = '학생수', facet = TRUE)
```

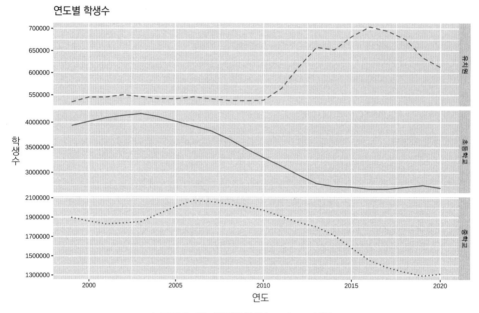

▲ 그림 3-22 연도별 학생수 — facet 사용

- autoplot()을 사용하여 students.ts의 세 번째, 네 번째, 다섯 번째 칼럼(유치원, 초등학교, 중학교) 플롯을 생성. 플롯 제목(main =), X축 제목(xlab =), Y축 제목(ylab =), 범례 아이템 이름(series =)을 설정하고 다중 플롯을 사용하도록 설정(facet = TRUE)

그 외 세부적인 플롯의 변경은 ggplot2에서 사용하는 방법을 준하여 사용할 수 있다.

```
autoplot(students.ts[,2], main = '연도별 학생수', xlab = '연도', ylab = '학생수', series =
'유치원', lty = 1, lwd = 1) +
        autolayer(students.ts[,3], series = '초등학교', lty = 2, lwd = 1.2) +
        autolayer(students.ts[,4], series = '중학교', lty = 3, lwd = 1.4) +
        autolayer(students.ts[,5], series = '고등학교', lty = 4, lwd = 1.6) +
        scale_y_continuous(labels=scales::number_format(big.mark = ','))
```

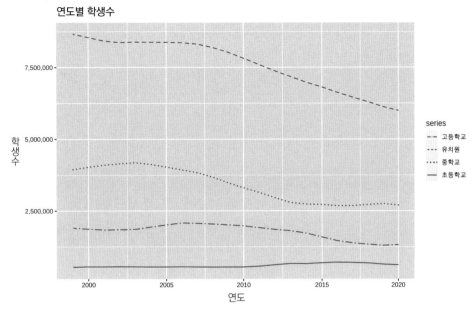

▲ 그림 3-23 연도별 학생수 — linetype 사용

autoplot()을 사용해서 전체 취업자수와 코로나 확진자수 플롯은 다음과 같이 그린다.

```
autoplot(employees.ts[,2], main = '월별 취업자수', xlab = '연도', ylab = '취업자수', series =
'전체 취업자', lty = 1, lwd = 1)
```

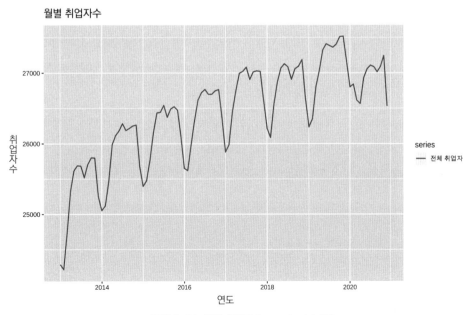

▲ 그림 3-24 월별 취업자수 — autoplot 사용

```
autoplot(covid19.ts[,2], main = '일별 확진자수(0-9세)', xlab = '날짜', ylab = '확진자수',
series = '확진자', lty = 1, lwd = 1)
```

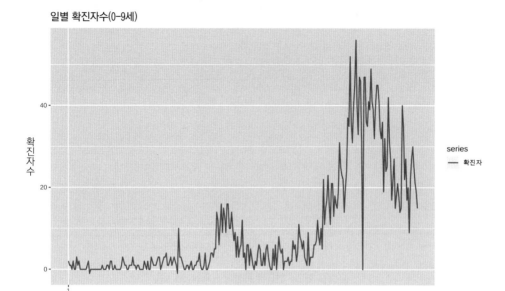

▲ 그림 3-25 일별 코로나 확진자수(0-9세) — autoplot( ) 사용

3.4 tsibble: feasts 패키지

tsibble 객체를 분석하고 시각화하기 위해서 feasts 패키지가 제공된다. feasts는 'Feature Extraction And Statistics for Time Series'의 준말이다. tsibble 객체를 대상으로 시계열 처리, 분해, 통계 산출, 시각화를 위한 각종 함수들을 제공한다.

feasts도 앞서 ts를 다루는 forecast 패키지의 개발자인 롭 하인드만 교수가 제작한 패키지이기 때문에 forecast와 유사한 함수들이 있다. tsibble 객체의 가장 간단한 플롯을 생성하는 방법은 forecast 패키지와 같이 autoplot()을 사용하는 방법이다.

```
library(feasts)
library(dplyr)
students.tsibble %>% autoplot(학생수계)+
  labs(title = '연도별 학생수', x = '연도', y = '학생수')
```

연도별 학생수

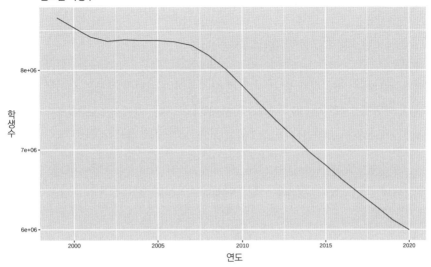

▲ 그림 3-26 연도별 학생수 — tsibble 객체

• %>%를 사용하여 students.tsibble을 autoplot()에 전달하고 students.tsibble의 '학생수계' 열의 데이터를 시각화하고, labs()를 사용하여 플롯 제목(title =), X축 제목(x =), Y축 제목(y =)을 설정

하지만 forecast와는 달리 feasts에서는 autolayer()로 원하는 데이터의 레이어를 추가할 수 없다. 따라서 다변량multivariate 시계열 플롯을 그리기 위해서는 긴long 형태의 tsibble 객체로 변환하여야 한다.

```
students.tsibble %>% select(1, 3, 4, 5) %>%
  tidyr::gather(category, value, 2:4) %>% autoplot()
```

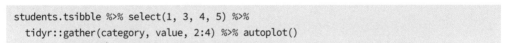
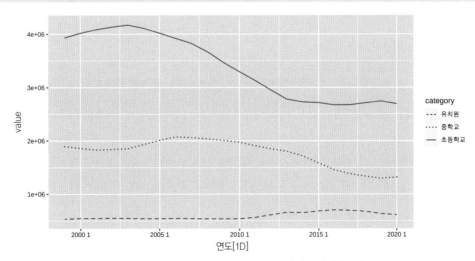

▲ 그림 3-27 연도별 학생수 — tsibble 객체 + 다변량 플롯

• students.tsibble의 첫 번째, 세 번째, 네 번째, 다섯 번째 열을 gather()를 사용하여 긴 형태의 tsibble 객체로 변환

• autoplot()을 사용하여 다변량 시계열 플롯을 생성

위와 같이 feasts에서 제공하는 몇 가지 방법을 사용하면 원하는 플롯을 생성할 수 있지만, 범례 설정이나 세부적인 설정이 여간 곤혹스러운 것이 아니다. 따라서 feasts에서 제공하는 플롯 생성 함수로 시각화하는 것보다는 차라리 ggplot2를 사용하는 것이 편하다.

```
ggplot(students.tsibble, aes(x = 연도)) +
  geom_line(aes(y = 초등학교, group = 1, linetype = '초등학교')) +
  geom_line(aes(y = 유치원, group =1, linetype = '유치원')) +
  geom_line(aes(y = 중학교, group =1, linetype = '중학교')) +
  labs(title = '연도별 학생수', x = '연도', y = '학생수', color = '학교급') +
  scale_y_continuous(labels = scales::number_format(big.mark = ',')) +
  scale_linetype_manual(values = c('초등학교' = 1, '유치원' = 2, '중학교' = 3))
```

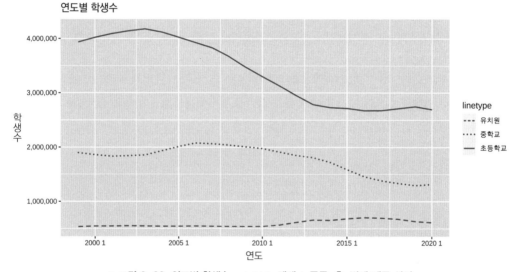

▲ 그림 3-28 연도별 학생수 — tsibble 객체 + 플롯, 축, 범례 제목 설정

 • ggplot()의 data 요소로 students.tsibble을 설정하고 aesthetic 요소인 X축을 연도로 설정(aes(x = 연도))

• geom_line으로 첫 번째 라인 geometry 레이어를 생성. aes()로 Y축을 초등학교에 바인딩. 초등학교 열은 단일 데이터 그루핑(group = 1), color를 '초등학교'로 매핑(color = '초등학교')

- geom_line()으로 두 번째 라인 geometry 레이어를 생성. aes()로 Y축을 유치원에 바인딩. 유치원 열은 단일 데이터 그루핑(group = 1), color를 '유치원'으로 매핑
- labs()를 사용해 플롯 제목, X축 제목, Y축 제목, 범례 제목을 설정
- scale_y_continuous()를 사용하여 Y축의 라벨을 숫자형(천 단위 콤마)으로 조절
- scale_linetype_manual()을 사용하여 컬러 매핑값을 실제 컬러값으로 설정

feasts 패키지에서는 시계열 데이터의 계절성을 확인할 수 있는 플롯 함수인 gg_season()와 gg_subseries()를 제공한다.

```
employees.tsibble %>% mutate(time = yearmonth(employees.tsibble$time)) %>%
  gg_season(total)
```

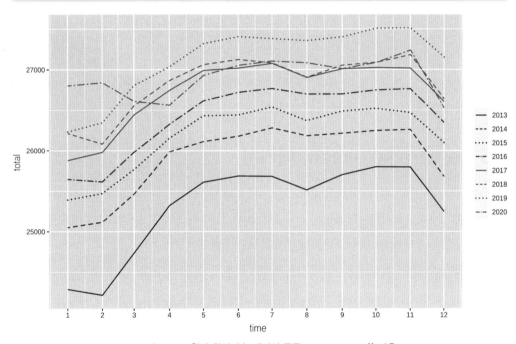

▲ 그림 3-29 월별 취업자수 계절성 플롯 — gg_season() 사용

 • employees.tsibble은 월별 데이터이기 때문에 gg_season()을 사용하기 위해서는 yearmonth()를 사용하여 시간 인덱스(time) 열을 yearmonth 데이터 클래스로 변환

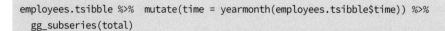

```
employees.tsibble %>% mutate(time = yearmonth(employees.tsibble$time)) %>%
  gg_subseries(total)
```

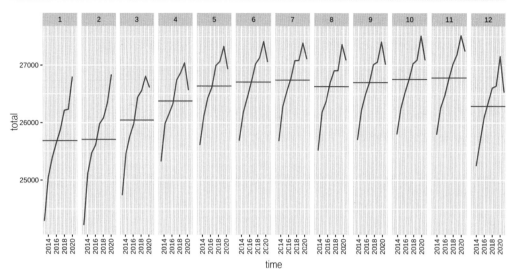

▲ 그림 3-30 월별 취업자수 계절성 플롯 — ggsubseries( ) 사용

3.5 data.frame: timetk 패키지

timetk 패키지는 미래 예측, 머신러닝 예측을 위해 시계열 데이터의 시각화와 데이터 처리를 하기 위한 패키지다. 이 패키지는 dplyr, xts, forecast 등의 패키지를 기반으로 설계되었고 xts 패키지와 달리 tibble이나 data.frame을 기반으로 작동한다.[4]

timetk에서 제공하는 데이터 플롯 함수는 plot_time_series()가 대표적이다. 이외에도 시계열 특성을 확인하기 위한 자기상관 관계, 계절성, 이상치 시각화를 위한 함수들을 추가로 제공한다.

timetk 플롯이 다른 플롯에 비해 여러 가지 장점이 있는데 필자가 생각하는 가장 큰 장점은 반응형interactive 플롯이 자동적으로 생성된다는 점이다. plot_time_series()는 plot_ly 패키지를 기반으로 시각화하기 때문에 plot_ly 패키지에서 제공하는 플롯의 장점을 모두 사용할 수 있다. 마우스를 플롯 위로 가져가면 해당 마우스 포인트에 대응하는 정보가 표현되거나 드래그하여 플롯을 줌 인zoom in할 수 있는 기능을 기본적으로 제공한다.

---

4   https://bit.ly/3eNynlB

plot_time_series()를 사용하여 시계열 플롯을 만드는 방법은 다음과 같다. 아래의 예제에서 .value로 설정된 하나의 칼럼이 시각화되어야 하지만 실제는 두 개의 선이 나타난다. 점선은 실제 데이터를 표현하는 선 플롯이고, 실선은 'LOESS' 평활화된 선 플롯이다. 평활화 선은 .smooth 매개변수로 조절할 수 있다.

```
library(timetk)
students %>%
  plot_time_series(.date_var = 연도, .value = 학생수계, .smooth = T, .line_type = 2,
.smooth_size = 0.5, .title = 'timetk를 사용한 전체 학생수 플롯', .x_lab = '연도',
.y_lab = '학생수')
```

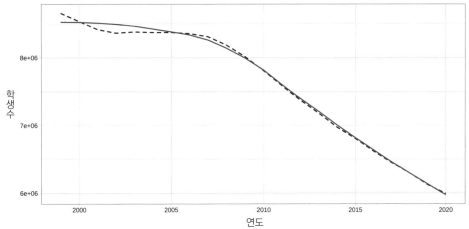

▲ 그림 3-31 timetk를 사용한 전체 학생수 플롯

- timetk 패키지를 로딩

- %>%을 사용하여 students를 plot_time_series()에 전달. 시간 인덱스는 연도(.date_var = 연도), 데이터 값은 학생수계(.value = 학생수계)로 설정하고 추세선을 그림(.smooth = T)

plot_time_series()를 사용하여 다변량 플롯을 하기 위해서는 ggplot2와 같이 다변량으로 데이터를 분류해 줄 열이 필요하다. 즉, 긴long 형태의 데이터가 필요하다는 것이다.

다변량 데이터는 색으로 구분되어[5] 표현되며 자동적으로 범례가 오른쪽에 표시된다.

---

5   plot_time_series( )의 색깔 구분은 독자의 이해를 돕기 위해 선 종류로 표현하였다.

```
students.all %>%
plot_time_series(.date_var = 연도, .value = 학생수계, .color_var = 지역규모, .smooth = F,
    .title = 'timetk를 사용한 전체 학생수 다변량 플롯', .x_lab = '연도', .y_lab = '학생수',
    .interactive = FALSE) + theme(axis.text.x=element_text(angle=90,hjust=1))
```

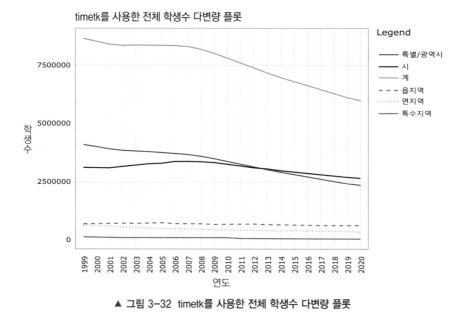

▲ 그림 3-32 timetk를 사용한 전체 학생수 다변량 플롯

```
students %>% select(1, 3, 4, 5) %>%
    tidyr::gather(category, value, 2:4) %>%
    plot_time_series(.date_var = 연도, .value = value, .color_var = category, .smooth = F,
        .title = 'timetk를 사용한 전체 학생수 플롯', .x_lab = '연도', .y_lab = '학생수')
```

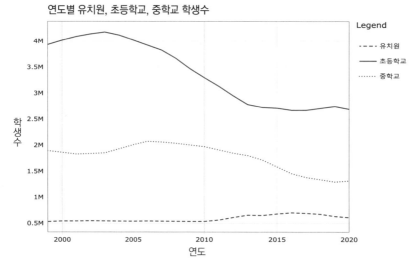

▲ 그림 3-33 연도별 유치원, 초등학교, 중학교 학생수 — timetk 패키지 사용

그 외 추가적인 매개변수는 timetk의 plot_time_series() 매뉴얼을 참조하면 더 추가적인 정보를 얻을 수 있다.[6]

```
employees %>%
  plot_time_series(.date_var = time, .value = total, .smooth = F,
    .title = '월별 신규 취업자수', .x_lab = '연도', .y_lab = '취업자수')
```

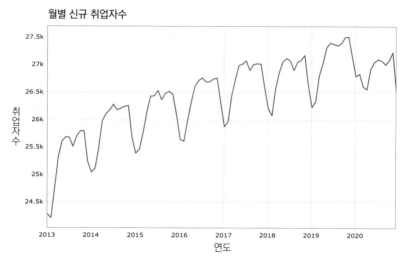

▲ 그림 3-34 월별 신규 취업자수 — timetk 패키지 사용

```
covid19 %>%
  plot_time_series(.date_var = date, .value = `0-9세`, .smooth = F,
    .title = '일별 코로나 확진자수(0-9세)', .x_lab = '연월', .y_lab = '확진자수')
```

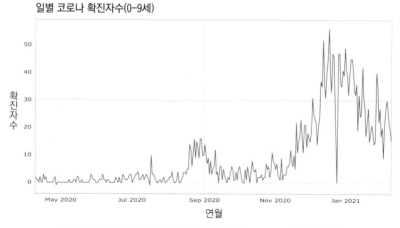

▲ 그림 3-35 일별 코로나 확진자수(0-9세) — timetk 패키지 사용

---

6 https://bit.ly/3bWlF7c

시계열 데이터 처리

우리는 시간 단위로 기록된 데이터를 항상 처리해 왔다. 데이터의 월 평균, 데이터의 전월 대비 증감 등을 산출하기 위해서는 데이터를 월 단위로 구분하여 평균을 구하거나 전월 합계값과 당월 합계값의 차이를 구하는 등의 작업을 해야 한다.

R에서 주로 사용되는 데이터 프레임에서 특정 데이터를 검색하거나 부분 집합화subsetting하기 위해서는 조건을 대괄호([])에 넣어 처리하거나 dplyr 패키지에서 제공하는 select, filter, group_by, arrange, mutate 등의 함수를 사용하여 처리할 수 있다. 이러한 데이터 처리 방법은 ts나 xts의 시계열 클래스 객체에서는 사용할 수 없다. 또한, 시계열 데이터는 시간적 특성(예를 들어, 1분은 60초, 국가마다 연, 월을 표현하는 방식의 차이, 시간대time zone)이 있기 때문에 이를 잘 활용하기 위해서는 시계열 데이터의 처리 방법을 익혀 두어야 한다.

이 장에서는 시간 인덱스를 사용하여 시계열 데이터를 처리하는 방법을 설명할 것이다. 데이터가 저장된 형태에 따라 데이터 프레임 객체에 저장된 경우와 xts 객체에 저장된 경우의 처리 방법을 구분하여 설명한다.

R에서 시간을 다루는 데 많이 활용되는 패키지는 lubridate 패키지다. 이 패키지는 시간을 다루기 위한 다양한 함수를 제공하기 때문에 lubridate 패키지 위주로 시계열 데이터를 다루는 방법에 대해 설명하고자 한다.

4.1 오늘 며칠일까?: 시간 정보 추출

시계열 데이터는 연, 월, 일, 시, 분, 초, 시간대 등의 여러 데이터가 결합되어 생성된 시간 인덱스를 사용하는 데이터다. 그래서 시계열 데이터를 잘 활용하기 위해서는 시간 인덱스에 포함된 요소들을 목적에 맞게 적절히 추출해 내야 한다.

다음 함수들은 lubridate 패키지에서 제공하는 시간 정보를 추출하는 함수들이다. 이 함수들을 적절히 사용하면 시간을 다루기가 매우 쉬워진다.

함수명	설명	함수명	설명	함수명	설명
year()	연도 추출	hour()	시간 추출	week()	1월 1일로부터의 주수
month()	월 추출	minute()	분 추출	quater(), semester()	1월 1일로부터의 분기수, 반기수
day()	일 추출	second()	초 추출	am(), pm()	오전, 오후의 논리값
wday()	요일 추출	yday()	1월 1일로부터의 날수	leap_year()	윤년 여부의 논리값

```
# lubridate 패키지 로딩
library(lubridate)
# 현재 시간을 now.date에 저장(date 클래스)
(now.date <- Sys.time())
```

```
[1] "2021-03-01 13:58:15 KST"
```

```
# 현재 시간을 now.char에 저장(character 클래스)
(now.char <- as.character(Sys.time()))
```

```
[1] "2021-03-01 13:58:15"
```

```
# year(), month(), day()를 사용하여 날짜를 표기하는 문자열 생성
paste0('오늘은 ', year(now.date), '년 ', month(now.char), '월 ', day(now.date), '일입니다')
```

```
[1] "오늘은 2021년 3월 1일입니다"
```

```
# yday()를 사용하여 1월 1일부터 오늘까지의 날짜수 계산
paste0('1월 1일부터 오늘까지 ', yday(now.date), '일 지났습니다')
```

```
[1] "1월 1일부터 오늘까지 60일 지났습니다"
```

```
# qday()를 사용하여 분기 시작일로부터 오늘까지의 날짜수 계산
paste0('이번 분기 시작일부터 오늘까지 ', qday(now.date), '일 지났습니다')
```

```
[1] "이번 분기 시작일부터 오늘까지 60일 지났습니다"
```

```
# wday()를 사용하여 오늘의 요일 표기
paste0('오늘은 ', wday(now.date, label = T, abbr = T), '요일입니다')
```

```
[1] "오늘은 월요일입니다"
```

```
# hour(), minute(), second()를 사용하여 시간을 표시
paste0('지금은 ', hour(now.date), '시 ', minute(now.char), '분 ', second(now.date), '초입니다')
```

```
[1] "지금은 13시 58분 15.7485609054565초입니다"
```

```
# week()를 사용하여 올해 몇 번째 주인지 계산
paste0('이번 주는 올해의 ', week(now.date), '번째 주입니다')
```

```
[1] "이번 주는 올해의 9번째 주입니다"
```

4.2 며칠 지났을까?: 시간 기간 연산

시간의 연산은 일반적으로 오늘부터 며칠 후, 언제부터 몇 개월 전 등과 같은 연산을 말한다.
lubridate 패키지는 시간 연산에서 사용되는 유용한 함수들을 많이 제공한다.

● 시간 더하기/빼기

lubridate 패키지에서는 시간의 더하기나 빼기 연산을 지원한다. 일반적인 정수의 연산과 같이 더하거나 빼면 기준일로부터 과거나 미래의 시간을 구할 수 있고, 앞에서 설명한 lubridate의 years(), months(), days() 등의 함수를 이용하면 연 단위, 월 단위, 일 단위의 연산도 가능하다.

```
# 1980년 1월 1일부터 2021년 1월 1일까지의 날짜 수
as.Date('2021-01-01') - as.Date('1980-01-01')
```

```
Time difference of 14976 days
```

```
# 오늘 날짜를 today에 저장
today <- today()

# 오늘부터 100일 후
today + 100
```

```
[1] "2021-06-09"
```

```
# 오늘부터 2개월 전
today - months(2)
```

```
[1] "2021-01-01"
```

```
# 오늘부터 1년 전
today - years(1)
```

```
[1] "2020-03-01"
```

● 경과 기간 구하기

앞선 예에서 1980년 1월 1일부터 2021년 1월 1일까지는 14,976일로 계산되었다. 그러나 우리는 보통 몇 년 몇 월 며칠로 표현하여 사용한다. lubridate 패키지는 이렇게 몇 년 몇 월 며칠로 변환하는 것을 위해 interval()를 제공한다. 하지만 바로 계산되는 것은 아니다. interval()에 의해 반환되는 값은 interval 클래스의 데이터이며, 시작점으로부터의 초를 기록한다. 이렇게 변환된 interval 객체를 우리가 보기 편하게 연, 월, 일 등으로 표시하기 위해서는 interval 객체를 as.period()나 as.duration()으로 period나 duration 클래스 객체로 변환하여야 한다.

interval()는 %--% 연산자로 사용할 수도 있다.

```
# 1980.1.1부터 2021.12.31까지의 interval을 int에 저장
# 결괏값을 보면 우리가 생각하는 형태가 아님
(int <- lubridate::interval(as.Date('1980-01-01'), as.Date('2021-12-31')))
```

```
[1] 1980-01-01 UTC--2021-12-31 UTC
```

```
# 연월일 형태로 interval 출력
lubridate::as.period(int)
```

```
[1] "41y 11m 30d 0H 0M 0S"
```

```
# 경과 초 형태로 interval 출력
lubridate::as.duration(int)
```

```
[1] "1325376000s (~42 years)"
```

```
# 1980.1.1부터 2021.12.31까지의 interval 클래스를 int1에 저장
int1 <- '1980-01-01' %--% '2021-12-31'
# 연월일 형태로 interval 출력
lubridate::as.period(int1)
```

```
[1] "41y 11m 30d 0H 0M 0S"
```

위의 예제와 같이 interval은 시간 범위time span를 표현하는데, lubridate 패키지에서는 period 와 duration의 두 가지 시간 범위time span 클래스를 제공한다.

lubridate 패키지에서 제공하는 period 산출 함수는 복수 형태(years(), months() 등)로 표현된 함수를 사용하고 duration 산출 함수는 함수의 접두어에 'd'를 붙여 사용한다.

두 가지 형태의 시간 범위를 제공하는 이유는 시간 경과의 표현과 기간 경과의 표현이 다르기 때문이다. duration은 항상 수학적으로 동일한 시간 경과의 결과를 제공한다. 하지만 period는 우리가 흔히 연월일로 생각하는 기간 경과의 결과를 제공한다. 예를 들어, duration의 1년 후는 시작일로부터 365일 후가 되는 날짜를 반환하지만, period의 1년 후는 연도에 1이 더해진 날짜를 반환한다. 두 가지의 결과가 동일할 것이라고 생각되지만, 윤년이 낀 경우는 duration의 결과는 period의 결과와 달라진다. 또 duration 함수에 정수 시퀀스를 넣어 주면 해당 연산에 의한 vector 값이 얻어진다.[1]

```
# 2020년은 윤년
leap_year(2020)
```

```
[1] TRUE
```

```
# 2020-01-01부터 기간상 1년 후(period)는 우리의 상식대로 2021-01-01
as.Date('2020-01-01') + years(1)
```

---

1   https://bit.ly/393X53P

```
[1] "2021-01-01"
```

```
# 2020-01-01부터 시간상 1년 후(duration)는, 2020년은 윤년이므로 2020년은 366일임.
# 그래서 365일 후인 2020-12-31이 표기됨
as.Date('2020-01-01') + dyears(1)
```

```
[1] "2020-12-31 06:00:00 UTC"
```

```
# 2020-02-01부터 한 달 후(period)는 2020년 3월 1일
as.Date('2020-02-01') + months(1)
```

```
[1] "2020-03-01"
```

```
# 2020-02-01부터 한 달 후(duration)는 30일 후인 2020년 3월 2일
as.Date('2020-02-01') + dmonths(1)
```

```
[1] "2020-03-02 10:30:00 UTC"
```

```
# 2021-02-01부터 한 달 후(period)는 2021년 3월 1일
as.Date('2021-02-01') + months(1)
```

```
[1] "2021-03-01"
```

```
# 2020-01-01부터 한 달 후(duration)는 30일 후인 3월 2일
as.Date('2021-02-01') + dmonths(1)
```

```
[1] "2021-03-03 10:30:00 UTC"
```

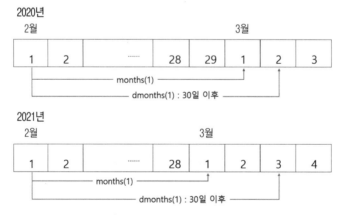

▲ 그림 4-1 period와 duration의 차이

4.3 이번 주 마지막 날은 며칠일까?: 시간 반올림

시간의 계산에서도 숫자의 계산과 같이 올림, 내림, 반올림 등이 가능하다. 숫자의 계산에서는 소수점 셋째 자리, 천 단위 반올림, 올림 등과 같이 반올림될 단위를 지정해야 하는데 시간의 올림, 반올림 연산에도 월에서 반올림을 할 것인지 일에서 반올림을 할 것인지와 같은 단위를 지정해야 한다.[2]

lubridate 패키지에서는 시간 데이터의 반올림을 위해 round_date(), 내림을 위해 floor_date(), 올림을 위해 ceiling_date()를 제공한다. 매개변수로 'day', 'week', 'month', 'halfyear', 'year' 등을 설정하여 반올림, 올림, 내림의 기본 단위를 지정할 수 있다.

```
(x <- as.Date("2020-11-12 13:45:40"))
```

```
[1] "2020-11-12"
```

```
# 주 단위로 반올림
round_date(x, "week")
```

```
[1] "2020-11-15"
```

```
# 주 단위로 내림
floor_date(x, "week")
```

```
[1] "2020-11-08"
```

```
# 주 단위로 올림
ceiling_date(x, "week")
```

```
[1] "2020-11-15"
```

```
# 월 단위로 반올림
round_date(x, "month")
```

```
[1] "2020-11-01"
```

```
# 월 단위로 내림
floor_date(x, "month")
```

```
[1] "2020-11-01"
```

```
# 월 단위로 올림
ceiling_date(x, "month")
```

---

2 https://rdrr.io/cran/lubridate/man/round_date.html

```
[1] "2020-12-01"
```

```
# 연 단위로 반올림
round_date(x, "year")
```

```
[1] "2021-01-01"
```

```
# 연 단위로 내림
floor_date(x, "year")
```

```
[1] "2020-01-01"
```

```
# 연 단위로 올림
ceiling_date(x, "year")
```

```
[1] "2021-01-01"
```

```
# 말일을 구하는 코드
days_in_month(as.Date('2012-03-01'))
```

```
Mar
 31
```

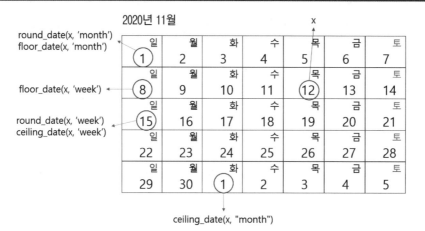

▲ 그림 4-2 시간 반올림 함수 실행 결과의 예

4.4 주간, 월간 데이터 합계, 평균은?: 시간 그루핑

시계열 데이터를 사용할 때 많이 사용하는 계산은 월별 평균, 주별 합계 등 일정 단위별로 그루 핑grouping한 후 그룹 함수를 적용하여 통계를 산출하는 작업이다.

앞서 사용한 lubridate 패키지에서는 시계열 데이터를 주 단위, 월 단위, 연 단위 등으로 그루핑하는 함수를 제공하지 않는다. 따라서 lubridate 함수를 이용하여 그룹화하기 위해서는 dplyr에서 제공하는 파이프 연산자인 %>%와 lubridate 패키지의 시간 정보 추출 함수를 같이 사용하여 산출할 수 있다.

이 외에도 timetk 패키지에서는 그루핑하여 평균을 내거나 합계를 내는 함수를 제공하기 때문에 이를 사용할 수도 있다.

이번 절에서는 lubridate와 dplyr를 사용하는 방법과 timetk를 사용하는 방법으로 분리해서 설명하겠다.

● 데이터 프레임: lubridate, dplyr 패키지

데이터 프레임에 저장된 시계열 데이터의 그루핑을 위해서는 먼저 그루핑 주기를 설정해야 한다. lubridate 패키지의 year(), month(), week() 등의 함수를 사용하여 그루핑 주기를 설정할 수 있는데 이 결과를 mutate()를 사용하여 열로 만들어 준 다음, group_by()를 사용하여 데이터를 그루핑하고 summarise()에 sum(), mean() 등의 그룹 함수를 사용하여 원하는 값을 산출한다.

```
library(dplyr)
library(ggplot2)
# 월별 취업자수를 연별 취업자수로 그루핑
(employees.by.year <- employees %>%
  mutate(year = year(time)) %>%
  group_by(year) %>%
  summarise(total.year = sum(total),
            employees.edu = sum(employees.edu)))
```

```
# A tibble: 8 x 3
   year total.year employees.edu
  <dbl>      <int>         <int>
1  2013     303592         21192
2  2014     310766         21957
3  2015     314133         22028
4  2016     316910         22350
5  2017     320698         22886
6  2018     321866         22165
7  2019     325474         22600
8  2020     322852         21570
```

- employees 데이터 프레임에서 mutate()를 사용하여 year(time)으로 추출한 연도를 year 열에 저장
- group_by()로 year 열로 그루핑한 후 summarise()를 사용하여 전체 취업자수의 합계를 total.year, 교육서비스업의 합계 employees.edu 열을 생성
- 최종 결과를 employees.by.year에 저장

```
employees.by.year %>%
  ggplot(aes(as.factor(year), total.year)) +
  geom_line(aes(group = 1)) +
  geom_text(aes(label = scales::number(total.year, big.mark = ',')), size = 3, vjust = 1.5) +
  labs(title = '연도별 취업자수', x = '연도', y = '취업자수') +
  scale_y_continuous(labels = scales::number_format(big.mark = ','))
```

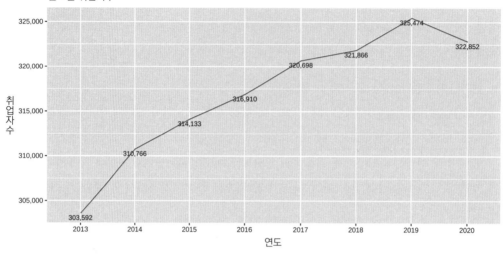

▲ 그림 4-3 연도별 취업자수

```
# 일별 평균 확진자수를 산출
(mean.covid19.by.age <- covid19 %>%
  mutate(yearmon = yearmonth(date)) %>%
  group_by(yearmon) %>%
  summarise(`01대` = mean(`0-9세`),
            `10대` = mean(`10-19세`),
            `20대` = mean(`20-29세`),
            `30대` = mean(`30-39세`),
            `40대` = mean(`40-49세`),
            `50대` = mean(`50-59세`),
            `60대` = mean(`60-69세`),
            `70대` = mean(`70-79세`),
            `80대` = mean(`80세 이상`)))
```

```
# A tibble: 11 x 10
   yearmon `01대` `10대` `20대` `30대` `40대` `50대` `60대` `70대` `80대`
     <mth>  <dbl>  <dbl>  <dbl>  <dbl>  <dbl>  <dbl>  <dbl>  <dbl>  <dbl>
 1  2020 4  0.636   1.91   5.45   2.55   1.82   1.86   1.64  0.773  0.682
 2  2020 5  0.533   2.07   7.13   4.13   3.03   2.4    1.8   0.5    0.4
 3  2020 6  1.11    1.71   6.11   6.71   4.89   7.61   8.39  3.93   2
```

4	2020	7	1.71	2.39	8.32	10.1	8.03	7.55	5.97	3.13	1.35
5	2020	8	6.32	11.7	22.6	22	24.6	36.1	36.0	16.7	6.06
6	2020	9	4.53	5.37	14.7	13.9	16.2	26.1	27.1	14.7	6.17
7	2020	10	3.73	4.57	12.9	12.1	12.4	14.5	13.2	6.63	5.77
8	2020	11	10.0	19.8	43.3	36.5	41.1	44.9	34.4	16.9	9.47
9	2020	12	33.9	53.0	100.	103.	118.	158.	134.	65.9	48.4
10	2021	1	28.8	46.2	72.3	72.5	83.5	106.	85.2	40.0	29.1
11	2021	2	20.9	NA	45.8	47.7	56.7	66.7	59.1	26	14.3

 코드
설명

- covid19 데이터 프레임을 %>%로 mutate( )에 전달

- mutate( )를 사용하여 date에서 뽑은 연도, 월(yearmonth( ))을 yearmon 열에 저장

- group_by( )로 yearmon 열로 그루핑한 후 summarise( )를 사용하여 연령대별 평균을 각각의 열로 저장

```
mean.covid19.by.age %>%
  tidyr::gather(category, value, 2:10) %>%
  ggplot(aes(x = yearmon, y = value)) +
  geom_line(aes(group = category, color = category)) +
  labs(title = '월간 평균 코로나 확진자수', x = '일자', y = '평균 확진자', color = '세대')
```

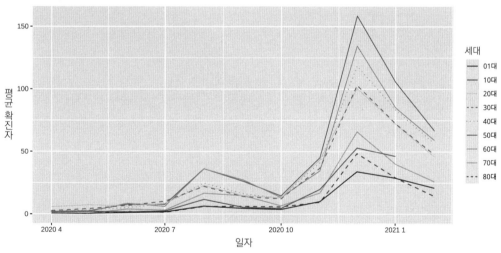

▲ 그림 4-4 월간 평균 코로나 확진자수[3]

---

3 독자의 이해를 돕기 위해 선 색깔을 선 형태로 편집하였다.

● 데이터 프레임: tibbletime 패키지

데이터 프레임에 저장된 시계열 데이터 그루핑의 또 하나의 방법은 tibbletime 패키지에서 제공하는 collapse_by()를 사용하는 방법이다. 이 방법을 사용하기 위해서는 tibbletime 패키지를 설치, 로딩해야 하며, 데이터 프레임을 tbl_time 클래스 객체로 변환해야 한다. 변환된 tbl_time 객체에 적용된 collapse_by()는 시간 인덱스 열을 직접 컨트롤하여 매개변수로 전달된 기간마다 데이터를 접은collapse 후에 group_by()를 이용해 기간별 데이터를 산출할 수 있다.[4] 접힌 데이터의 시간 인덱스는 접힌 마지막 날로 날짜가 바뀌어서 저장된다.

```
library(tibbletime)
as_tbl_time(covid19, index = date) %>%
  collapse_by('weekly') %>%
  group_by(date) %>%
  summarise(`01대` = mean(`0-9세`),
            `10대` = mean(`10-19세`),
            `20대` = mean(`20-29세`),
            `30대` = mean(`30-39세`),
            `40대` = mean(`40-49세`),
            `50대` = mean(`50-59세`),
            `60대` = mean(`60-69세`),
            `70대` = mean(`70-79세`),
            `80대` = mean(`80세 이상`)) %>%
  tidyr::gather(category, value, 2:10) %>%
  ggplot(aes(x = date, y = value)) +
  geom_line(aes(group = category, color = category)) +
  labs(title = '주간 평균 코로나 확진자수', x = '월', y = '평균 확진자', color = '세대')
```

---

4   https://bit.ly/3lA359q

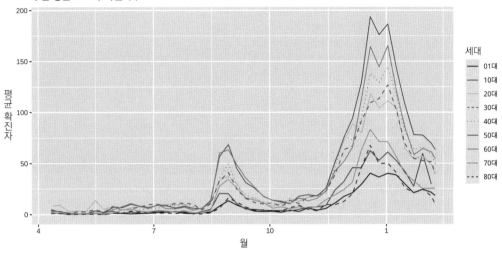

주간 평균 코로나 확진자수

세대
— 01대
— 10대
— 20대
--- 30대
···· 40대
— 50대
— 60대
— 70대
--- 80대

▲ 그림 4–5 주간 평균 코로나 확진자수 — tibbletime 패키지 사용[5]

- as_tbl_time()을 사용하여 covid19 데이터 프레임을 tibbletime 클래스로 변환
- collapse_by()를 이용하여 주간 단위로 데이터를 접어 줌
- group_by()로 주간 단위로 바뀐 날짜로 그루핑
- summarise()로 각 세대별 합계값을 구해 열을 생성
- 시각화를 위해 gather()를 사용해 넓은 형태 데이터를 긴 형태 데이터로 변환. 열 이름들을 저장할 열은 category, 열에 저장된 값을 저장할 열은 value, category에 저장될 열들은 2번째부터 10번째까지임
- ggplot()으로 다변량 선 플롯 생성

● 데이터 프레임: timetk 패키지

데이터 프레임에 저장된 시계열 데이터에 대한 또 하나의 그루핑의 방법은 timetk 패키지의 summarise_by_time()를 사용하는 것이다. 매개변수인 .date_var(시간칼럼), .by(그루핑 단위)를 사용하여 시간 열과 그루핑 단위를 설정하면 설정된 단위대로 데이터를 그루핑해 준다. 이 방법을 통해 시간을 그루핑하고 그루핑된 범위에 해당하는 데이터에 원하는 작업을 수행하여 값들을 얻을 수 있다.

```
library(timetk)
covid19 %>%
```

---

5   독자의 이해를 돕기 위해 선 색깔을 선 형태로 편집하였다.

```
summarise_by_time(.date_var = date, .by = 'week',
                  `01대` = mean(`0-9세`),
                  `10대` = mean(`10-19세`),
                  `20대` = mean(`20-29세`),
                  `30대` = mean(`30-39세`),
                  `40대` = mean(`40-49세`),
                  `50대` = mean(`50-59세`),
                  `60대` = mean(`60-69세`),
                  `70대` = mean(`70-79세`),
                  `80대` = mean(`80세 이상`)) %>%
tidyr::gather(category, value, 2:10) %>%
ggplot(aes(x = date, y = value)) +
geom_line(aes(group = category, color = category)) +
labs(title = '주간 평균 코로나 확진자수', x = '월', y = '평균 확진자', color = '세대')
```

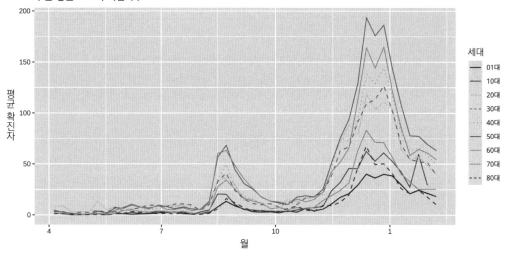

▲ 그림 4-6 주간 평균 코로나 확진자수 — timetk 패키지 사용[6]

코드 설명

- %>%을 사용하여 summarise_by_time()에 covid19를 전달하고 그루핑에 사용할 열(.date_var =)과 그루핑 주기(.by = 'week')를 설정

- 이후 각 열에 함수(mean())를 적용

- 시각화를 위해 gather()를 사용해 넓은 형태 데이터를 긴 형태 데이터로 변환. 열 이름들을 저장할 열은 category, 열에 저장된 값을 저장할 열은 value, category에 저장될 열들은 2번째부터 10번째까지임

- ggplot()으로 다변량 선 플롯 생성

---

6   독자의 이해를 돕기 위해 선 색깔을 선 형태로 편집하였다.

```
employees %>%
  summarise_by_time(.date_var = time, .by = 'month',
                    total.year = sum(total),
            employees.edu = sum(employees.edu)) %>%
  head(10)
```

```
# A tibble: 10 x 3
   time       total.year employees.edu
   <date>          <int>         <int>
 1 2013-01-01      24287          1710
 2 2013-02-01      24215          1681
 3 2013-03-01      24736          1716
 4 2013-04-01      25322          1745
 5 2013-05-01      25610          1774
 6 2013-06-01      25686          1786
 7 2013-07-01      25681          1813
 8 2013-08-01      25513          1811
 9 2013-09-01      25701          1794
10 2013-10-01      25798          1790
```

- %>%을 사용하여 summarise_by_time()에 employees를 전달하고 그루핑에 사용할 열(.date_var =)과 그루핑 주기(.by = 'month')를 설정
- 이후 total에 함수(sum())를 적용

● tsibble: index_by()

tsibble 객체는 데이터 프레임 객체와 동일하게 처리할 수 있다. 하지만 tsibble 객체에서만 동작하는 함수인 index_by()를 사용하면 쉽게 그루핑할 수 있다. index_by()는 tsibble 객체 생성 시 지정한 index 칼럼을 사용하여 그루핑한 새로운 칼럼을 생성한다. 여기서 주의해야 할 사항은 그루핑 함수 앞에 ~를 붙여야 한다는 것과 그루핑 함수의 매개변수로 '.'을 사용해야 한다는 점이다. '.'은 index 칼럼을 사용한다는 의미다.

그루핑 주기 함수는 다음과 같다.

함수명	주기
lubridate::year	연도 주기
yearquarter	분기 주기
yearmonth	월 주기
yearweek	주 주기
as.Date	일 주기
celling_date, floor_date, round_date	상세 주기

```
employees.tsibble%>%
  index_by(yearqtr = ~ yearquarter(.)) %>%
  summarise(sum.qtrly = sum(total)) %>%
  head(10)
```

```
# A tsibble: 10 x 2 [1Q]
   yearqtr sum.qtrly
     <qtr>     <int>
 1 2013 Q1     73238
 2 2013 Q2     76618
 3 2013 Q3     76895
 4 2013 Q4     76841
 5 2014 Q1     75629
 6 2014 Q2     78275
 7 2014 Q3     78676
 8 2014 Q4     78186
 9 2015 Q1     76629
10 2015 Q2     79024
```

```
covid19.tsibble[, c(1,3)]%>%
  index_by(yearweek = ~ yearweek(.)) %>%
  summarise(sum.weekly = sum(`0-9세`)) %>%
  head(10)
```

```
# A tsibble: 10 x 2 [1W]
   yearweek sum.weekly
     <week>      <dbl>
 1 2020 W15          4
 2 2020 W16          8
 3 2020 W17          3
 4 2020 W18         -1
 5 2020 W19          1
 6 2020 W20          6
 7 2020 W21          1
 8 2020 W22          8
 9 2020 W23          7
10 2020 W24          3
```

index_by()를 사용할 때 장점은 그루핑 기간을 자유자재로 설정할 수 있다는 점이다. 월, 분기, 연과 같은 달력상의 주기 외에 '4일마다', '2개월마다'와 같이 주기를 설정할 수 있다.

```
covid19.tsibble[, c(1,3)]%>%
  index_by(twomonth = ~ lubridate::floor_date(., "2 month")) %>%
  summarise(sum.2month = sum(`0-9세`)) %>%
  head(10)
```

```
# A tsibble: 6 x 2 [1D]
  twomonth   sum.2month
  <date>          <dbl>
1 2020-03-01         14
2 2020-05-01         47
3 2020-07-01        249
4 2020-09-01        248
5 2020-11-01       1317
6 2021-01-01       1081
```

```
covid19.tsibble[, c(1,3)]%>%
  index_by(fourday = ~ lubridate::floor_date(., "4 day")) %>%
  summarise(sum.4days = sum(`0-9세`)) %>%
  head(10)
```

```
# A tsibble: 10 x 2 [1D]
   fourday    sum.4days
   <date>         <dbl>
 1 2020-04-09         4
 2 2020-04-13         5
 3 2020-04-17         3
 4 2020-04-21         0
 5 2020-04-25         2
 6 2020-04-29         0
 7 2020-05-01         0
 8 2020-05-05         1
 9 2020-05-09         1
10 2020-05-13         5
```

● **xts**

xts 객체의 월별, 분기별, 연별 그루핑을 위해서 제공하는 함수는 'apply.'으로 시작하는 함수다. apply. 함수에 xts 객체와 적용하고자 하는 함수(sum, mean 등)를 매개변수로 전달하면 그루핑 후 함수가 적용된 결과를 산출할 수 있다.

apply. 계열 함수는 다음의 다섯 가지가 있다. 산출된 결과는 plot.xts()로 간단히 시각화할 수 있다.

함수명	설명
apply.daily(xts 객체, 함수명)	일별로 함수를 적용한 결괏값 반환
apply.weekly(xts 객체, 함수명)	주별로 함수를 적용한 결괏값 반환
apply.monthly(xts 객체, 함수명)	월별로 함수를 적용한 결괏값 반환
apply.quarterly(xts 객체, 함수명)	분기별로 함수를 적용한 결괏값 반환
apply.yearly(xts 객체, 함수명)	연별로 함수를 적용한 결괏값 반환

```
library(xts)
apply.quarterly(employees.xts, sum) %>% head(10)
```

```
              [,1]
2013-03-01 78345
2013-06-01 81923
2013-09-01 82313
2013-12-01 82203
2014-03-01 80977
2014-06-01 83779
2014-09-01 84226
2014-12-01 83741
2015-03-01 82095
2015-06-01 84488
```

```
apply.yearly(employees.xts, sum) %>% plot.xts()
```

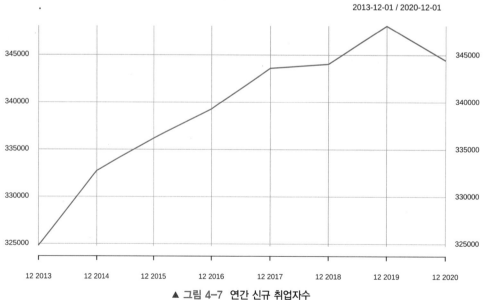

▲ 그림 4-7 연간 신규 취업자수

```
apply.monthly(covid19.xts[,1], sum) %>% plot.xts(main = '월별 0-9세 코로나 확진자수')
```

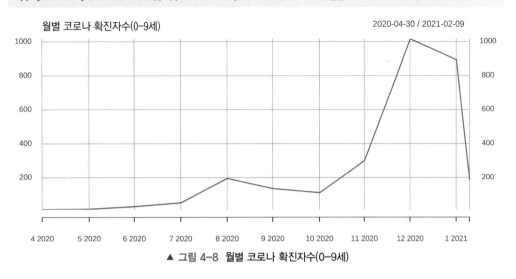

▲ 그림 4-8 월별 코로나 확진자수(0-9세)

```
apply.quarterly(covid19.xts[,1], sum) %>% plot.xts(main = '분기별 0-9세 코로나 확진자수')
```

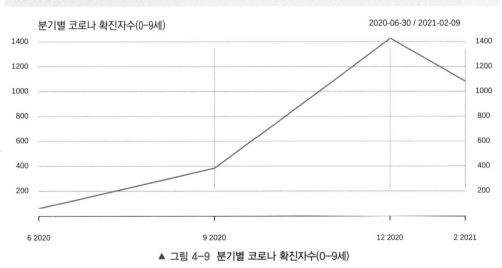

▲ 그림 4-9 분기별 코로나 확진자수(0-9세)

● ts

ts 객체는 다음 장부터 다뤄질 시계열 분석 패키지인 forecast 패키지에서 주로 사용되는 객체다. 하지만 앞선 데이터 프레임이나 xts처럼 처리가 용이하지 않다. 따라서 데이터 처리를 위해서는 데이터 프레임이나 xts 객체로 변환하여 사용하는 것이 정신 건강에 좋다.

4.5 주식 시가, 고가, 저가, 종가는 어떻게 구할까?: OHLC

주가 정보에는 시계열 플롯과 함께 제공되는 몇 가지 정보가 있는데 바로 시가, 고가, 저가, 종가 정보다. 시계열 데이터에서는 이 네 가지 정보의 영문 이니셜을 따서 OHLC라고 한다. OHLC는 주어진 기간 동안의 첫 번째 값Open, 최대값High, 최소값Low, 마지막 값Close을 말한다.

● 데이터 프레임: lubridate, tibbletime, dplyr 패키지

앞서 소개한 collapse_by() 함수를 사용하면 OHLC 정보를 간단히 산출할 수 있다. collapse_by()를 이용해 그루핑할 시간 주기를 설정하고 group_by() 함수를 사용하여 데이터를 그루핑한 후 lubridate 패키지의 first(), max(), min(), last() 함수를 사용하면 산출할 수 있다.

```
as_tbl_time(covid19, index = date) %>%
  collapse_by('weekly') %>%
  group_by(date) %>%
  summarise(Open = first(`0-9세`),
            High = max(`0-9세`),
            Low = min(`0-9세`),
            Close = last(`0-9세`)) %>%
  head(10)
```

```
# A time tibble: 10 x 5
# Index: date
   date        Open  High   Low Close
   <date>      <dbl> <dbl> <dbl> <dbl>
 1 2020-04-11     2     2     1     1
 2 2020-04-18     0     3     0     2
 3 2020-04-25     0     1     0     1
 4 2020-05-02     2     2    -1     0
 5 2020-05-09     0     1     0     0
 6 2020-05-16     0     2     0     2
 7 2020-05-23     0     1     0     0
 8 2020-05-30     0     3     0     1
 9 2020-06-06     0     3     0     3
10 2020-06-13     1     1     0     0
```

● xts

xts 패키지에서는 OHLC 정보를 확인할 수 있는 함수인 to.period()를 제공한다. to.period() 함수의 매개변수인 method에 'months', 'quarters' 등 적절한 시간 간격을 설정해 주면 해당 기간 동안의 OHLC를 자동으로 출력해 준다.

```
to.period(covid19.xts, method = 'months', OHLC = TRUE)
```

```
           covid19.xts.Open covid19.xts.High covid19.xts.Low covid19.xts.Close
2020-04-30                2                5                1                 2
2020-05-31                0               11                0                 7
2020-06-30                0                6                0                 6
2020-07-31                0               10               -4                13
2020-08-31                1               35                0                15
2020-09-30               14               17                0                20
2020-10-31                6               11                0                22
2020-11-30                5               57                9                32
2020-12-31               15               86                0               132
2021-01-31               41              138               44                49
2021-02-08               20               41               30                31
```

4.6 3일 평균, 5일 합계는?: 시간 롤링

주식 거래 프로그램에서는 많은 시계열 그래프들을 보여 준다. 그림 4-10은 주식 거래 프로그램에서 흔히 볼 수 있는 대표적 플롯인데, 5일 평균, 20일 평균, 60일 평균을 나타내는 선이 표현된다. 이를 이동평균이라고 한다.

▲ 그림 4-10 주식 플롯에서의 이동평균

이동평균은 평균의 산출 기간을 현재일로부터 특정주기까지로 정해서 구하는 평균으로 평균을 구하는 기간이 현재일과 이동평균 기간에 따라 달라진다. 이처럼 기준일에서 특정 기간 동안에 집합 함수를 적용하는 과정을 롤링rolling이라 하고, 롤링에 적용되는 기간을 롤링 윈도우rolling window라고 한다. 위의 그림에서 5일 이동평균의 롤링 윈도우는 5, 20일 이동평균의 롤링 윈도우는 20이 된다.

지금까지 시계열 데이터를 다루는 데 계속 사용했던 lubridate 패키지에서는 롤링 함수를 제공하지 않는다. 대신 zoo 패키지에서 제공하는 함수를 dplyr 함수와 파이프를 함께 사용하는 방법, timetk 패키지를 사용하는 방법을 사용하여 산출할 수 있고, xts 시계열 데이터는 xts 패키지에서 제공하는 함수를 사용할 수 있다.

● **데이터 프레임: zoo, dplyr 패키지**

데이터 프레임으로 저장된 시계열 객체에 대한 롤링은 zoo 패키지에서 제공하는 roll* 함수를 사용하면 비교적 쉽게 롤링할 수 있다.

roll* 함수는 rollapply()와 rollmean()의 두 가지를 제공하는데, rollapply()는 apply()를 롤링 용으로 수정한 버전이다. rollmean()은 rollapply()에 평균(mean())을 적용하는 함수로서 롤링에는 평균을 사용하는 경우가 많기 때문에 특별히 rollmean()을 제공한다.

```
library(zoo)
employees %>%
  mutate(ma3 = rollmean(total, k = 3, fill = NA),
         sum3 = rollapply(total, 3, sum, fill = NA)) %>%
  select(time, total, ma3, sum3) %>%
  ggplot(aes(x = time)) +
  geom_line(aes(y = total, group = 1, color = '취업자수')) +
  geom_line(aes(y = ma3, group = 1, color = '3개월 평균')) +
  labs(y = '취업자수', x = '연도') +
  scale_color_manual(values = c('취업자수' = 'red', '3개월 평균' = 'blue'))
```

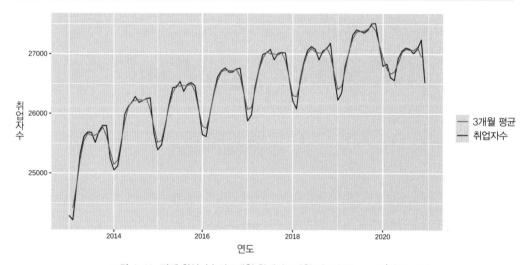

▲ 그림 4-11 전체 취업자수의 3개월 합계와 3개월 평균 플롯 — roll* 함수 사용

코드 설명

- %>%를 사용하여 mutate()에 employees를 전달
- mutate()로 total 열의 데이터를 롤링 윈도우가 3(k = 3)인 평균(rollmean)을 구하는 ma3 열을 생성하는데 빈 행은 NA로 채움(fill = NA)
- mutate()로 total 열의 데이터를 롤링 윈도우가 3인 합계(sum)를 구하는 ma3 열을 생성(rollapply())하는데 빈 행은 NA로 채움(fill = NA)
- 결과 중에 time, total, ma3, sum3만 선택
- ggplot()을 사용하여 다변량 선 플롯을 그림

● **데이터 프레임: timetk 패키지**

timetk 패키지에서는 롤링 기능을 위해 slidify()를 제공한다. slidify()가 다른 함수와 다른 점은 그 반환값이 함수의 실행 결괏값이 아니고 함수 자체를 반환한다는 것이다. 즉 롤링 윈도우 기간에 특정 함수를 적용하는 함수를 제공하기 때문에 이후 함수의 형태로 사용해야 한다.

아래의 예에 ma3와 sum3는 데이터 프레임이나 숫자값이 아니고 함수 객체다. 이 함수 객체는 mutate() 안에서 함수로 실행하는데, 그 매개변수로 롤링을 해야 할 칼럼을 전달하면 그 결과 벡터가 전달되는 형태로 실행된다.

```
ma3 <- slidify(mean, .period = 3, .align = "center")
sum3 <- slidify(sum, .period = 3, .align = "center")
class(ma3)
```

```
[1] "function"
```

```
class(sum3)
```

```
[1] "function"
```

```
employees %>%
  mutate(ma3 = ma3(total), sum3 = sum3(total)) %>%
  select(time, total, ma3, sum3) %>%
  ggplot(aes(x = time)) +
  geom_line(aes(y = total, group = 1, color = '3개월 합계')) +
  geom_line(aes(y = ma3, group = 1, color = '3개월 평균')) +
  labs(y = '취업자수', x = '연도') +
  scale_color_manual(' ', values = c('3개월 합계' = 'red', '3개월 평균' = 'blue'))
```

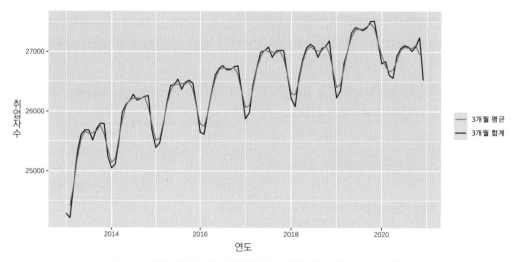

▲ 그림 4-12 전체 취업자수의 3개월 합계와 3개월 평균 플롯 — slidify 함수 사용

 코드 설명

- slidify()를 사용하여 롤링 윈도우가 3인 평균함수를 ma3로 생성

- slidify()를 사용하여 롤링 윈도우가 3인 합계함수를 sum3로 생성

- ma3와 sum3의 클래스를 확인해 보면 function임을 확인

- slidify()로 생성한 함수로 total 열에 대한 롤링 윈도우가 3인 평균과 합계를 구해 ma3, sum3 열을 mutate()를 사용하여 생성

- 결과 중에 time, total, ma3, sum3만 선택

- ggplot()을 사용하여 다변량 선 플롯을 그림

● **xts**

xts 패키지에서는 롤링을 위한 간단한 함수를 제공한다. rollapply()로 xts 객체와 롤링 윈도우 기간, 적용할 함수를 전달하면 간단히 롤링할 수 있다.

```
rollapply(employees.xts, width = 3, FUN = mean) %>%
  head(10)
```

```
                total employees.edu
2013-01-01        NA            NA
2013-02-01        NA            NA
2013-03-01  24412.67      1702.333
2013-04-01  24757.67      1714.000
2013-05-01  25222.67      1745.000
2013-06-01  25539.33      1768.333
2013-07-01  25659.00      1791.000
```

```
2013-08-01 25626.67       1803.333
2013-09-01 25631.67       1806.000
2013-10-01 25670.67       1798.333
```

4.7 지난 달 데이터는?: 필터링

시계열 데이터가 아닌 데이터들은 데이터에 조건을 적용하여 필터링된 결과를 추출한다. 예를 들어, 판매량이 100보다 크거나 취업자수가 10,000명보다 큰 경우 등이다. 물론 시계열 데이터도 데이터에 조건을 적용하여 조건에 맞는 행을 추출할 수 있지만, 시간 인덱스에 조건을 적용하여 추출할 수도 있다. 이러한 처리를 필터링filtering 또는 서브세팅subsetting이라고도 한다. 여기서는 시간 인덱스에 조건을 적용하는 필터링 방법에 대해 설명한다.

● **데이터 프레임: lubridate, dplyr 패키지**

데이터 프레임에 저장된 시계열 객체의 시간 인덱스 칼럼은 조건 연산자를 사용할 수 있다. 따라서 <, <=, =, >, >= 등의 연산자를 dplyr 패키지에서 제공하는 filter()와 파이프(%>%)를 사용하여 시간 인덱스를 필터링할 수 있다.

```
covid19 %>%
  filter(date >= as.Date('2020-10-01') & date <= as.Date('2020-10-10'))
```

```
       date status 0-9세 10-19세 20-29세 30-39세 40-49세 50-59세 60-69세
1 2020-10-01   신규     6      4       7       9      14      13      13
2 2020-10-02   신규     3      6       6      10       6      11      13
3 2020-10-03   신규     1      1       6      13      11      11      16
4 2020-10-04   신규     0      4       4       9      13       8      12
5 2020-10-05   신규     0      3      17       9       8      12      14
6 2020-10-06   신규     5      8      26       8       2      11       9
7 2020-10-07   신규     1      2       8      13      10      28      31
8 2020-10-08   신규     6      5       6       7       9      12      11
9 2020-10-10   신규     0      0       0       0       0       0       0
  70-79세 80세 이상
1      7         4
2      4         4
3     13         3
4      8         6
5      6         4
6      4         2
7     16         5
8     10         3
9      0         0
```

```
covid19 %>%
  filter(between(date, as.Date('2021-01-01'), as.Date('2021-01-15')))
```

	date	status	0-9세	10-19세	20-29세	30-39세	40-49세	50-59세	60-69세
1	2021-01-01	신규	41	74	131	145	154	204	159
2	2021-01-02	신규	39	66	111	109	106	160	125
3	2021-01-03	신규	32	46	80	75	88	124	117
4	2021-01-04	신규	40	71	120	127	172	187	153
5	2021-01-05	신규	45	44	107	105	112	124	108
6	2021-01-06	신규	45	60	106	106	110	140	148
7	2021-01-07	신규	41	54	123	120	155	176	113
8	2021-01-08	신규	34	43	91	86	83	124	125
9	2021-01-09	신규	32	50	100	91	89	124	80
10	2021-01-10	신규	36	56	87	79	94	143	87
11	2021-01-11	신규	19	36	47	54	61	79	79
12	2021-01-12	신규	32	34	71	59	91	102	74
13	2021-01-13	신규	24	28	66	81	83	129	87
14	2021-01-14	신규	25	45	60	67	82	98	71
15	2021-01-15	신규	42	37	62	70	81	97	91

	70-79세	80세 이상
1	80	41
2	59	49
3	51	38
4	69	81
5	44	26
6	73	51
7	59	27
8	49	37
9	50	25
10	49	34
11	44	31
12	39	35
13	47	16
14	39	29
15	22	11

```
employees %>%
  filter(year(time) == 2019 & month(time) == 5)
```

	time	total	employees.edu
1	2019-05-01	27322	1884

```
# 매월 3일부터 7일까지 필터링
covid19 %>%
  filter(between(day(date), 3, 7)) %>%
  head(15)
```

	date	status	0-9세	10-19세	20-29세	30-39세	40-49세	50-59세	60-69세
1	2020-05-03	신규	0	1	2	3	2	0	2
2	2020-05-04	신규	0	0	2	1	3	0	2
3	2020-05-05	신규	0	0	0	1	1	1	0
4	2020-05-06	신규	0	0	0	1	0	0	1
5	2020-05-07	신규	0	1	2	1	0	0	0
6	2020-06-03	신규	1	2	5	6	5	9	15
7	2020-06-04	신규	1	0	5	3	3	9	9
8	2020-06-05	신규	1	2	5	2	3	7	10
9	2020-06-06	신규	3	1	2	6	11	8	9
10	2020-06-07	신규	1	6	3	6	8	11	12
11	2020-07-03	신규	2	10	10	10	6	7	11
12	2020-07-04	신규	3	2	12	16	8	8	9
13	2020-07-05	신규	3	3	8	9	11	7	14
14	2020-07-06	신규	4	1	7	10	6	9	4
15	2020-07-07	신규	1	2	12	6	7	7	7

	70-79세	80세 이상
1	1	2
2	0	0
3	0	0
4	0	0
5	0	0
6	6	0
7	6	3
8	7	2
9	8	3
10	8	2
11	4	3
12	2	3
13	6	0
14	2	3
15	2	0

● 데이터 프레임: timetk 패키지

timetk 패키지에서는 필터링을 위해 filter_by_time()을 제공한다. 매개변수 .start로 시작일과 .end로 종료일을 설정하면 해당 기간 동안의 데이터를 반환한다.

또 timetk 패키지에서는 filter_by_time()에 조건을 추가할 수 있는 filter_period()를 제공한다. filter_by_time()과 같이 매개변수 .start와 .end로 시작일과 종료일을 설정하고 데이터에 적용할 조건을 설정하면 필터링된 결과들을 산출해서 반환한다. 예를 들어, 매월 최대 매출일을 기록한 날, 매년 월평균 매출액보다 큰 매출을 기록한 월 등을 산출할 때 유용하다.

```
covid19 %>%
  filter_by_time(.date_var = date, .start = '2020-10-01', .end = '2020-10-05')
```

```
    date status 0-9세 10-19세 20-29세 30-39세 40-49세 50-59세 60-69세
1 2020-10-01   신규     6      4      7      9     14     13     13
2 2020-10-02   신규     3      6      6     10      6     11     13
3 2020-10-03   신규     1      1      6     13     11     11     16
4 2020-10-04   신규     0      4      4      9     13      8     12
5 2020-10-05   신규     0      3     17      9      8     12     14
  70-79세 80세 이상
1      7          4
2      4          4
3     13          3
4      8          6
5      6          4
```

```
covid19 %>%
  filter(`0-9세` != 0) %>%
  filter_period(.date_var = date, .period = '1 month', `0-9세` == max(`0-9세`)) %>%
  head(10)
```

```
# A tibble: 10 x 11
   date       status `0-9세` `10-19세` `20-29세` `30-39세` `40-49세` `50-59세`
   <date>     <fct>    <dbl>    <dbl>    <dbl>    <dbl>    <dbl>    <dbl>
 1 2020-04-16 신규         3        3        5        1        2        3
 2 2020-05-27 신규         3        2        8        6        3        6
 3 2020-06-06 신규         3        1        2        6       11        8
 4 2020-06-23 신규         3        0        4        9        9        9
 5 2020-06-29 신규         3        1        9        5        5        5
 6 2020-06-30 신규         3        4       10        6        8        6
 7 2020-07-17 신규        10        4       26       37       32       23
 8 2020-08-23 신규        16       35       34       40       62       82
 9 2020-08-28 신규        16       17       32       48       53       73
10 2020-08-29 신규        16       18       31       36       47       54
# ... with 3 more variables: `60-69세` <dbl>, `70-79세` <dbl>, `80세
#   이상` <dbl>
```

- 2020-10-01부터 2020-10-05까지의 데이터 산출
- filter_period()를 사용하여 코로나19 데이터에서 0-9세가 0인 행을 제거(filter('0-9세' != 0))하고 월 주기로(.period = '1 month') 0-9세 확진자수가 가장 많은 데이터('0-9세' == max('0-9세'))를 산출

● xts

xts 객체의 시간 인덱스 필터링은 앞선 경우와는 조금 다른 방법을 사용한다. xts 객체는 기간 조건을 설정할 때에는 함수를 사용하지 않고 연산자인 /로 기간을 설정할 수 있다. /을 사용하여 조건을 적용할 때는 []을 사용하여 조건을 적용할 수 있다.

/연산자는 우리가 흔히 쓰는 ~로 생각하면 편리한데 날짜 사이에 /가 들어가면 두 날짜 사이 기간을 의미하고, 날짜 앞에 /가 오면 처음부터 특정일까지의 기간, 날짜 뒤에 /가 오면 특정일부터 끝까지의 기간을 의미한다.

```
# 2020-10-02에 해당하는 데이터 필터링
covid19.xts['2020-10-02']
```

	0-9세	10-19세	20-29세	30-39세	40-49세	50-59세	60-69세	70-79세
2020-10-02	3	6	6	10	6	11	13	4

```
# 2020-10-01에서부터 2020-10-10까지 데이터 필터링
covid19.xts['2020-10-01/2020-10-10']
```

	0-9세	10-19세	20-29세	30-39세	40-49세	50-59세	60-69세	70-79세
2020-10-01	6	4	7	9	14	13	13	7
2020-10-02	3	6	6	10	6	11	13	4
2020-10-03	1	1	6	13	11	11	16	13
2020-10-04	0	4	4	9	13	8	12	8
2020-10-05	0	3	17	9	8	12	14	6
2020-10-06	5	8	26	8	2	11	9	4
2020-10-07	1	2	8	13	10	28	31	16
2020-10-08	6	5	6	7	9	12	11	10
2020-10-10	0	0	0	0	0	0	0	0

```
# 2021-02-05일부터 끝까지 데이터 필터링
covid19.xts['2021-02-05/']
```

	0-9세	10-19세	20-29세	30-39세	40-49세	50-59세	60-69세	70-79세
2021-02-05	30	28	30	60	42	65	75	25
2021-02-06	25	31	53	41	60	77	63	30
2021-02-07	21	27	51	47	44	79	66	26
2021-02-08	19	9	35	31	53	52	59	22
2021-02-09	15	NA	33	41	52	59	38	28

```
# 처음부터 2020-04-11까지의 필터링
covid19.xts['/2020-04-11']
```

	0-9세	10-19세	20-29세	30-39세	40-49세	50-59세	60-69세	70-79세
2020-04-09	2	4	12	7	7	2	2	0
2020-04-10	1	1	7	4	2	3	6	2
2020-04-11	1	5	5	2	3	6	7	0

4.8 월별, 분기별, 연별 증감량

월별, 분기별, 연별 증감량을 산출하기 위해서는 바로 직전 데이터와의 차감 데이터를 계산해야 한다. 시계열 분석에서는 이전 데이터와의 차감 데이터가 매우 중요하게 활용된다. 차감 데이터가 증감량이며 이 차감 데이터를 원본 데이터로 나누면 증감률이 된다.

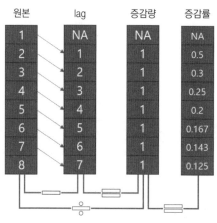

▲ 그림 4-13 증감량, 증감률 산출 개념

● 데이터 프레임: lag( ) 함수

시계열 데이터가 저장된 데이터 프레임의 데이터 열에 lag()를 적용하면 데이터를 하나씩 시프트shift시킨 데이터 열을 돌려준다. 이 열을 데이터 프레임에 추가해 주고 원본 데이터에서 lag된 데이터를 빼주면 증감량을 얻을 수 있고 증감량을 원본 데이터로 나눠주면 증감률을 구할 수 있다.

```
students_lag <-  cbind(연도 = students$연도,
                    학생수계 = students$학생수계,
                    전년 = students %>%
                        lag(1)%>%
                        select(학생수계) %>%
                        rename(전년 = 학생수계)
                ) %>%
        mutate(증감 = 학생수계 - 전년, 증감률 = round((학생수계/전년)-1, 3) * 100)
students_lag %>% head()
```

```
            연도    학생수계    전년    증감    증감률
1 1999-01-01  8658358     NA      NA      NA
```

```
2 2000-01-01  8535867 8658358 -122491    -1.4
3 2001-01-01  8414423 8535867 -121444    -1.4
4 2002-01-01  8361933 8414423  -52490    -0.6
5 2003-01-01  8379775 8361933   17842     0.2
6 2004-01-01  8371630 8379775   -8145    -0.1
```

 코드 설명
- cbind()로 student의 연도, 학생수계 열과 lag()의 결과를 묶어서 student_lag 데이터 프레임을 생성
- 이 중 lag 열의 이름을 전년으로 변경
- mutate()로 증감(학생수계 – 전년)과 증감률(round((학생수계/전년)–1, 3) * 100) 열을 생성

```
students_lag %>%
    ggplot(aes(as.factor(year(연도)), 증감)) +
    geom_line(aes(group = 1)) +
    geom_point() +
    ggrepel::geom_text_repel(aes(label = scales::comma(증감)), vjust = 1, size = 3) +
# ggrepel::geom_text_repel() 함수로 숫자들이 겹치지 않게 시각화
    labs(title = '전년 대비 전체 학생수 증감 추이', x = '연도', y = '학생수 증감량') +
    scale_y_continuous(labels = scales::number_format(big.mark = ',')) +
    theme(axis.text.x=element_text(angle=90,hjust=1))
```

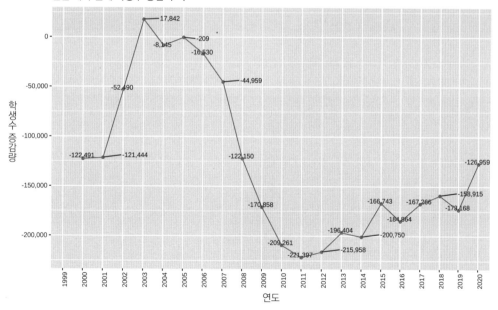

▲ 그림 4-14 전년 대비 전체 학생수 증감 추이

● tsibble: difference( )

앞선 예제에서는 lag()를 사용하여 원 데이터를 하나씩 시프트한 데이터 열을 생성하고 두 열의 차이를 구한 열을 mutate()로 만들었다. tsibble 객체는 이 과정을 바로 지원하는 difference() 를 제공한다. difference()는 시차 데이터lag를 생성하고 이 시차 데이터와 원본 데이터의 차이가 계산된 데이터 열을 생성해 주는 함수다. 따라서 lag()를 사용하는 것보다 단계를 줄일 수 있다.

```
students.tsibble%>%  select(1, 2) %>%
  mutate(증감 = difference(.$학생수계, lag = 1)) %>%
  mutate(증감률 = round((증감/학생수계), 3) * 100) %>% head(10)
```

```
# A tsibble: 10 x 4 [12M]
      연도     학생수계      증감     증감율
   <mth>      <dbl>    <dbl>    <dbl>
 1 1999 1   8658358       NA       NA
 2 2000 1   8535867  -122491     -1.4
 3 2001 1   8414423  -121444     -1.4
 4 2002 1   8361933   -52490     -0.6
 5 2003 1   8379775    17842      0.2
 6 2004 1   8371630    -8145     -0.1
 7 2005 1   8371421     -209        0
 8 2006 1   8354891   -16530     -0.2
 9 2007 1   8309932   -44959     -0.5
10 2008 1   8187782  -122150     -1.5
```

```
employees%>%
    mutate(증감 = difference(employees.tsibble$total, lag = 1)) %>%
    mutate(증감률 = round((증감/total), 3) * 100) %>% select(1, 2, 4, 5) %>% head(10)
```

```
        time total  증감  증감률
 1 2013-01-01 24287    NA     NA
 2 2013-02-01 24215   -72   -0.3
 3 2013-03-01 24736   521    2.1
 4 2013-04-01 25322   586    2.3
 5 2013-05-01 25610   288    1.1
 6 2013-06-01 25686    76    0.3
 7 2013-07-01 25681    -5    0.0
 8 2013-08-01 25513  -168   -0.7
 9 2013-09-01 25701   188    0.7
10 2013-10-01 25798    97    0.4
```

● xts: diff()

xts 객체도 tsibble 객체와 같이 차분 함수인 diff()를 제공한다. 이후 과정은 tsibble과 동일한 과정을 거친다.

```
students.xts$증감 <- diff(students.xts[,2])
students.xts$증감률 <- round((students.xts$증감/students.xts$유치원), 3) * 100
students.xts[, c('유치원', '증감', '증감률')] %>% head(10)
```

```
             유치원     증감   증감률
1999-01-01 8658358      NA     NA
2000-01-01 8535867  11097    2.0
2001-01-01 8414423   -121    0.0
2002-01-01 8361933   5114    0.9
2003-01-01 8379775  -3725   -0.7
2004-01-01 8371630  -4818   -0.9
2005-01-01 8371421   -110    0.0
2006-01-01 8354891   4209    0.8
2007-01-01 8309932  -4262   -0.8
2008-01-01 8187782  -3728    0.7
```

```
plot.xts(students.xts[, '증감률'], main = '전년 대비 유치원 학생수 증감률')
```

▲ 그림 4-15 **전년 대비 유치원 학생수 증감률**

```
employees.xts$증감 <- diff(employees.xts$total)
employees.xts$증감률 <- round((employees.xts$증감/employees.xts$total), 3) * 100
employees.xts[, c('total', '증감', '증감률')] %>% head(10)
```

```
              total   증감   증감률
2013-01-01 24287    NA      NA
2013-02-01 24215    -72    -0.3
2013-03-01 24736    521     2.1
2013-04-01 25322    586     2.3
2013-05-01 25610    288     1.1
2013-06-01 25686     76     0.3
2013-07-01 25681     -5     0.0
2013-08-01 25513   -168    -0.7
2013-09-01 25701    188     0.7
2013-10-01 25798     97     0.4
```

```
plot.xts(employees.xts[, c('증감률')], main = '전월 대비 전체 취업자 증감률')
```

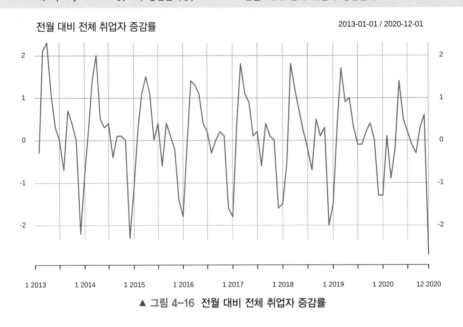

▲ 그림 4-16 전월 대비 전체 취업자 증감률

4.9 월 비중 백분율, 연 비중 백분율

연간 전체 매출의 월별 비중, 월간 전체 합계 중 일별, 주간별 비중 또는 백분율 등을 산출해야
할 때가 있다. 이런 경우 연간 전체 매출의 월별 비중이나 백분율을 모두 합하면 1 또는 100%가
되어야 한다.

예를 들어, 매월 매출액이 기록된 시계열 데이터에서 1년 중 비율을 구하기 위해서는 매월 매출
액의 옆 칼럼에 해당 연도의 전체 매출액 합계가 있어야 비율을 구할 수 있다. 따라서 월 비중,
연 비중 백분율 등을 구하기 위해서는 총 합계가 먼저 계산되어야 한다.

● 데이터 프레임: group_by( ), mutate( )

데이터 프레임에서 총합계를 구하기 위해서는 먼저 구하고자 하는 총 합계의 주기로 그루핑하여 전체 합계를 구해야 한다. 이때 주의해야 할 점이 summarise()를 통해 합계를 구하지 않고 mutate()를 사용해 합계를 구해야 한다는 것이다.

group_by() 후 summarise()를 통해 합계를 구하면 데이터 프레임의 구조가 그루핑된 구조로 바뀌게 되지만, mutate() 함수를 통해 합계를 구하면 그루핑된 주기별로 합계를 구한 칼럼이 추가되어 비중을 구하기 쉽다. 이 경우 그루핑 영향을 받는 부분을 정확히 파악하여 group_by()의 영향을 벗어나야 하는 곳에서 ungroup()을 사용해서 더이상 group_by()의 영향을 받지 않도록 해줘야 한다.

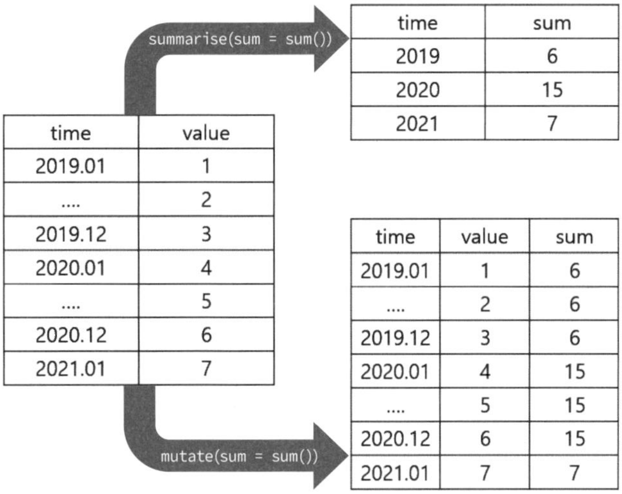

▲ 그림 4-17 group_by( ) 후 summairse( )와 mutate( )의 차이

```
employees %>%
  group_by(year(time)) %>%
  mutate(sum.by.year = sum(total)) %>%
  ungroup() %>%
  mutate(rate.by.year = round(total/sum.by.year, 3) * 100) %>%
  head(15)
```

```
# A tibble: 15 x 6
   time       total employees.edu `year(time)` sum.by.year rate.by.year
   <date>     <int>         <int>        <dbl>       <int>        <dbl>
1 2013-01-01 24287          1710         2013      303592            8
2 2013-02-01 24215          1681         2013      303592            8
```

```
 3  2013-03-01 24736          1716         2013      303592          8.1
 4  2013-04-01 25322          1745         2013      303592          8.3
 5  2013-05-01 25610          1774         2013      303592          8.4
 6  2013-06-01 25686          1786         2013      303592          8.5
 7  2013-07-01 25681          1813         2013      303592          8.5
 8  2013-08-01 25513          1811         2013      303592          8.4
 9  2013-09-01 25701          1794         2013      303592          8.5
10  2013-10-01 25798          1790         2013      303592          8.5
11  2013-11-01 25795          1793         2013      303592          8.5
12  2013-12-01 25248          1779         2013      303592          8.3
13  2014-01-01 25050          1748         2014      310766          8.1
14  2014-02-01 25116          1786         2014      310766          8.1
15  2014-03-01 25463          1814         2014      310766          8.2
```

```r
covid19 %>%
   group_by(yearmonth(date)) %>%
   mutate(sum.by.month = sum(`0-9세`)) %>%
   ungroup() %>%
   mutate(rate.by.month = round(`0-9세`/sum.by.month, 3) * 100) %>%
   select(date, `0-9세`, sum.by.month, rate.by.month)
```

```
# A tibble: 302 x 4
   date       `0-9세` sum.by.month rate.by.month
   <date>       <dbl>        <dbl>         <dbl>
 1 2020-04-09       2           14          14.3
 2 2020-04-10       1           14           7.1
 3 2020-04-11       1           14           7.1
 4 2020-04-12       0           14           0
 5 2020-04-13       2           14          14.3
 6 2020-04-14       0           14           0
 7 2020-04-15       0           14           0
 8 2020-04-16       3           14          21.4
 9 2020-04-17       1           14           7.1
10 2020-04-18       2           14          14.3
# ... with 292 more rows
```

```r
covid19 %>%
   group_by(year(date), month(date), week(date)) %>%
   mutate(sum.by.week = sum(`0-9세`)) %>%
   ungroup() %>%
   mutate(rate.by.week = round(`0-9세`/sum.by.week, 3) * 100) %>%
   select(date, `0-9세`, sum.by.week, rate.by.week)
```

```
# A tibble: 302 x 4
   date       `0-9세` sum.by.week rate.by.week
   <date>       <dbl>       <dbl>        <dbl>
 1 2020-04-09       2           6         33.3
 2 2020-04-10       1           6         16.7
```

```
 3 2020-04-11        1             6        16.7
 4 2020-04-12        0             6         0
 5 2020-04-13        2             6        33.3
 6 2020-04-14        0             6         0
 7 2020-04-15        0             6         0
 8 2020-04-16        3             6        50
 9 2020-04-17        1             6        16.7
10 2020-04-18        2             6        33.3
# ... with 292 more rows
```

- tsibble: index_by( ), mutate( )

앞선 월별, 분기별 합산에서 사용했던 index_by()를 이용하면 tsibble 데이터를 주기별로 그루핑할 수 있다. 이후 데이터 프레임에서 했던 것처럼 summarise()가 아닌 mutate()를 사용하여 전체 행에 그루핑된 합계열을 생성한 후 원본 데이터를 합계열로 나누어 비율을 구할 수 있다.

```
# 취업자수의 분기별 비율
employees.tsibble%>%
    index_by(yearqtr = ~ yearquarter(.)) %>%
    mutate(sum.qtrly = sum(total)) %>%
    mutate(rate.qtrly = total/sum.qtrly) %>%
    head(15)
```

```
# A tsibble: 15 x 6 [1D]
# Groups:    @ yearqtr [5]
   time       total employees.edu yearqtr sum.qtrly rate.qtrly
   <date>     <in>t         <int>   <qtr>     <int>      <dbl>
 1 2013-01-01 24287          1710 2013 Q1     73238      0.332
 2 2013-02-01 24215          1681 2013 Q1     73238      0.331
 3 2013-03-01 24736          1716 2013 Q1     73238      0.338
 4 2013-04-01 25322          1745 2013 Q2     76618      0.330
 5 2013-05-01 25610          1774 2013 Q2     76618      0.334
 6 2013-06-01 25686          1786 2013 Q2     76618      0.335
 7 2013-07-01 25681          1813 2013 Q3     76895      0.334
 8 2013-08-01 25513          1811 2013 Q3     76895      0.332
 9 2013-09-01 25701          1794 2013 Q3     76895      0.334
10 2013-10-01 25798          1790 2013 Q4     76841      0.336
11 2013-11-01 25795          1793 2013 Q4     76841      0.336
12 2013-12-01 25248          1779 2013 Q4     76841      0.329
13 2014-01-01 25050          1748 2014 Q1     75629      0.331
14 2014-02-01 25116          1786 2014 Q1     75629      0.332
15 2014-03-01 25463          1814 2014 Q1     75629      0.337
```

```
# 취업자수의 월별 비율
employees.tsibble%>%
```

```
  index_by(yearly = ~ year(.)) %>%
  mutate(sum.yearly = sum(total)) %>%
  mutate(rate.yearly = (total/sum.yearly)*100) %>%
  head(15)
```

```
# A tsibble: 15 x 6 [1D]
# Groups:     @ yearly [2]
   time       total employees.edu yearly sum.yearly rate.yearly
   <date>      <int>         <int>  <dbl>      <int>       <dbl>
 1 2013-01-01 24287          1710   2013     303592        8.00
 2 2013-02-01 24215          1681   2013     303592        7.98
 3 2013-03-01 24736          1716   2013     303592        8.15
 4 2013-04-01 25322          1745   2013     303592        8.34
 5 2013-05-01 25610          1774   2013     303592        8.44
 6 2013-06-01 25686          1786   2013     303592        8.46
 7 2013-07-01 25681          1813   2013     303592        8.46
 8 2013-08-01 25513          1811   2013     303592        8.40
 9 2013-09-01 25701          1794   2013     303592        8.47
10 2013-10-01 25798          1790   2013     303592        8.50
11 2013-11-01 25795          1793   2013     303592        8.50
12 2013-12-01 25248          1779   2013     303592        8.32
13 2014-01-01 25050          1748   2014     310766        8.06
14 2014-02-01 25116          1786   2014     310766        8.08
15 2014-03-01 25463          1814   2014     310766        8.19
```

4.10 월별, 분기별, 연별 누적 합계

시계열 데이터는 시간에 따른 데이터 흐름을 나타내기 때문에 경우에 따라서 누적 합계를 나타내야 할 경우가 있다. 예를 들어, 주간별 매출액의 연도별 누적 매출액, 웹사이트의 누적 사용자와 같은 경우다. 누적합은 앞서 설명한 그루핑과 함께 쓰면 더 좋은 결과를 낼 수 있다.

● **데이터 프레임: cumsum( ), group_by( ), collapse_by( )**

데이터 프레임에 저장된 시계열 데이터에 대한 누적합을 구하기 위해서는 dplyr 패키지의 누적합을 산출하는 함수인 cumsum()를 사용한다. 데이터를 그루핑하지 않고 전체 데이터에 대한 누적합은 mutate()를 사용하여 cumsum() 결과 열을 생성함으로써 구할 수 있다.

```
 #  누적 취업자수 산출
employees %>%
  mutate(cumsum = cumsum(total)) %>%
  select(time, total, cumsum) %>%
```

```
head(15)
```

```
      time total cumsum
1  2013-01-01 24287   24287
2  2013-02-01 24215   48502
3  2013-03-01 24736   73238
4  2013-04-01 25322   98560
5  2013-05-01 25610  124170
6  2013-06-01 25686  149856
7  2013-07-01 25681  175537
8  2013-08-01 25513  201050
9  2013-09-01 25701  226751
10 2013-10-01 25798  252549
11 2013-11-01 25795  278344
12 2013-12-01 25248  303592
13 2014-01-01 25050  328642
14 2014-02-01 25116  353758
15 2014-03-01 25463  379221
```

```
# 0-9세 코로나 확진자의 누적 플롯
covid19 %>%
    mutate(cumsum = cumsum(`0-9세`)) %>%
    select(date, `0-9세`, cumsum) %>%
    ggplot(aes(date, cumsum)) +
    geom_line(aes(group = 1)) +
    labs(title = '코로나 확진자 누적 합계(0-9세)', x = '날짜', y = '누적합계') +
    scale_x_date(date_breaks = "1 month", date_labels = "%y.%m")  +
    theme(axis.text.x=element_text(angle=90,hjust=1))
```

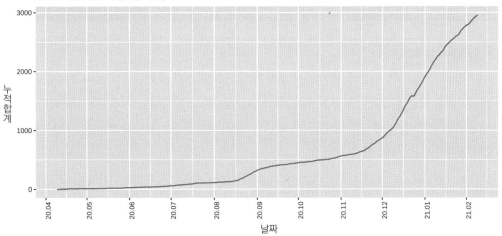

▲ 그림 4-18 코로나 확진자 누적 합계(0-9세)

전체 데이터에 대한 누적 합계가 아닌 연별, 월별, 주별 등의 주기별 누적 합계를 구하려면 앞서 설명한 group_by()와 함께 사용해서 원하는 기간 동안의 누적 합계를 구할 수 있다.

```
employees %>%
    group_by(year(time)) %>%
    mutate(cumsum.total = cumsum(total),
           cumsum.edu = cumsum(employees.edu)) %>%
    select(time, total, cumsum.total, employees.edu, cumsum.edu) %>%
    head(15)
```

```
# A tibble: 15 × 6
# Groups:   year(time) [2]
   `year(time)` time       total cumsum.total employees.edu cumsum.edu
         <dbl><date>       <int>        <int>         <int>      <int>
 1        2013 2013-01-01 24287        24287          1710       1710
 2        2013 2013-02-01 24215        48502          1681       3391
 3        2013 2013-03-01 24736        73238          1716       5107
 4        2013 2013-04-01 25322        98560          1745       6852
 5        2013 2013-05-01 25610       124170          1774       8626
 6        2013 2013-06-01 25686       149856          1786      10412
 7        2013 2013-07-01 25681       175537          1813      12225
 8        2013 2013-08-01 25513       201050          1811      14036
 9        2013 2013-09-01 25701       226751          1794      15830
10        2013 2013-10-01 25798       252549          1790      17620
11        2013 2013-11-01 25795       278344          1793      19413
12        2013 2013-12-01 25248       303592          1779      21192
13        2014 2014-01-01 25050        25050          1748       1748
14        2014 2014-02-01 25116        50166          1786       3534
15        2014 2014-03-01 25463        75629          1814       5348
```

- **tsibble: index_by()**

tsibble 객체에 대한 누적 합계는 앞서 설명한 그루핑 방법과 유사한데, index_by()를 사용하여 그루핑한 후, 합계를 산출하는 sum()를 cumsum()으로, 합계열을 저장하는 summarise()를 mutate()로 바꾸어 주면 간단히 끝난다. mutate()를 쓰는 이유는 누적 합계가 모든 관측치에 필요한 열이기 때문이다.

```
employees.tsibble%>%
    index_by(yearqtr = ~ yearquarter(.)) %>%
    mutate(cumsum.qtrly = cumsum(total)) %>%
    select(yearqtr, cumsum.qtrly) %>%
    head(10)
```

```
# A tsibble: 10 x 3 [1D]
# Groups:    @ yearqtr [4]
   yearqtr cumsum.qtrly       time
   <qtr>         <int>     <date>
 1 2013 Q1       24287 2013-01-01
 2 2013 Q1       48502 2013-02-01
 3 2013 Q1       73238 2013-03-01
 4 2013 Q2       25322 2013-04-01
 5 2013 Q2       50932 2013-05-01
 6 2013 Q2       76618 2013-06-01
 7 2013 Q3       25681 2013-07-01
 8 2013 Q3       51194 2013-08-01
 9 2013 Q3       76895 2013-09-01
10 2013 Q4       25798 2013-10-01
```

```
covid19.tsibble[, c(1,3)]%>%
  index_by(yearweek = ~ yearweek(.)) %>%
  mutate(cumsum.weekly = cumsum(`0-9세`)) %>%
  head(10)
```

```
# A tsibble: 10 x 4 [1D]
# Groups:    @ yearweek [2]
   date        `0-9세` yearweek cumsum.weekly
   <date>        <dbl>   <week>         <dbl>
 1 2020-04-09        2 2020 W15             2
 2 2020-04-10        1 2020 W15             3
 3 2020-04-11        1 2020 W15             4
 4 2020-04-12        0 2020 W15             4
 5 2020-04-13        2 2020 W16             2
 6 2020-04-14        0 2020 W16             2
 7 2020-04-15        0 2020 W16             2
 8 2020-04-16        3 2020 W16             5
 9 2020-04-17        1 2020 W16             6
10 2020-04-18        2 2020 W16             8
```

● xts

xts 패키지에서는 누적합을 산출하는 함수를 제공하지 않는다. 그렇기 때문에 누적합을 구하기
위해서는 몇 단계를 거쳐야 한다. 먼저 split() 함수를 사용하여 누적합을 적용할 시간 단위로
데이터를 분리해 준다. 분리한 결과는 리스트list 객체의 형태로 반환되는데, 반환된 결과에
lapply()를 이용하여 cumsum()을 적용시켜 준다. 이 결과는 리스트 객체의 형태이기 때문에
do.call()을 이용하여 하나의 xts 형태로 다시 묶어 주면 원하는 값을 얻을 수 있다.

이 과정에서 리스트 객체를 다루는 함수인 lapply()와 do.call()이 사용되었다. 이 두 함수 모두 매개변수로 받은 함수를 각각의 리스트 객체 요소에 적용하는데, lapply()의 경우 각각 리스트 객체의 모든 행에 대해 매개변수 함수를 적용하는 데 반해 do.call()은 리스트 객체의 요소에 대해 함수를 적용한다는 점에서 차이가 있다.

아래의 예에서 lapply()로 전달된 cumsum()는 split()로 분리된 12개의 요소의 각 행에 적용되기 때문에 총 1,424번 호출되고, do.call()로 전달된 rbind()는 split()로 분리된 12개의 요소에 적용되기 때문에 12번 호출된다.

```
do.call(rbind, lapply(split(employees.xts, f = 'year'), cumsum)) %>%
   head(15)
```

```
             total employees.edu  증감  증감률
2013-01-01   24287          1710   NA    NA
2013-02-01   48502          3391   NA    NA
2013-03-01   73238          5107   NA    NA
2013-04-01   98560          6852   NA    NA
2013-05-01  124170          8626   NA    NA
2013-06-01  149856         10412   NA    NA
2013-07-01  175537         12225   NA    NA
2013-08-01  201050         14036   NA    NA
2013-09-01  226751         15830   NA    NA
2013-10-01  252549         17620   NA    NA
2013-11-01  278344         19413   NA    NA
2013-12-01  303592         21192   NA    NA
2014-01-01   25050          1748 -198  -0.8
2014-02-01   50166          3534 -132  -0.5
2014-03-01   75629          5348  215   0.9
```

4.11 동월별, 동분기별, 동년별 플롯

앞선 플롯에서처럼 시계열 데이터는 선 플롯으로 그려지는 경우가 많다. 하지만 동년, 동월, 동분기 데이터를 전체적으로 확인해야 할 경우가 있다. 예를 들어 지난 10년간 매 4월의 상품 판매량 분포와 같은 경우 이러한 플롯을 위해 일부 시계열 패키지에서는 계절성 플롯 함수를 제공한다. 하지만 이 절에서는 주로 상자 플롯을 활용하여 정보를 표현하는 방법을 설명한다.

● 데이터 프레임: group_by( )

데이터 프레임에 저장된 시계열 데이터의 동월, 동분기별, 동년별 플롯을 시각화하기 위해서는 먼저 데이터를 적절히 그루핑해야 한다.

앞의 그루핑 예에서 일별 데이터를 월별 데이터로 그루핑하기를 원하면 더 큰 시간인 연도도 같이 그루핑해서 연, 월의 전체적인 시간적 흐름을 놓치지 않도록 유지하였다. 하지만 매년 1월 판매량 등과 같이 시간적 흐름보다는 시간적 특성만을 원할 경우는 그루핑할 때 원하는 해당 특성에 대해서만 그루핑함으로써 원하는 정보를 얻을 수 있다.

```
employees %>%
    mutate(year = lubridate::year(employees$time)) %>%
    ggplot(aes(as.factor(year), total)) +
    geom_boxplot() +
    geom_jitter(alpha = 0.2) +
    labs(title = '동년별 취업자 분포', x = '연도', y = '취업자수')
```

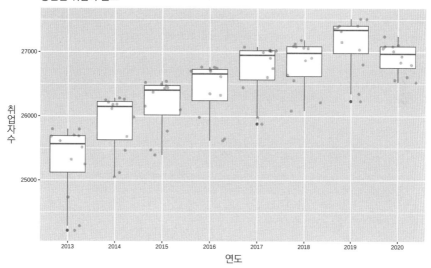

▲ 그림 4-19 동년별 취업자 분포의 박스 플롯

```
employees %>%
    mutate(month = lubridate::month(employees$time)) %>%
    ggplot(aes(as.factor(month), total)) +
    geom_boxplot() +
    geom_jitter(alpha = 0.2) +
    labs(title = '동월별 취업자 분포', x = '월', y = '취업자수')
```

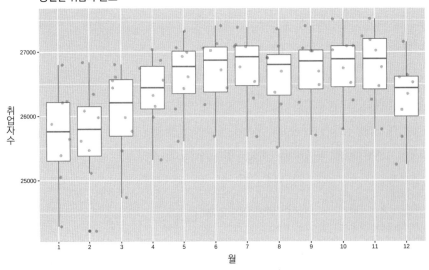

동월별 취업자 분포

▲ 그림 4-20 동월별 취업자 분포 박스 플롯

```
employees %>%
    mutate(quarter = lubridate::quarter(employees$time)) %>%
    ggplot(aes(as.factor(quarter), total)) +
    geom_boxplot() +
    geom_jitter(alpha = 0.2) +
    labs(title = '동분기별 취업자 분포', x = '분기', y = '취업자수')
```

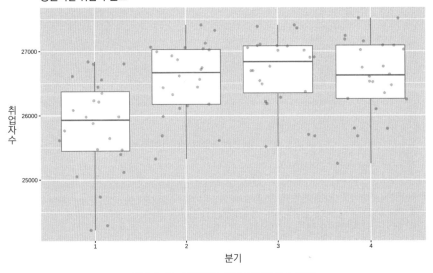

동분기별 취업자 분포

▲ 그림 4-21 동분기별 취업자 분포 박스 플롯

```
covid19 %>%
    mutate(month = lubridate::month(covid19$date)) %>%
    ggplot(aes(as.factor(month), `0-9세`)) +
    geom_boxplot() +
    geom_jitter(alpha = 0.2) +
    labs(title = '동월별 확진자 분포', x = '월', y = '확진자수')
```

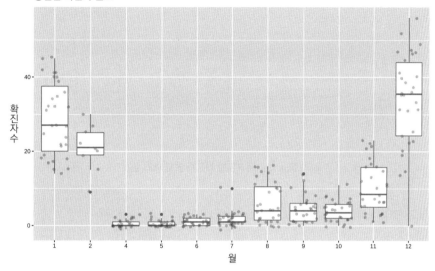

▲ 그림 4-22 동월별 확진자 분포 박스 플롯

```
covid19 %>%
    mutate(wday = lubridate::wday(covid19$date, label = TRUE)) %>%
    ggplot(aes(as.factor(wday), `50-59세`)) +
    geom_boxplot() +
    geom_jitter(alpha = 0.2) +
    labs(title = '동요일별 확진자 분포', x = '요일', y = '확진자수')
```

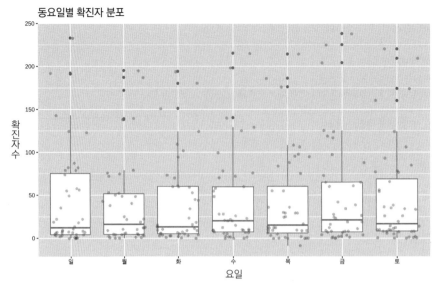

동요일별 확진자 분포

확진자 수

요일

일 월 화 수 목 금 토

▲ 그림 4-23 동요일별 확진자 분포 박스 플롯

● 데이터 프레임: plot_seasonal_diagnostics( )

데이터 프레임에 저장된 시계열 데이터의 계절성을 시각화하기 위해 앞의 예제에서는 계절 주기로 그루핑한 칼럼을 활용하였다. 그런데 계절성을 알고 있는 경우는 쉽게 구할 수 있지만, 계절성을 모르는 경우는 여러 플롯을 확인해야 한다.

이런 경우 사용할 수 있는 함수가 timetk 패키지의 plot_seasonal_diagnostics()이다. 이 함수는 주어진 시계열 데이터에 가능한 모든 동월, 동분기, 동요일 등의 플롯을 동시에 생성해 주는데, plot_ly와 ggplot2를 기본으로 작성된 플롯이기 때문에 가장 큰 장점이 반응형interactive 플롯이 생성된다는 점이다.

```
employees %>%
  timetk::plot_seasonal_diagnostics(.date_var = time, .value = total, .title = '전체
취업자의 주기별 플롯')
```

전체 취업자의 주기별 플롯

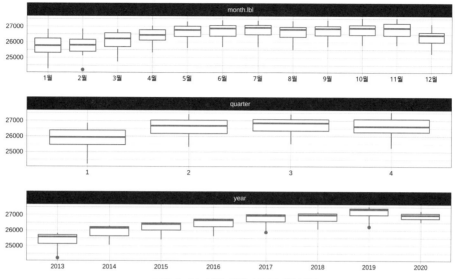

▲ 그림 4-24 전체 취업자의 주기별 플롯

```
covid19 %>%
    timetk::plot_seasonal_diagnostics(.date_var = date, .value = `0-9세`, .title = '코로나
확진자(0-9세)의 주기별 플롯')
```

코로나 확진자(0-9세)의 주기별 플롯

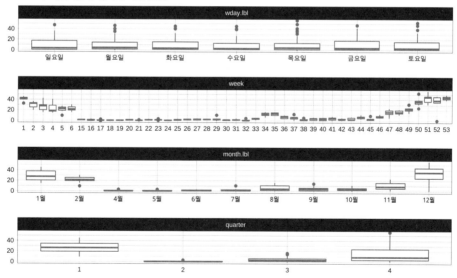

▲ 그림 4-25 코로나 확진자(0-9세)의 주기별 플롯

5장

시계열 forecasting Part I
- 기초 개념

시계열 데이터를 기반으로 미래를 예측하는 데 사용하는 모델링 알고리즘은 일반적으로 알려진 머신러닝 알고리즘과는 조금 다른 특징이 있다. 앞 장에서 설명한 것처럼 머신러닝 모델링 알고리즘은 크게 선형 회귀, 로지스틱 회귀와 같은 회귀regression 알고리즘, 의사결정트리, 랜덤 포레스트, k 근접 이웃 알고리즘과 같은 분류classification 알고리즘, k-means, DB-scan과 같은 군집clustering 알고리즘, 신경망 알고리즘을 활용한 딥러닝 알고리즘 등이 있다. 이런 대부분의 알고리즘은 주어진 훈련training 데이터 세트를 기반으로 모델을 생성하고, 테스트 데이터 세트로 생성된 모델의 성능을 측정하고 개선하여 예측 모델을 만든다.

그러나 시계열 미래 예측에 사용해야 하는 데이터의 특성은 일반적인 머신러닝 모델의 데이터 특성과 조금 다르다. 대표적인 차이점은 시계열 데이터에 사용되는 데이터는 데이터가 발생된 시간에 의해 순서가 명확하다는 점이다. 일반적인 머신러닝에 사용되는 데이터 세트는 관측치 자체가 가진 특성값에 집중하고 관측치의 시간적 순서에 신경 쓰지 않는 경우도 많다. 하지만 시계열 모델에서는 시간적 순서가 가장 중요한 요소다. 시간은 같은 시간이 반복되지 않고 계속 증가 방향(미래 방향)으로만 기록되기 때문에 같은 데이터가 다시 반복되지 않고, 항상 신규로 발생되는 데이터는 시간축(X축)의 증가 방향으로만 데이터가 들어온다. 그러나 일반 데이터의 경우 같은 데이터가 관찰되는 경우도 많고 새로 들어오는 데이터의 독립 변수(X축)가 증가할 수도, 감소할 수도 있다는 점에서 시계열 데이터와 매우 다르다.

이외에도 시계열 데이터는 장기적인 패턴인 추세trend와 중기적인 패턴인 계절성seasonality, 자신의 이전 데이터와의 상관관계인 자기상관 관계autocorrelation 등의 특성을 가진다. 결국, 시계열 데이터를 분석한다는 것은 추세, 계절성, 자기상관 관계 등의 시계열 데이터의 다양한 특성을 분석한다는 것이다.

이처럼 시계열 데이터 분석은 데이터의 시계열적 특성을 최대한 추출해 내어 모델을 만들고 이 모델을 미래에 적용함으로써 예측값을 추정하는 과정이다. 따라서 일반 데이터와는 다른 시계열 데이터의 특징을 잘 알아야 효율적인 모델을 만들 수 있다. 시계열 데이터의 모델링을 위해 추출해야 할 시계열 데이터의 특성을 알아보자.

5.1 정상성, 비정상성

시계열 데이터를 분석할 때 가장 먼저 해야 할 작업은 분석 대상 시계열 데이터가 정상성 stationary 데이터인지 비정상성non stationary 데이터인지 확인하는 것이다. 사실, 정상이라는 단어가 주는 긍정적 의미 때문에 왠지 정상성 시계열 데이터가 분석되어야 하고, 비정상 데이터는 더 분석이 필요 없는 노이즈 같은 느낌이 든다. 하지만 오히려 반대의 개념이라는 걸 알고 넘어가자.

정상성 시계열은 한마디로 말하자면 어떤 시계열적 특성이 없는 데이터를 말한다. 데이터가 관측된 시간과 무관하게 생성된 데이터라는 것이다.[1] 반대로 **비정상성 시계열이라고 하는 것은 추세, 계절성 등 시계열적 특성을 보유하고 있는 데이터를 말한다.**

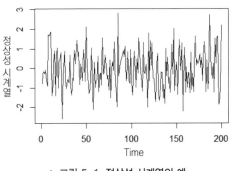

▲ 그림 5-1 정상성 시계열의 예

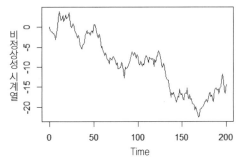

▲ 그림 5-2 비정상성 시계열의 예

우리가 항상 보는 시계열 데이터의 대부분이 비정상성 시계열이다. 사실, 대부분의 보고서에 들어가는 시계열 플롯은 추세나 계절적 반복이 있는 현상을 보고하기 위해 사용한다. 아무 의미 없는 잡음 같은 플롯을 보고서에 넣지는 않는다.

심지어는 우리 몸속에서도 비정상 시계열 데이터가 발생되고 있다. 우리 몸속에서 발생되는 비정상성 시계열 데이터는 우리 심장의 박동수다. 심장 박동은 1분에 60~100회라고 한다. 이는 사람마다 다르지만 중요한 것은 지속해서 일정한 박동수가 유지되는 것이다. 따라서 심장 박동의 플롯은 일정한 주기를 반복해서 나타나야 한다. 그렇지 않고 정상성 시계열 데이터로 나타난다면? 정상성 시계열이라고 정상이 아니다. 빨리 병원에 가야 한다.

---

1   https://bit.ly/2QmYrzX

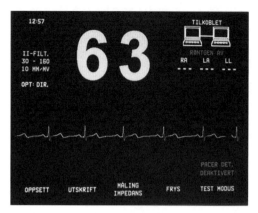

▲ 그림 5-3 심장 박동 플롯(출처: https://pixabay.com/)

뒤에서 설명할 백색잡음white noise은 정상성 시계열 데이터다. 백색잡음은 시간에 의해 데이터의 특별한 패턴을 보이지 않는 랜덤하게 발생되는 데이터를 말한다. 그러나 모든 정상성 시계열이 백색잡음은 아니다. 정상성 시계열도 추세나 주기적 반복이 있는 경우도 있기 때문이다. 하지만 주기적 반복이 존재한다 하더라도 그 주기가 일정하지 않아서 예측이 어렵다면 정상성 시계열로 볼 수 있다.[2]

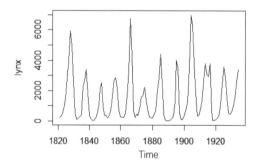

▲ 그림 5-4 스라소니 개체의 시계열 플롯 — 주기가 있는 정상성 시계열의 예

위의 플롯은 연도별 스라소니의 개체수 추이다. 주기적으로 데이터가 올라갔다 떨어졌다를 반복하는 사이클이 있어 비정상성 시계열로 볼 수 있지만, 반복적 데이터 패턴의 주기가 일정하지 않아서 사이클의 예측이 어렵기 때문에 정상성 시계열로 볼 수 있다.

시계열 모델링은 비정상성 데이터를 정상성 데이터로 만드는 과정이다. 비정상성 데이터를 정

---

2 https://bit.ly/3r8dR8a

상성으로 만드는 과정에서 알아낸 추세, 계절성 등과 같은 시계열 데이터의 특성들을 모델링하고 이 특성을 사용하여 미래 데이터를 예측한다. 마지막으로 남은 정상성 데이터는 시계열 데이터 예측의 불확실성을 나타내는 오차로 간주된다. 이 오차들이 예측 구간을 만들어 내는데, 예측 기간이 늘어날수록 예측과정에서 오차들이 계속 발생하기 때문에 예측 구간이 점점 넓어지게 된다. 정상성 시계열 데이터는 다음과 같은 특성을 가진다.

- 일정한 평균(등평균성)[3]
  정상성 시계열 데이터는 시간의 흐름에 따른 데이터의 평균이 일정해야 한다. 데이터의 처음부터 시차 이동평균을 구했을 때 그 평균값이 일정하게 유지되어야 한다.

- 일정한 분산(등분산성)[4]
  정상성 시계열 데이터는 시간의 흐름에 따른 데이터의 분산이 일정하다는 의미다. 등평균성과 같이 시차 이동 분산을 구했을 때 그 분산 값이 일정하게 유지된다는 것이다.

5.2 지연과 차분

앞서 설명한 바와 같이 시계열 데이터 모델링은 비정상성 시계열 데이터를 정상화하는 과정의 패턴을 찾아내는 것이다. 비정상성 시계열을 정상성 시계열로 만드는 과정에서 사용되는 가장 대표적인 방법이 지연lag과 차분difference이다.

● 지연

지연은 데이터를 정해진 시간만큼 앞으로 당기거나 혹은 뒤로 밀어낸 데이터를 말한다. 지연은 데이터의 자기상관성autocorrelation을 측정하기 위해 필수적으로 필요한 과정이다. 그림 5-5처럼 지연 1의 데이터는 원본 데이터에 시간 1만큼 지연된 데이터이고, 지연 2의 데이터는 원본 데이터에 시간 2만큼 지연된 데이터다. 지연은 lag()를 통해 쉽게 만들 수 있다.

3　https://bit.ly/2NK8E8U

4　https://bit.ly/3c4pmJo

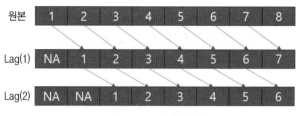

▲ 그림 5-5 lag()의 실행 예

```
students %>%
  mutate(lag1 = lag(학생수계, 1),
         lag3 = lag(학생수계, 3)) %>%
  select(연도, 학생수계, lag1, lag3) %>%
  head(10)
```

```
# A tibble: 10 × 4
    연도         학생수계     lag1     lag3
    <date>        <dbl>    <dbl>    <dbl>
 1 1999-01-01   8658358       NA       NA
 2 2000-01-01   8535867  8658358       NA
 3 2001-01-01   8414423  8535867       NA
 4 2002-01-01   8361933  8414423  8658358
 5 2003-01-01   8379775  8361933  8535867
 6 2004-01-01   8371630  8379775  8414423
 7 2005-01-01   8371421  8371630  8361933
 8 2006-01-01   8354891  8371421  8379775
 9 2007-01-01   8309932  8354891  8371630
10 2008-01-01   8187782  8309932  8371421
```

 코드 설명
- lag()를 이용하여 lag1 열을 생성하는 데 students의 '학생수계' 열의 1차 지연 데이터(lag(학생수계, 1))를 사용

- lag()를 이용하여 lag3 열을 생성하는 데 students의 '학생수계' 열의 3차 지연 데이터(lag(학생수계, 3))를 사용

timetk 패키지에서도 lag()와 유사한 함수인 lag_vec()을 제공한다.

```
library(timetk)
students %>%
  mutate(lag1 = lag_vec(학생수계, lag = 1),
         lag3 = lag_vec(학생수계, lag = 3)) %>%
  select(연도, 학생수계, lag1, lag3) %>%
  head(10)
```

```
# A tibble: 10 × 4
   연도        학생수계    lag1      lag3
   <date>      <dbl>     <dbl>     <dbl>
 1 1999-01-01  8658358      NA        NA
 2 2000-01-01  8535867 8658358        NA
 3 2001-01-01  8414423 8535867        NA
 4 2002-01-01  8361933 8414423 8658358
 5 2003-01-01  8379775 8361933 8535867
 6 2004-01-01  8371630 8379775 8414423
 7 2005-01-01  8371421 8371630 8361933
 8 2006-01-01  8354891 8371421 8379775
 9 2007-01-01  8309932 8354891 8371630
10 2008-01-01  8187782 8309932 8371421
```

 코드 설명

- timetk 패키지의 lag_vec()을 사용하여 students의 '학생수계' 열의 1차 지연 데이터(lag_vec(학생수계, lag = 1))를 생성하여 lag1 열 생성
- timetk 패키지의 lag_vec()을 사용하여 students의 '학생수계' 열의 3차 지연 데이터(lag_vec(학생수계, lag = 3))를 생성하여 lag3 열 생성

xts 객체도 lag()를 동일하게 적용할 수 있다.

```
stats::lag(students.xts$학생수계, 1) %>% head(10)
```

```
              학생수계
1999-01-01        NA
2000-01-01    8658358
2001-01-01    8535867
2002-01-01    8414423
2003-01-01    8361933
2004-01-01    8379775
2005-01-01    8371630
2006-01-01    8371421
2007-01-01    8354891
2008-01-01    8309932
```

● 차분

차분은 연속된 관찰값들 간의 차이를 말한다. 비정상성 시계열 데이터를 정상성으로 만드는 데 일반적으로 사용되는 방법으로 전년 대비 증감량, 전월 대비 증감량과 같이 특정한 시간 간격의 데이터와의 차이를 나타낸다.

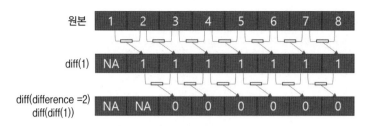

▲ 그림 5-6 diff()의 실행 예

차분은 diff()를 사용하여 간단히 구할 수 있고, 앞의 lag()로 산출된 lag 벡터와의 연산을 통해서도 구할 수 있다. diff()를 사용할 때 주의해야 할 점은 diff() 결과 벡터는 원 데이터 벡터에 비해 lag만큼 데이터가 적다는 것이다. 그림 5-6처럼 diff()는 lag만큼 데이터를 이동시켜서 이동된 자리에서부터 마지막 데이터까지 연산을 하기 때문에 lag만큼 데이터가 적다. 따라서 이를 원래 데이터와 붙이기 위해서는 lag로 이동된 만큼 적절한 값을 채워 줘야 한다. 반면 lag 함수는 lag만큼 이동된 자리에 자동으로 NA를 채워 준다.

```
students %>%
  mutate(lag1 = lag(학생수계, 1),
         lag3 = lag(학생수계, 3),
         diff1 = c(NA, diff(학생수계, lag = 1)),
         diff3 = c(NA, NA, NA, diff(학생수계, lag = 3))) %>%
  select(연도, 학생수계, lag1, diff1, lag3, diff3) %>%
  head(10)
```

```
# A tibble: 10 × 6
    연도         학생수계     lag1    diff1    lag3    diff3
    <date>         <dbl>    <dbl>    <dbl>   <dbl>    <dbl>
 1 1999-01-01   8658358       NA       NA      NA       NA
 2 2000-01-01   8535867  8658358  -122491      NA       NA
 3 2001-01-01   8414423  8535867  -121444      NA       NA
 4 2002-01-01   8361933  8414423   -52490 8658358  -296425
 5 2003-01-01   8379775  8361933    17842 8535867  -156092
 6 2004-01-01   8371630  8379775    -8145 8414423   -42793
 7 2005-01-01   8371421  8371630     -209 8361933     9488
 8 2006-01-01   8354891  8371421   -16530 8379775   -24884
 9 2007-01-01   8309932  8354891   -44959 8371630   -61698
10 2008-01-01   8187782  8309932  -122150 8371421  -183639
```

코드 설명
- lag()를 사용하여 '학생수계' 열의 1차 지연 데이터인 lag1열 생성

- lag()를 사용하여 '학생수계' 열의 3차 지연 데이터인 lag3열 생성

- diff()를 사용하여 '학생수계' 열의 1차 차분 데이터를 생성하되 차분 계산으로 인해 비워지는 데이터 하나를 NA로 채운 벡터를 생성하여 diff1 열 생성
- diff()를 사용하여 '학생수계' 열의 3차 차분 데이터를 생성하되 차분 계산으로 인해 비워지는 데이터 세 개를 NA로 채운 벡터를 생성하여 diff3 열 생성

timetk 패키지에서도 diff() 함수와 유사한 함수인 diff_vec() 함수를 제공한다. diff_vec()은 lag 크기만큼의 빈자리를 NA로 채워 원본 데이터와 동일한 길이의 벡터를 반환한다.

```
students %>%
  mutate(diff1 = diff_vec(학생수계, lag = 1),
         diff3 = diff_vec(학생수계, lag = 3)) %>%
  select(연도, 학생수계, diff1, diff3) %>%
  head(10)
```

```
# A tibble: 10 × 4
    연도        학생수계   diff1    diff3
   <date>         <dbl>   <dbl>    <dbl>
 1 1999-01-01  8658358      NA       NA
 2 2000-01-01  8535867 -122491       NA
 3 2001-01-01  8414423 -121444       NA
 4 2002-01-01  8361933  -52490  -296425
 5 2003-01-01  8379775   17842  -156092
 6 2004-01-01  8371630   -8145   -42793
 7 2005-01-01  8371421    -209     9488
 8 2006-01-01  8354891  -16530   -24884
 9 2007-01-01  8309932  -44959   -61698
10 2008-01-01  8187782 -122150  -183639
```

- timetk 패키지의 diff_vec()을 사용하여 students의 '학생수계' 열의 1차 차분 데이터(diff_vec(학생수계, lag = 1))를 생성하여 lag1 열 생성
- timetk 패키지의 diff_vec()을 사용하여 students의 '학생수계' 열의 3차 차분 데이터(diff_vec(학생수계, lag = 3))를 생성하여 lag3 열 생성

xts 객체도 diff() 함수를 동일하게 사용할 수 있다.

```
diff(students.xts$학생수계, 1) %>% head(10)
```

```
             학생수계
1999-01-01        NA
2000-01-01   -122491
2001-01-01   -121444
2002-01-01    -52490
```

```
2003-01-01    17842
2004-01-01    -8145
2005-01-01     -209
2006-01-01   -16530
2007-01-01   -44959
2008-01-01  -122150
```

5.3 ACF와 PACF

시계열 데이터가 일반 데이터와 다른 특성 중 하나로 자기상관성이 있다는 것을 계속 언급하였다. 자기상관성이라는 것은 1장에서 소개했듯이 시계열 데이터 원본과 lag된 데이터와의 상관관계가 있는 경우를 말한다.

그렇다면 해당 시계열 데이터가 자기상관이 있는지를 어떻게 알 수 있을 것인가? 앞서 말한 것처럼 lag된 데이터와 원본 데이터를 상관계수 산출 함수인 cor()를 사용해서 상관계수를 구해보면 상관관계를 대략 파악해 볼 수 있다. 하지만 시계열 분석에서는 여러 lag의 상관관계를 확인해야 하는데 이처럼 시계열 데이터가 자기상관 관계를 가지는지 확인하기 위해 사용하는 플롯이 ACF, PACF 플롯이다. ACF는 자기상관 함수autocorrelation function, ACF를 말하고 PACF는 부분자기상관 함수partial autocorelation function, PACF를 말한다. 이들은 플롯으로 확인할 수도 있고 수치로 확인할 수도 있다.

● **자기상관 함수**

ACF는 자기상관성을 확인할 수 있는 함수를 말한다. ACF 함수는 주어진 데이터의 각각의 lag를 원본 데이터와 자기상관 계수를 구해 자기상관 관계를 확인할 수 있게 해주는데, 자기상관 관계 계수는 일반적인 상관관계 계수와는 산출 공식이 약간 다르다.

대부분의 시계열 데이터를 다루는 패키지에서 ACF를 확인할 수 있는 함수를 제공한다. stats 패키지의 acf(), forecast 패키지의 Acf()와 ggAcf(), timetk 패키지의 plot_acf_diagnostics(), ts 패키지의 ts.acf()가 ACF를 확인하기 위해 제공되는 함수다. 이와 같은 ACF 함수들은 기본값으로 ACF 플롯을 제공하지만 매개변수를 설정함으로써 자기상관 계수를 반환할 수도 있다.

그림 5-7의 ACF 플롯를 보면 세로축 자기상관 계수 0.4에서 가로 점선이 보이는데, 이 선은 자기상관계수의 신뢰구간 95%를 나타낸다.[5] 이 선은 자기상관 계수가 의미를 갖는지를 평가하는

---

5   https://bit.ly/3f8ECqJ

선으로 자기상관 계수가 이 선 위로 나가는 경우는 자기상관이 있는 것으로 파악하는 것이 일반적이다.

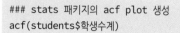

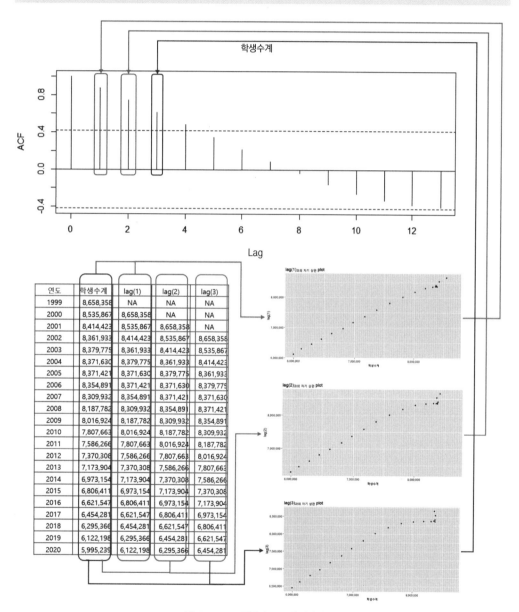

▲ 그림 5-7 acf 플롯과 lag 데이터와의 관계

```
#   stats 패키지의 acf 수치 산출
acf(students$학생수계, plot = FALSE)
```

```
Autocorrelations of series 'students$학생수계', by lag

     0       1       2       3       4       5       6       7       8       9      10
 1.000   0.875   0.745   0.616   0.484   0.349   0.216   0.084  -0.041  -0.157  -0.255
    11      12      13
-0.329  -0.377  -0.400
```

```
#   forecast 패키지의 Acf plot
students %>%
  select(학생수계) %>%
  forecast::Acf()
```

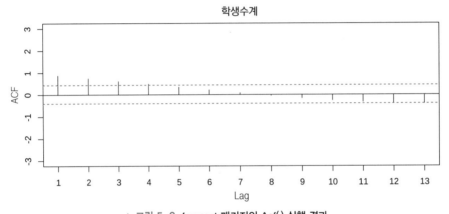

▲ 그림 5-8 forecast 패키지의 Acf( ) 실행 결과

```
#   forecast 패키지의 Acf 수치
students %>%
  select(학생수계) %>%
  forecast::Acf(plot = FALSE)
```

```
Autocorrelations of series '.', by lag

     0       1       2       3       4       5       6       7       8       9      10
 1.000   0.875   0.745   0.616   0.484   0.349   0.216   0.084  -0.041  -0.157  -0.255
    11      12      13
-0.329  -0.377  -0.400
```

```
#   forecast 패키지의 ggAcf 플롯
students %>%
  select(학생수계) %>%
  forecast::ggAcf()
```

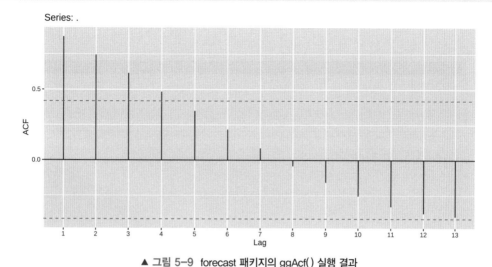

▲ 그림 5-9 forecast 패키지의 ggAcf( ) 실행 결과

```
#   forecast 패키지의 ggAcf 수치
students %>%
  select(학생수계) %>%
  forecast::ggAcf(plot = FALSE)
```

```
Autocorrelations of series '.', by lag

    0      1      2      3      4      5      6      7      8      9     10
1.000  0.875  0.745  0.616  0.484  0.349  0.216  0.084 -0.041 -0.157 -0.255
   11     12     13
-0.329 -0.377 -0.400
```

```
###   timetk 패키지의 plot_acf_diagnostics plot
students %>%
  select(연도, 학생수계) %>%
  timetk::plot_acf_diagnostics(.date_var = 연도, .value = 학생수계, .lag = 14, .show_white_
noise_bars = TRUE)
```

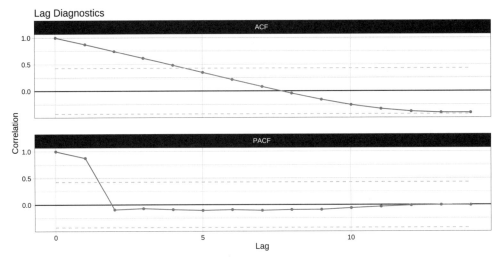

▲ 그림 5-10 timetk 패키지의 plot_acf_diagnostics plot 실행 결과

● **부분자기상관 함수**

부분자기상관 함수는 ACF의 문제점을 개선하기 위해 사용되는 함수다. 자기상관관계 예에서 1999년 학생수와 2001년 학생수의 자기상관 계수는 0.745다. 하지만 1999년 학생수와 2000년 학생수의 자기상관계수가 높기 때문에(0.875) 1999년과 2001년 학생수의 높은 자기상관계수는 단순히 1999년 학생수와 2001년 학생수 간의 자기상관관계가 높은 건지, 중간에 개입된 1999년과 2000년 학생수의 높은 상관관계의 영향으로 높은 건지는 알 수가 없다.

따라서 부분자기상관 함수는 2000년 학생수의 개입을 제거하고 1999년과 2001년의 상관관계를 산출하는 함수다. 따라서 중간에 개입되는 자기상관 계수가 없는 첫 번째 lag의 경우는 ACF 값과 PACF의 값이 같아지게 된다.[6]

PACF 함수도 ACF 함수처럼 대부분의 시계열 패키지에서 제공한다. stats 패키지의 pacf(), forecast 패키지의 Pacf()와 ggPacf(), timetk 패키지의 plot_acf_diagnostics(), ts 패키지의 ts.acf()가 제공된다.

```
#  stats 패키지의 pacf plot
students %>%
  select(학생수계) %>%
  stats::pacf()
```

---

6   https://bit.ly/3lBuUy2

Series .

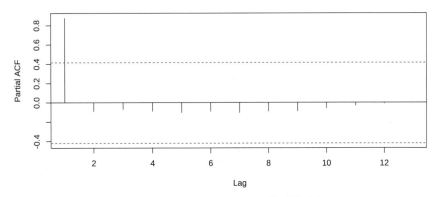

▲ 그림 5-11 stats 패키지의 pacf( ) 실행 결과

```
#  stats 패키지의 pacf 수치
students %>%
  select(학생수계) %>%
  stats::pacf(plot = FALSE)
```

```
Partial autocorrelations of series '.', by lag

    1      2      3      4      5      6      7      8      9     10     11
0.875 -0.091 -0.069 -0.090 -0.104 -0.092 -0.105 -0.091 -0.089 -0.058 -0.033
   12     13
-0.010 -0.001
```

```
#  forecast 패키지의 Pacf plot
students %>%
  select(학생수계) %>%
  forecast::Pacf()
```

Series .

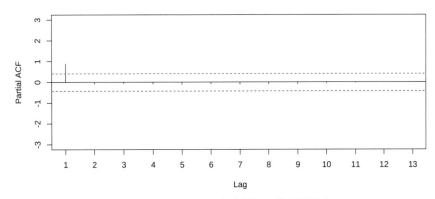

▲ 그림 5-12 forecast 패키지의 Pacf( ) 실행 결과

```
#   forecast 패키지의 Pacf 수치
students %>%
  select(학생수계) %>%
  forecast::Pacf(plot = FALSE)
```

```
Partial autocorrelations of series '.', by lag

     1      2      3      4      5      6      7      8      9     10     11
 0.875 -0.091 -0.069 -0.090 -0.104 -0.092 -0.105 -0.091 -0.089 -0.058 -0.033
    12     13
-0.010 -0.001
```

```
#   forecast 패키지의 ggPacf plot
students %>%
  select(학생수계) %>%
  forecast::ggPacf()
```

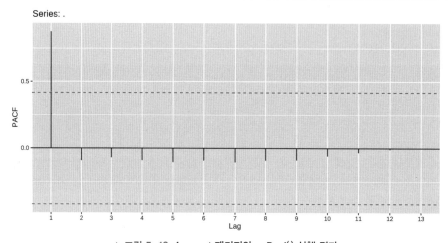

▲ 그림 5-13 forecast 패키지의 ggPacf( ) 실행 결과

```
#   forecast 패키지의 ggPacf 수치
students %>%
  select(학생수계) %>%
  forecast::ggPacf(plot = FALSE)
```

```
Partial autocorrelations of series '.', by lag

     1      2      3      4      5      6      7      8      9     10     11
 0.875 -0.091 -0.069 -0.090 -0.104 -0.092 -0.105 -0.091 -0.089 -0.058 -0.033
    12     13
-0.010 -0.001
```

5.4 적합값과 잔차

적합값fitted value은 시계열 분석을 통해 생성된 시계열 모델에 과거 시간을 대입하여 생성된 과거에 대한 예측값이다. 예를 들어, 1999년부터 2020년까지의 총 학생수를 분석하여 시계열 모델을 생성하고 이 모델을 사용해 다시 1999년과 2020년의 예측 데이터를 산출해 낼 때 이 데이터가 적합값이다.

이때 실제 관측된 값과 모델이 추정한 값과의 차이가 발생한다. 이 값이 잔차residuals다. 잔차는 시계열 모델의 성능과 정확성을 평가하기 위해 사용되는데, 잔차가 작은 모델이 성능과 정확성 좋은 모델로 평가된다.

아래의 플롯에서 직선은 전체 학생수의 선형 회귀 모델의 적합값 선 플롯이고, 점은 각 년도별 전체 학생수의 실제값이다. 점부터 직선까지의 수직 거리가 잔차다.

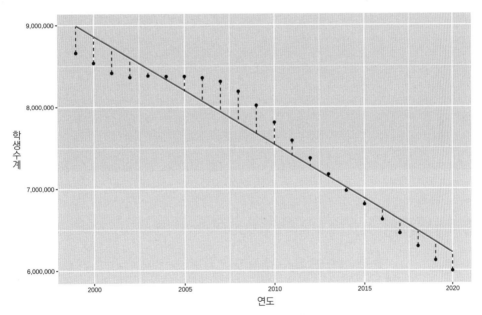

▲ 그림 5-14 적합값과 잔차

적합값과 잔차를 확인하기 위해서는 먼저 모델을 생성해야 한다. 생성된 모델에 대한 적합값은 fitted()를 사용하여 산출할 수 있고, 잔차는 residuals()을 사용하여 산출할 수 있다.

```
# 전체 학생수계의 선형 회귀 모델 생성(다음 장에서 설명)
student.ts.lm <- forecast::tslm(students.ts[,2] ~ trend, data = students.ts)
```

```
# 전체 학생수 선형 회귀 모델의 적합값 산출
fitted(student.ts.lm)
```

```
Time Series:
Start = 1999
End = 2020
Frequency = 1
        1        2        3        4        5        6        7        8        9       10
8986320  8854157  8721993  8589830  8457666  8325503  8193339  8061176  7929012  7796849
       11       12       13       14       15       16       17       18       19       20
7664685  7532522  7400358  7268195  7136031  7003868  6871704  6739541  6607377  6475213
       21       22
6343050  6210886
```

```
# 전체 학생수 선형 회귀 모델의 잔차 산출
residuals(student.ts.lm)
```

```
Time Series:
Start = 1999
End = 2020
Frequency = 1
           1            2            3            4            5            6            7
-327962.15  -318289.65  -307570.14  -227896.63   -77891.12    46127.39    178081.89
           8            9           10           11           12           13           14
 293715.40   380919.91   390933.42   352238.93   275141.44   185907.94    102113.45
          15           16           17           18           19           20           21
  37872.96   -30713.53   -65293.02  -117993.51  -153096.01  -179847.50  -220851.99
          22
-215647.48
```

5.5 백색잡음

백색잡음white noise은 추세, 계절성, 자기상관성 등의 시계열적 특성이 모두 제거된 데이터를 말한다. 결국, 백색잡음은 더이상 모델링으로 추상화할 수 없는 시계열 데이터로 그 값을 예측할수 없고 랜덤하게 발생되는 값들이다. 잘 모델링된 시계열 모델에서 발생된 잔차는 백색잡음이어야 하기 때문에 오류값이라고 여겨지기도 한다.

백색잡음은 시간의 흐름에 따라 영향을 받지 않는 독립적 데이터이어야 하며, 시간의 변화에 관계없이 평균은 0, 분산은 1로 일정하게 유지된다. 하지만 사실상 정확히 평균 0, 분산 1이 유지되는 것은 아니고 대략 평균 0, 분산 1에서 큰 변화가 없다는 것으로 받아들이는 것이 좋다.

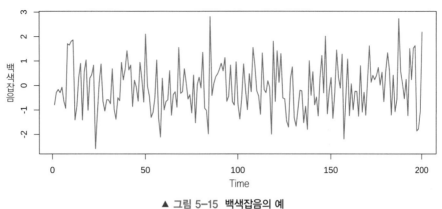

▲ 그림 5-15 백색잡음의 예

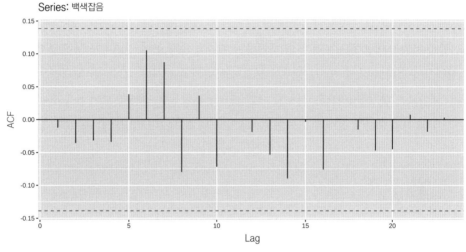

▲ 그림 5-16 백색잡음의 ACF 결과

위의 ACF 플롯에서 보면 백색잡음의 모든 lag의 ACF 값이 자기상관 계수의 95% 신뢰구간 아래에 있기 때문에 자기상관이 없다고 판단할 수 있다.

하지만 주어진 데이터가 백색잡음인지 아닌지를 결정할 때 눈으로 보고 판단한다면 판단하는 사람의 주관적 의견에 따라 백색잡음 여부를 다르게 판단할 수 있다. 따라서 주어진 데이터가 백색잡음인지를 수치적으로 판단할 수 있는 방법이 필요한데 이 방법으로 사용하는 것이 Ljung-box test다. Ljung-box test는 자기상관 값이 백색잡음과 다른지를 검사하는 방법이다.[7]

---

7 https://bit.ly/3v7UkXK

Ljung-box test는 결과로 산출되는 Q*값의 유의성이 중요한데 이를 검사하기 위해 p-value를 사용한다. p-value가 0.05보다 작다면 우연히 Q*값이 나올 확률이 미미하기 때문에 Q*값이 통계적으로 유의미하지만, 0.05보다 크면 우연히 발생될 확률이 있기 때문에 통계적으로 유의미하지 않다고 본다. 따라서 유의미하지 않다면(0.05보다 크다면) 해당 시계열의 잔차의 자기상관성은 백색잡음과 다르지 않다(백색잡음이다)고 판단할 수 있다.

Ljung-box test는 forecast 패키지의 box.test()나 checkresiduals()를 이용하면 구할 수 있다. checkresiduals()는 세 가지 플롯을 보여 주는데 위쪽에는 시계열 모델을 통해 산출된 잔차 플롯을, 아래쪽 좌측에는 ACF 플롯을, 아래쪽 우측에는 잔차의 분포 플롯를 보여 준다.

아래의 예제는 fpp2 패키지에서 제공하는 구글의 주식 종가 데이터에 대해 forecast 패키지에서 제공하는 naive()를 사용하여 모델링한 결과의 잔차를 checkresiduals() 함수에 적용한 결과다. 잔차 자기상관 플롯(ACF 플롯)의 자기상관 계수는 모두 95% 신뢰구간 아래에 위치하므로 자기상관성이 없다고 볼 수 있고, 잔차의 분포도 하나의 이상치를 제외하면 백색잡음과 유사한 패턴을 보이고 있다. 마지막으로 잔차에 대한 Ljung-box test 결과를 보면 p-value가 0.05보다 큰 0.3551이기 때문에 잔차의 분포는 백색잡음과 다르지 않다고 판단할 수 있다.

```
library(forecast)
data(goog200, package = 'fpp2')
checkresiduals(naive(goog200))
```

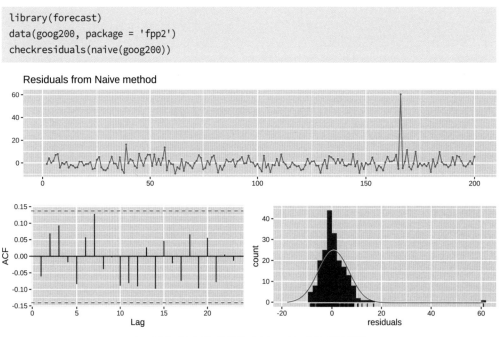

▲ 그림 5-17 구글 주식의 checkresiduals() 실행 결과

```
    Ljung-box test

data:  Residuals from Naive method
Q* = 11.031, df = 10, p-value = 0.3551

Model df: 0.    Total lags used: 10
```

5.6 시계열 분해

1장에서 시계열 데이터의 특성으로 추세trend, 계절성seasonality, 자기상관성autocorrelation을 설명하였다. 이 중 자기상관성을 확인하기 위해 ACF, PACF를 확인하는 방법에 대해서도 설명했다. 그렇다면 추세와 계절성은 어떻게 확인할 수 있을까?

몇몇 패키지에서는 시계열 데이터에서 추세와 계절성을 눈으로 확인하기 위한 플롯을 만드는 함수를 제공한다. seasonal 패키지의 seas()가 대표적인데 이를 통해 주어진 시계열 데이터의 추세, 계절성, 잔차에 관한 상세한 플롯을 볼 수 있다. 이처럼 시계열적 특성을 분리하는 것을 시계열 분해decomposition라 한다. 시계열 분해에 사용하는 알고리즘은 여러 가지가 있기 때문에 어떤 알고리즘을 사용하는가에 따라 약간씩 결과가 다르게 나타난다.

시계열 데이터를 분해하는 방법은 덧셈 방법additive과 곱셈 방법multiplicative의 두 가지가 있다.

덧셈 방법으로 분해되는 데이터는 추세에 따른 계절성의 변화량이 비교적 일정하게 유지되는 경우에 적합하며, 곱셈 방법으로 분해되는 데이터는 추세에 따른 계절성의 변화량이 증가 또는 감소하는 경우에 적합하다. 그림 5-18을 보면 덧셈 방법의 플롯은 전반적으로 증가하는 추세가 보이지만, 추세에 따라 변동되는 계절성의 진폭이 거의 일정하게 유지된다. 반면 곱셈 방법의 플롯은 추세가 증가하면서 계절성의 진폭도 증가하는 것을 확인할 수 있다.

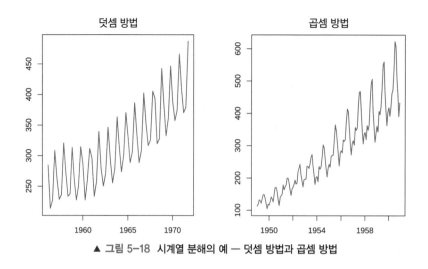

▲ 그림 5-18 시계열 분해의 예 — 덧셈 방법과 곱셈 방법

덧셈 방법은 추세값, 계절성값, 잔차값을 모두 더하면 원본 데이터 값이 계산되고, 곱셈 방법은 추세값, 계절성값, 잔차값을 모두 곱하면 데이터 원본 값을 계산할 수 있다. 다음 플롯은 월별 데이터인 전체 취업자수를 decompose()를 사용하여 분해한 플롯인데, 덧셈 방법과 곱셈 방법을 각각 적용한 결과다.

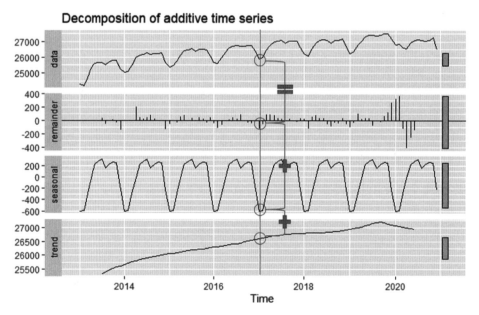

▲ 그림 5-19 덧셈 방법을 사용한 시계열 분해의 예

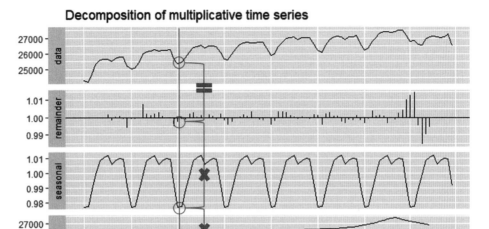

▲ 그림 5-20 곱셈 방법을 사용한 시계열 분해의 예

ts 객체로 저장된 시계열 데이터의 시계열성 분해에는 R의 기본 패키지인 stats 패키지에서 제 공하는 decompose(), stl()을 사용할 수 있다. decompose()는 이동평균 방법을 통해 추세trend, 계절성seasonality, 잔차remainder를 분해하는 방법이다.

아래의 코드에서 보면 연도별 학생수계의 시계열성을 분해하는 코드에서는 오류가 발생한다. 그 이유는 연도별 데이터에는 계절성이 존재하지 않기 때문이다.

```
# 학생수계는 연별 데이터이기 때문에 계절성을 추출할 수 없음
students.ts[, 2] %>%
  decompose() %>% autoplot()
```

```
Error in decompose(.): time series has no or less than 2 periods
```

그림 5-21은 앞서 decompse()로 분해했던 전체 취업자수를 stl()을 사용하여 분해하는 방법이 다. stl()은 'seasonal and trend decomposition using loess'의 준말이다. loess는 비선형 회 귀에서 주로 사용하는 방법이다. stl()은 t.window와 s.window를 사용하여 추세의 주기와 계절 성의 주기를 설정할 수 있다는 장점이 있다. s.window의 값은 'periodic'이나 계절 추출을 위한 홀수 숫자의 lag 개수를 지정해야 하는데 7을 넘을 수 없다는 제한이 있다.

```
# 취업자수를 stl()을 사용하여 분해
employees.ts[,2] %>%
  stl(s.window = 'periodic') %>% autoplot()
```

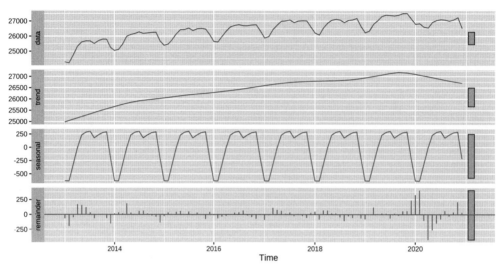

▲ 그림 5-21 stl()을 사용한 취업자수의 시계열 분해

하지만 단점으로 곱셈 방법을 지원하지 못하는 단점이 있다. 이를 해결하기 위해 원본 데이터에 log를 취하면 진폭이 일정해지는데 이를 분해하고 다시 지수를 취해 원본 데이터로 복귀시키는 방법을 사용할 수 있다.

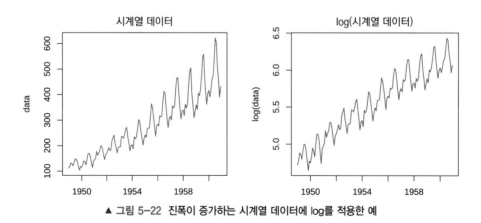

▲ 그림 5-22 진폭이 증가하는 시계열 데이터에 log를 적용한 예

5.7 정상성 테스트

백색잡음을 설명할 때 눈으로 확인하기 어려운 백색잡음 여부를 확인하기 위해 Ljung-box test를 시행한다고 하였다. 이처럼 주어진 데이터가 정상성인지 비정상성인지를 검사하는 방법이 몇 개 더 있는데 이 중 하나가 단위근 검정unit root test이다. 단위근 검정은 차분을 통해 정상성 시계열이 가능한지를 검사하는 방법이다. 단위근 검정의 방법으로 urca 패키지의 ur.kpss()를 소개한다.

ur.kpss()는 귀무가설[8]을 '시계열이 정상성stationary이다', 대립가설[9]을 '시계열이 비정상 시계열non stationary이다'로 설정하고 이를 검정하는 방법이다. 즉, 검정통계량test-statistics이 유의수준 5% (p(0.05))의 임계치보다 작으면 귀무가설을 채택하여 정상성으로 판단하고, 유의수준 5% (p(0.05))보다 크면 귀무가설을 기각하고 대립가설인 비정상성으로 판단할 수 있는 것이다.

```
library(urca)
employees.ts[,2] %>% ur.kpss() %>% summary()
```

```
#######################
# KPSS Unit Root Test #
#######################

Test is of type: mu with 3 lags.

Value of test-statistic is: 1.9226

Critical value for a significance level of:
                10pct  5pct 2.5pct  1pct
critical values 0.347 0.463  0.574 0.739
```

 • KPSS Unit Root Test의 검정 통계치는 1.9226임

• 유의수준(significance level)의 임계치가 네 가지 나오는데 이 중 많이 사용되는 유의수준인 5% (p(0.05))의 임계치가 0.463임

• 검정통계치가 유의수준 5%p보다 크기 때문에(1.9226 > 0.463) 귀무가설인 '정상성'을 기각하고 대립가설인 '비정상성'을 채택하므로 비정상성 데이터임

---

8   연구자가 검증하고자 하는 가설이 의미가 없거나 의미 있는 차이를 발생시키지 못한다는 가설을 말한다.

9   연구자가 검증하고자 하는 가설로서 연구자의 가설이 의미 없다는 귀무가설에 대립하는 가설을 말한다. 보통 귀무가설이 기각되면, 대립가설을 채택하여 연구자의 가설이 효과가 있다는 통계학적 의미를 지닌다.

KPSSKwiatkowski, Phillips, Schmidt, and Shin 검정법은 단위근 검정 방법이기 때문에 시계열 데이터가 단위근을 포함하는가를 정상성 판단의 근거로 삼는다. 단위근은 다소 복잡한 개념으로 자세히 설명하지는 않겠으나 단위근이 존재하는 비정상성 시계열은 차분을 통해 정상성 시계열로 만들 수 있다. forecast 패키지에서 제공하는 nsdiffs()는 정상성을 가지기 위해서 몇 회의 차분이 필요한지를 알려 준다. 결국, KPSS에서 비정상성이라고 판단되면 nsdiffs()를 사용하여 몇 회 차분이 필요한지 알아내고 차분을 해주면 정상 시계열이 된다.

```
# nsdiffs()로 몇 회의 차분이 필요한지 검사 - 1회의 차분이 필요함
forecast::nsdiffs(employees.ts[,2], alpha = 0.05)
```

```
[1] 1
```

```
# 1회 차분한 결과에 대한 KPSS 테스트 시행
diff(employees.ts[,2]) %>% ur.kpss() %>% summary()
```

```
#######################
# KPSS Unit Root Test #
#######################

Test is of type: mu with 3 lags.

Value of test-statistic is: 0.1348

Critical value for a significance level of:
                10pct  5pct 2.5pct  1pct
critical values 0.347 0.463  0.574 0.739
```

 • 1차 차분한 데이터의 KPSS Unit Root Test의 검정 통계치는 0.1348임

• 유의수준(significance level)의 임계치 중 유의수준인 5%p(p value 0.05)의 임계치가 0.463임

• 검정통계치가 유의수준 5%p보다 작기 때문에(0.134 < 0.463) 귀무가설인 '정상성'을 채택하므로 1차 차분한 데이터는 정상성 시계열 데이터임

5.8 계절성 검정

앞에서는 정상성을 테스트하기 위한 방법을 살펴보았다. 그렇다면 계절성이 있는지 없는지는 어떻게 알 수 있을까? 이에 대한 검정 방법도 존재한다.

계절성 검정을 위해 많이 사용되는 방법이 WO_{Webel-Ollech} 테스트다. seastests 패키지에서 제 공하는 함수로 QS-test와 kwman-test를 혼합하여 계절성을 판단한다. combined_test()는 qs()의 p value가 0.01보다 작거나 kw()이 결과가 0.002보다 작다면 계절성이 있다고 판단한다.

combined_test()는 앞선 ur.kpss()나 box.test()와는 달리 명확하게 계절성이 있는지 없는지를 알려 준다(ur.kpss()나 box.test()도 이렇게 해주면 얼마나 좋을까. 항상 헷갈린다).

```
library(seastests)
# 총학생수계는 연별 데이터이므로 계절성이 존재할 수 없다.
summary(combined_test(students.ts[,2]))
```

```
Error in combined_test(students.ts[, 2]) :
The number of observations per cycle (usually years) is 1 and thus too small.
```

```
# 총취업자수는 계절성이 존재하는지 검사
summary(combined_test(employees.ts[,2]))
```

```
Test used:  WO

Test statistic:  1
P-value:  0 1.199041e-14 2.346908e-06

The WO - test identifies seasonality
```

```
# seasonality를 제거하기 위해 필요한 차분수
forecast::nsdiffs(employees.ts[,2])
```

```
[1] 1
```

```
# 교육서비스업 취업자수의 계절성 검사
summary(combined_test(employees.ts[,3]))
```

```
Test used:  WO

Test statistic:  0
P-value:  0.1976637 0.1976739 0.006082959

The WO - test does not identify  seasonality
```

위에서 살펴본 계절성에는 데이터의 해석에 방해되는 경우들이 있다. 예를 들면, 우리는 지금 지구의 평균 온도가 계속 올라가는 온난화의 시대에 살고 있다고 한다. 그런데 기온 데이터는 여름엔 올라가고 겨울엔 떨어지기를 반복한다. 이 패턴을 자세히 보면 전반적으로 올라가거나 떨어지는 추세를 확인할 수 있을 것이다. 하지만 지난 여름보다 올 여름은 얼마나 올라갔으며, 지난 겨울보다 올 겨울은 얼마나 떨어진 것일까? 이러한 분석을 하기 위해서는 여름의 기온만 따로, 겨울의 기온만 따로 봐야 좀 더 확실히 알 수 있을 것이다. 여름에 기온이 올라가고 겨울에 떨어지는 온도의 주기적 변화를 보는 건 큰 의미가 없을 것이다.

또 하나의 예로 지금까지 우리가 계속 그려 온 전체 취업자를 생각해 보자. 취업자 플롯에서 봐서 알겠지만, 겨울에 떨어졌던 취업자는 3월부터 회복을 시작하여 여름 휴가철에 잠깐 떨어졌다가 회복 후 겨울이 되면서 다시 떨어졌다. 하지만 전반적인 추세는 올라가고 있는 것을 볼 수 있다. 그렇다면 월별로 얼마나 올라고 있는 것일까? 겨울에 떨어졌다가 여름에 올라가는 것을 감안한다 하더라도 지속해서 올라가는 것일까? 혹시 예외는 없을까? 이런 질문에 지금까지의 취업자 시계열 플롯은 잘 대답할 수 있을까? 답할 수 없다면 계절성을 빼고 데이터를 살펴보자. 그러면 질문의 답이 될 것이다.

forecast 패키지에서는 이렇게 계절성을 제거하는 seasadj()를 제공한다. seasadj()를 사용하면 계절성이 제거된 데이터를 산출해 주고, 이에 대한 플롯을 그리면 계절성이 제거된 데이터를 확인하기가 편리하다.

그림 5-23은 총취업자수 데이터에서 계절성을 제거한 플롯을 보여 준다. 2013년 이후로 우리나라의 취업자수는 전반적으로 증가하고 있는 것이 확실히 보인다. 겨울에 줄어들었다 봄부터 늘어나는 계절성을 뺀다 해도 계속 증가 추세다. 자세히 보면 데이터의 뒤쪽에 예외도 보인다. 뒤쪽에 보이는 급격한 하락의 시작점은 2020년 2월이다. 이때가 악몽 같은 코로나19의 시작이었다.

```
library(forecast)
employees.ts[,2] %>% decompose() %>% seasadj() %>% autoplot()
```

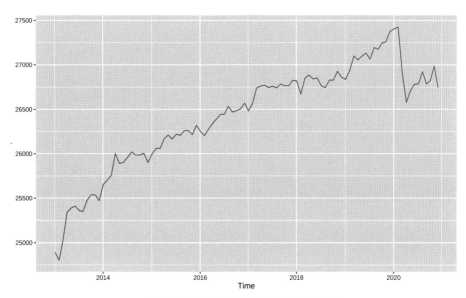

▲ 그림 5-23 계절성을 제거한 신규 취업자수 추이

그렇다면 반대로 계절성을 확실하게 보고 싶을 땐 어떻게 할까? 예를 들어, 앞의 취업자수의 계절성이 정말로 매년 반복되는지 그 차이는 얼마나 되는지를 정확히 살펴보고 싶으면 어떤 플롯을 그려야 할까?

이 경우에도 forecast 패키지에서 제공하는 함수를 사용하면 간단히 해결된다. ggseasonplot()과 ggsubseriesplot()을 사용할 수 있는데 ggseasonplot()은 시계열 데이터를 연도별로 그루핑하여 월별 선 플롯을 그려 주고, ggsubseriesplot()은 월별로 그루핑하여 연도별 선 플롯을 그려 준다.

```
ggseasonplot(employees.ts[,2], main = '연도별 월간 플롯', ylab = '취업자수', xlab = '월',
year.labels = T)
```

연도별 월간 플롯

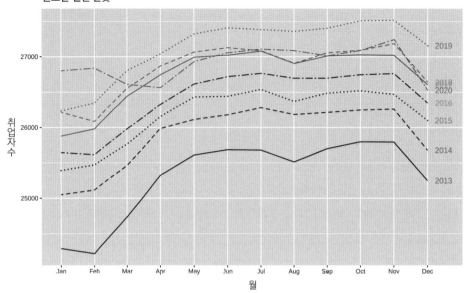

▲ 그림 5-24 신규 취업자수에 대한 계절성 플롯

```
ggsubseriesplot(employees.ts[,2], main = '월별 연간 플롯', ylab = '취업자수', xlab = '월')
```

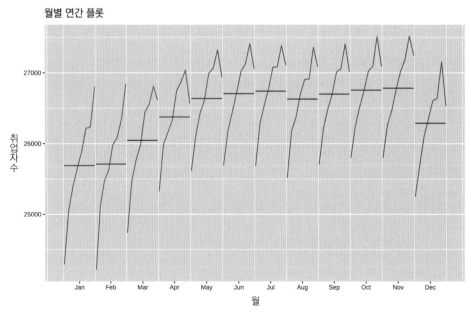

▲ 그림 5-25 신규 취업자수에 대한 월별 계절성 플롯

6장

시계열 forecasting Part II
— 시계열 예측 모델

A future like the past : 과거와 같은 미래

시계열 예측의 가장 기본적인 가정은 과거의 패턴이 미래에도 계속된다는 가정이다. 이 가정에 의해 단기 미래 예측에서는 데이터가 발생되는 환경이 현재와 유사하기 때문에 불확실성이 작아 예측이 잘 맞을 수 있다. 하지만 장기 미래 예측으로 갈수록 데이터가 발생되는 환경이 달라질 가능성이 높아지고 예측하지 못했던 상황들이 발생하며 오류들이 계속 쌓이면서 예측 데이터에 대한 불확실성이 높아질 수밖에 없다.

이러한 이유 때문에 시계열 예측은 외부 충격이나 원인 모를 이유에 의한 갑작스러운 데이터 흐름 변화를 예측해 낼 수 없다는 한계를 지닌다. 그런 지점을 전환점turning point이라고 한다. 이 전환점은 시계열 분석에 있어 중요한 부분이지만, 전환점을 예측하기 위해서는 전통적인 시계열 분석 기법보다는 다른 기법을 활용해야 할 수 있다.[1]

본 장에서는 시계열 예측에 많이 사용되는 모델들을 설명한다. 과거 오랫동안 사용되었던 전통적classical 방법부터 최근에 개발되어 사용되는 최신 모델까지 각 모델의 특성과 구축 방법을 설명한다. 시계열 모델에 많이 사용되는 forecast 패키지를 위주로 설명할 것이기 때문에 forecast 패키지의 기본 데이터 클래스인 ts 객체를 위주로 설명하겠다. 하지만 timetk와 같은 최신 패키지에서는 데이터 프레임 객체를 사용하기도 하기 때문에 경우에 따라 데이터 프레임 객체를 대상으로 하는 방법도 설명하겠다.

이번 장의 앞에 소개하는 몇몇 알고리즘을 보면 '이게 무슨 예측이야?'라고 생각할 수도 있다. 하지만 우리는 실무에서도 3년치 평균, 6개월치 평균과 같이 단순한 모델을 사용해 비즈니스의 의사결정을 하는 경우들이 있는 걸 보면 복잡한 모델이라고 반드시 좋은 것은 아닐 수 있다는 점을 간과하면 안 된다.

이번 장에서는 일단 '이런 모델들이 있구나' 하는 모델의 이해 정도만 하고 넘어가도 좋다. 과거에는 여러 패키지에서 제공하는 다양한 함수를 사용하여 여러 가지 모델을 각각 생성하고 성능 평가 지수를 사용해서 성능이 좋은 모델을 선택했다. 그러나 최근에는 여러 가지 모델을 지원하는 하나의 프레임워크framework에서 여러 모델을 동시에 생성하여 가장 좋은 모델을 선정하는 방법이 사용된다. 따라서 이 장에서는 모델을 전반적으로 이해하고, 다음 장에서 시계열 모델 평가, 예측 데이터 시각화를 위한 프레임워크를 소개하고자 한다.

---

1   https://bit.ly/3tJnnjK

6.1 평균 모델

평균 모델은 우리가 흔히 알고 있는 평균을 미래에 적용하는 방법이다. forecast 패키지는 시계열 데이터의 평균을 활용해서 미래 예측값을 반환하는 함수인 meanf()를 제공한다.

meanf()는 시계열 데이터 전체에 대한 평균 모델로 정확한 평균값을 사용한 점 예측값point forecast뿐 아니라 예측구간 80%와 95% 구간값도 산출해 준다. 예측구간을 산출할 때 매개변수를 설정해서 부트스트랩bootstrap 방법을 통해 산출할 수도 있다.

meanf()는 숫자 벡터나 ts 클래스 객체를 사용한다. meanf()의 결과를 시각화하기 위해서는 meanf()로 생성한 모델을 autoplot()을 사용하여 플롯을 생성할 수 있다.

```
library(forecast)
# meanf()를 사용하여 ts 객체의 학생수계 열에 대한 평균 모델을 생성하고 summary()로 상세 내용을 출력
summary(meanf(students.ts[,2]))
```

```
Forecast method: Mean

Model Information:
$mu
[1] 7598603

$mu.se
[1] 189914

$sd
[1] 890775.4

$bootstrap
[1] FALSE

$call
meanf(y = students.ts[, 2])

attr(,"class")
[1] "meanf"

Error measures:
                     ME      RMSE     MAE        MPE    MAPE     MASE      ACF1
Training set -1.694451e-10 870295.1 780669 -1.422719 10.7441 6.074563 0.8753895

Forecasts:
```

```
      Point Forecast     Lo 80     Hi 80     Lo 95     Hi 95
2021         7598603   6393450   8803757   5704501   9492706
2022         7598603   6393450   8803757   5704501   9492706
2023         7598603   6393450   8803757   5704501   9492706
2024         7598603   6393450   8803757   5704501   9492706
2025         7598603   6393450   8803757   5704501   9492706
2026         7598603   6393450   8803757   5704501   9492706
2027         7598603   6393450   8803757   5704501   9492706
2028         7598603   6393450   8803757   5704501   9492706
2029         7598603   6393450   8803757   5704501   9492706
2030         7598603   6393450   8803757   5704501   9492706
```

```
# autoplot()을 사용하여 ts 객체의 학생수계 열에 대한 평균 모델을 시각화
autoplot(meanf(students.ts[,2]), main = '학생수 평균 모델 플롯', xlab = '연도', ylab = '학생수')
```

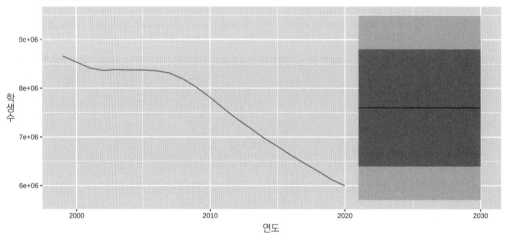

▲ 그림 6-1 학생수 평균 모델 플롯

```
# autoplot()을 사용하여 ts 객체의 학생수계 열에 대한 평균 모델(예측구간 산출에 bootstrap 방법을 사용)을 시각화
autoplot(meanf(students.ts[,2], bootstrap = TRUE), main = '학생수의 평균 모델 플롯(부트스트랩)',
  xlab = '연도', ylab = '학생수')
```

학생수의 평균 모델 플롯(부트스트랩)

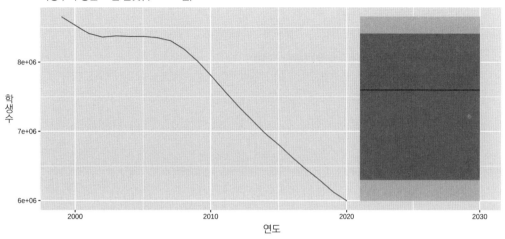

▲ 그림 6-2 부트스트랩을 사용한 학생수 평균 모델 플롯

```
# 전체 취업자수에 대한 평균 모델 시각화
autoplot(meanf(employees.ts[,2]), main = '신규 취업자수 평균 모델 플롯', xlab = '연도',
  ylab = '취업자수')
```

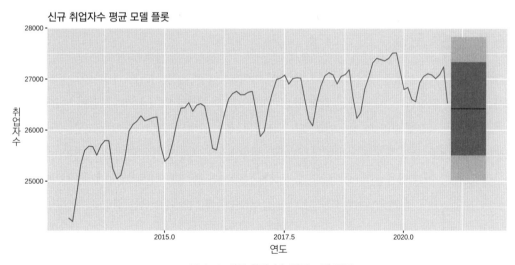

▲ 그림 6-3 신규 취업자수 평균 모델 플롯

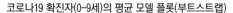

```
# 코로나 19 확진자에 대한 평균 모델(예측구간 산출에 boosted 방법을 사용) 시각화
autoplot(meanf(covid19.ts[,2], bootstrap = TRUE), main = '코로나 확진자(0-9세) 평균 모델 플롯
(부트스트랩)', xlab = '기간', ylab = '확진자수')
```

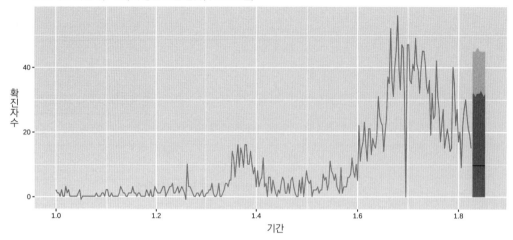

▲ 그림 6-4 **코로나 확진자(0–9세) 평균 모델 플롯(부트스트랩)**

6.2 단순 모델

단순naïve 모델은 시계열 데이터의 마지막 값이 미래에도 지속될 것이라는 가정하에 미래 데이터를 예측하는 모델이다. 이 모델은 경제 금융 시계열 모델에서 많이 사용된다.[2] 앞선 평균 모델의 예측 구간은 시간에 따라 일정한 반면, 단순 모델의 예측 구간은 예측 시간이 늘어날수록 범위가 늘어난다. 아주 가까운 미래의 데이터는 지금 데이터에서 크게 벗어나지 않을 것이라는 가정이 깔려 있지만, 이 가정은 시간이 지날수록 확실치 않다는 모델이다. 일반적으로 다른 시계열 모델들의 예측 구간도 단순 모델처럼 예측 기간이 늘어날수록 범위가 넓어지는 경향을 지닌다.

forecast 패키지에서는 단순 모델을 생성하는 함수로 naive()를 제공한다. naive()의 실행 결과는 ts 객체로 전달된 데이터에 대한 시차 10의 미래 데이터의 점 예측값과 80%, 95% 예측 구간의 데이터를 산출해 준다. 앞선 평균 모델의 meanf()와 같이 autoplot()을 사용하여 플롯을 만들 수 있다.

---

2   https://bit.ly/3cWcdkF

```
# 학생수계 열에 대한 단순 모델의 상세 정보와 플롯
students.ts[, 2] %>% naive() %>% summary()
```

```
Forecast method: Naive method

Model Information:
Call: naive(y = .)

Residual sd: 77849.7308

Error measures:
                   ME     RMSE      MAE       MPE    MAPE MASE      ACF1
Training set -126815.2 147831.2 128514.4 -1.771615 1.791893    1 0.8922526

Forecasts:
     Point Forecast    Lo 80    Hi 80    Lo 95    Hi 95
2021        5995239  5805786  6184692  5705495  6284983
2022        5995239  5727312  6263166  5585479  6404999
2023        5995239  5667096  6323382  5493388  6497090
2024        5995239  5616332  6374146  5415751  6574727
2025        5995239  5571608  6418870  5347352  6643126
2026        5995239  5531175  6459303  5285514  6704964
2027        5995239  5493993  6496485  5228649  6761829
2028        5995239  5459384  6531094  5175720  6814758
2029        5995239  5426879  6563599  5126007  6864471
2030        5995239  5396135  6594343  5078988  6911490
```

```
students.ts[, 2] %>% naive() %>% autoplot(main = '전체 학생수 단순 모델 플롯', xlab = '연도',
 ylab = '학생수')
```

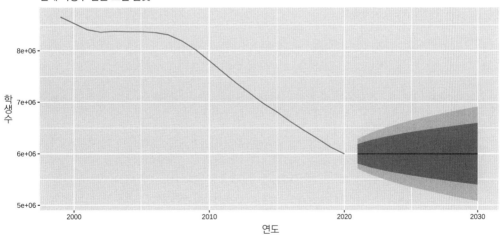

▲ 그림 6-5 전체 학생수에 대한 단순 모델 플롯

```
# 취업자수 열에 대한 단순 모델의 상세 정보와 플롯
employees.ts[,2] %>% naive() %>% summary()
```

```
Forecast method: Naive method

Model Information:
Call: naive(y = .)

Residual sd: 261.7975

Error measures:
                   ME     RMSE      MAE         MPE       MAPE      MASE
Training set 23.56842 261.4803 194.5579 0.08782727 0.7411892 0.6138395
                 ACF1
Training set 0.4208691

Forecasts:
         Point Forecast    Lo 80    Hi 80    Lo 95    Hi 95
Jan 2021          26526 26190.90 26861.10 26013.51 27038.49
Feb 2021          26526 26052.10 26999.90 25801.23 27250.77
Mar 2021          26526 25945.59 27106.41 25638.34 27413.66
Apr 2021          26526 25855.80 27196.20 25501.02 27550.98
May 2021          26526 25776.69 27275.31 25380.03 27671.97
Jun 2021          26526 25705.17 27346.83 25270.66 27781.34
Jul 2021          26526 25639.41 27412.59 25170.07 27881.93
Aug 2021          26526 25578.19 27473.81 25076.45 27975.55
Sep 2021          26526 25520.70 27531.30 24988.52 28063.48
Oct 2021          26526 25466.32 27585.68 24905.36 28146.64
```

```
employees.ts[,2] %>% naive() %>% autoplot(main = '신규 취업자수 단순 모델 플롯', xlab = '연도',
  ylab = '취업자수')
```

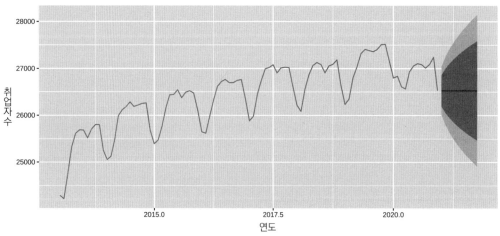

▲ 그림 6-6 신규 취업자수의 단순 모델 플롯

```
# 0-9세 코로나 확진자수에 대한 단순 모델의 상세 정보와 플롯
covid19.ts[,2] %>% naive() %>% summary()
```

```
Forecast method: Naive method

Model Information:
Call: naive(y = .)

Residual sd: 6.0029

Error measures:
                    ME      RMSE      MAE MPE MAPE MASE       ACF1
Training set 0.04318937 5.993075 3.465116 NaN  Inf  NaN -0.3127329

Forecasts:
         Point Forecast      Lo 80    Hi 80      Lo 95    Hi 95
1.827397             15  7.3195658 22.68043   3.253790 26.74621
1.830137             15  4.1382258 25.86177  -1.611650 31.61165
1.832877             15  1.6970978 28.30290  -5.345033 35.34503
1.835616             15 -0.3608683 30.36087  -8.492421 38.49242
1.838356             15 -2.1739729 32.17397 -11.265325 41.26533
1.841096             15 -3.8131447 33.81314 -13.772222 43.77222
1.843836             15 -5.3205188 35.32052 -16.077552 46.07755
1.846575             15 -6.7235483 36.72355 -18.223300 48.22330
1.849315             15 -8.0413025 38.04130 -20.238631 50.23863
1.852055             15 -9.2876654 39.28767 -22.144779 52.14478
```

```
covid19.ts[,2] %>% naive() %>% autoplot(main = '코로나19 확진자(0-9세)의 단순 모델 플롯',
  xlab = '기간', ylab = '확진자수')
```

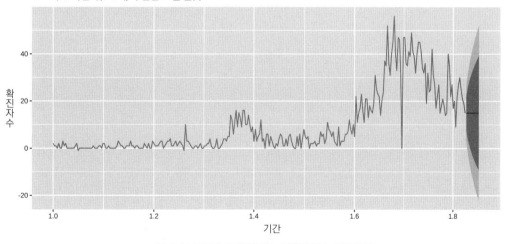

▲ 그림 6-7 코로나 19 확진자(0-9세)의 단순 모델 플롯

6.3 계절성 단순 모델

계절성 단순seasonal naïve 모델은 단순naïve 모델에 계절성을 추가한 모델이다. 1장에서 설명했듯이 계절성seasonal pattern과 주기성cyclic pattern은 주기가 일정한가에 따라 달라지는데, 계절성 단순 모델은 일정한 주기를 가지는 계절성에 한정된다. 아래의 예에서 보면 연별 데이터인 전체 학생 수계는 계절성을 가지지 않기 때문에 앞선 단순 모델과 다르지 않다. 하지만 전체 취업자수는 명확한 계절성을 지니기 때문에 단순 모델과는 달리 곡선 형태의 예측 결과를 나타내게 된다.

계절성 단순 모델을 생성하는 함수는 forecast 패키지의 snaive()로 다음과 같이 사용할 수 있다. meanf(), naive()와 snaive()가 다른 점은 meanf(), naive()는 기본적으로 10 lag 미래의 데이터를 산출해 주지만, snaive()는 기본적으로 2 lag 미래 데이터를 산출해 주기 때문에 예측 산출 주기를 다시 설정해야 한다.

```
# 학생수계 열에 대한 계절성 단순 모델의 상세 정보와 플롯
students.ts[,2] %>% snaive(10) %>% summary()
```

```
Forecast method: Seasonal naive method

Model Information:
Call: snaive(y = ., h = 10)

Residual sd: 77849.7308

Error measures:
                    ME      RMSE      MAE       MPE    MAPE MASE      ACF1
Training set -126815.2 147831.2 128514.4 -1.771615 1.791893    1 0.8922526

Forecasts:
     Point Forecast   Lo 80    Hi 80    Lo 95    Hi 95
2021        5995239 5805786 6184692 5705495 6284983
2022        5995239 5727312 6263166 5585479 6404999
2023        5995239 5667096 6323382 5493388 6497090
2024        5995239 5616332 6374146 5415751 6574727
2025        5995239 5571608 6418870 5347352 6643126
2026        5995239 5531175 6459303 5285514 6704964
2027        5995239 5493993 6496485 5228649 6761829
2028        5995239 5459384 6531094 5175720 6814758
2029        5995239 5426879 6563599 5126007 6864471
2030        5995239 5396135 6594343 5078988 6911490
```

```
students.ts[,2] %>% snaive(10) %>% autoplot(main = '전체 학생수 계절성 단순 모델 플롯',
  xlab = '연도', ylab = '학생수')
```

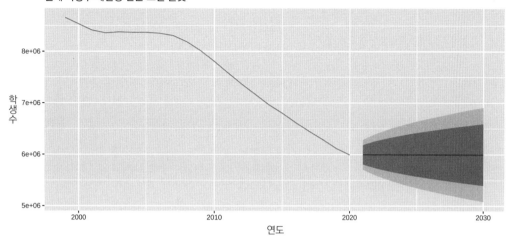

▲ 그림 6-8 전체 학생수 계절성 단순 모델 플롯

```
# 취업자수 열에 대한 계절성 단순 모델의 상세 정보와 플롯
employees.ts[,2] %>% snaive(10) %>% summary()
```

```
Forecast method: Seasonal naive method

Model Information:
Call: snaive(y = ., h = 10)

Residual sd: 281.6863

Error measures:
                    ME    RMSE      MAE       MPE   MAPE MASE      ACF1
Training set 229.2857 361.904 316.9524 0.8720369 1.19817    1 0.8173272

Forecasts:
         Point Forecast   Lo 80   Hi 80    Lo 95    Hi 95
Jan 2021          26800 26336.2 27263.8 26090.68 27509.32
Feb 2021          26838 26374.2 27301.8 26128.68 27547.32
Mar 2021          26609 26145.2 27072.8 25899.68 27318.32
Apr 2021          26562 26098.2 27025.8 25852.68 27271.32
May 2021          26930 26466.2 27393.8 26220.68 27639.32
Jun 2021          27055 26591.2 27518.8 26345.68 27764.32
Jul 2021          27106 26642.2 27569.8 26396.68 27815.32
Aug 2021          27085 26621.2 27548.8 26375.68 27794.32
```

```
Sep 2021        27012 26548.2 27475.8 26302.68 27721.32
Oct 2021        27088 26624.2 27551.8 26378.68 27797.32
```

```
employees.ts[,2] %>% snaive(10) %>% autoplot(main = '신규 취업자수 계절성 단순 모델 플롯',
  xlab = '연도', ylab = '취업자수')
```

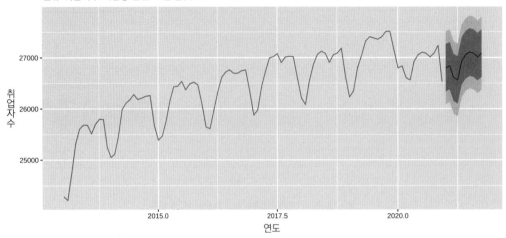

▲ 그림 6-9 신규 취업자수 계절성 단순 모델 플롯

6.4 랜덤워크 모델

랜덤워크random walk 모델은 미래 값이 현재 값에 랜덤 값의 영향을 받아 결정된다는 모델이다. 랜덤워크라는 이름은 마치 술 취한 사람이 걷고 있는 모습과 비슷하다고 해서 붙은 것이다. 앞선 단순naïve 모델과 유사하지만 마지막 데이터에 예측이 어려운 랜덤 값의 변동이 추가된다는 점에서 차이가 있다. 주식의 예에서 보면 내일의 종가는 오늘의 종가에 오늘의 주가 변동이 반영된 값이다. 오늘의 주가 변동은 사전에 알기 어렵고 예측도 어렵기 때문에 랜덤 값으로 간주한다면 이 경우가 랜덤워크 모델이다. 랜덤워크에는 어제 값 이외에 의미 있는 정보가 없기 때문에 예측이 복잡하지 않다.[3]

랜덤워크 모델은 매우 간단한 모델 같지만 이 모델은 주식 예측이나 금융권 미래 예측에 많이 활용되고 있고, 과학 분야에서는 기체 분자 움직임의 모델링에도 사용하는 활용도가 높은 모델이다.

---

3   https://bit.ly/312skrl

랜덤워크 모델은 드리프트drift[4]가 없는 모델과 드리프트가 존재하는 모델의 두 가지 종류가 있다. 드리프트가 존재하는 모델은 랜덤워크 모델을 기반으로 하지만, 예측값이 시간의 흐름에 따라 상수적으로 증가하거나 감소하는 모델이다.

랜덤워크 모델은 forecast 패키지의 rwf()를 이용하여 생성할 수 있다. 앞서 설명한 드리프트의 유무는 drift 매개변수를 통해 설정할 수 있다.

```
# 학생수계 열에 대한 랜덤워크 모델의 상세 정보와 플롯
students.ts[,2] %>% rwf() %>% summary()
```

```
Forecast method: Random walk

Model Information:
Call: rwf(y = .)

Residual sd: 77849.7308

Error measures:
                     ME     RMSE      MAE       MPE     MAPE MASE      ACF1
Training set -126815.2 147831.2 128514.4 -1.771615 1.791893    1 0.8922526

Forecasts:
     Point Forecast    Lo 80   Hi 80   Lo 95   Hi 95
2021        5995239  5805786 6184692 5705495 6284983
2022        5995239  5727312 6263166 5585479 6404999
2023        5995239  5667096 6323382 5493388 6497090
2024        5995239  5616332 6374146 5415751 6574727
2025        5995239  5571608 6418870 5347352 6643126
2026        5995239  5531175 6459303 5285514 6704964
2027        5995239  5493993 6496485 5228649 6761829
2028        5995239  5459384 6531094 5175720 6814758
2029        5995239  5426879 6563599 5126007 6864471
2030        5995239  5396135 6594343 5078988 6911490
```

```
students.ts[,2] %>% rwf() %>% autoplot(main = '전체 학생수 랜덤워크 모델 플롯', xlab = '연도',
ylab = '학생수')
```

---

4   예측값이 시간에 따라 증가하거나 감소하는 변동량을 말한다. 랜덤워크 모델에서는 예측값이 랜덤하게 발생되는 값에 의해 결정되지만, 예측값에 영향을 미치는 표류값(drift)을 반영하는 경우의 모델링 방법이다.

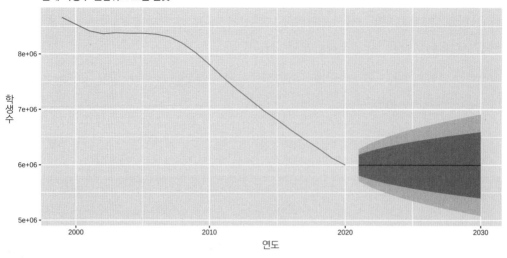

전체 학생수 랜덤워크 모델 플롯

▲ 그림 6-10 전체 학생수 랜덤워크 모델 플롯

```
# 학생수계 열에 대한 드리프트가 있는 랜덤워크 모델의 상세 정보와 플롯
students.ts[,2] %>% rwf(drift = T) %>% summary()
```

```
Forecast method: Random walk with drift

Model Information:
Call: rwf(y = ., drift = T)

Drift: -126815.1905  (se 16988.204)
Residual sd: 77849.7308

Error measures:
                        ME      RMSE      MAE         MPE       MAPE      MASE
Training set -1.773887e-10 75973.56 63881.97 -0.06808499 0.8320398 0.4970802
                ACF1
Training set 0.8922526

Forecasts:
     Point Forecast    Lo 80    Hi 80    Lo 95    Hi 95
2021         5868424  5768655  5968192  5715841  6021006
2022         5741609  5597194  5886023  5520746  5962471
2023         5614793  5433948  5795639  5338214  5891373
2024         5487978  5274664  5701292  5161743  5814214
2025         5361163  5117753  5604573  4988899  5733427
2026         5234348  4962425  5506271  4818478  5650218
2027         5107533  4808227  5406838  4649785  5565281
```

```
2028          4980717 4654875 5306560 4482385 5479050
2029          4853902 4502177 5205628 4315985 5391820
2030          4727087 4349998 5104176 4150379 5303795
```

```
students.ts[,2] %>% rwf(drift = T) %>% autoplot(main = '드리프트가 있는 전체 학생수 랜덤워크 모델
플롯', xlab = '연도', ylab = '학생수')
```

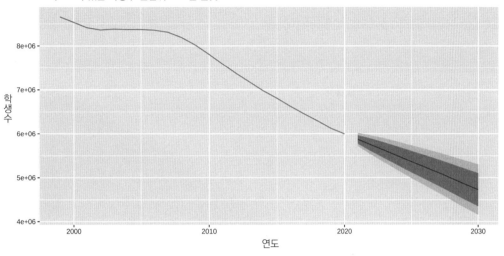

드리프트가 있는 학생수 랜덤워크 모델 플롯

▲ 그림 6-11 드리프트가 있는 학생수 랜덤워크 모델 플롯

```
# 취업자수 열에 대한 랜덤워크 모델의 상세 정보와 플롯
employees.ts[,2] %>% rwf() %>% summary()
```

```
Forecast method: Random walk

Model Information:
Call: rwf(y = .)

Residual sd: 261.7975

Error measures:
                    ME      RMSE      MAE         MPE      MAPE      MASE
Training set 23.56842 261.4803 194.5579 0.08782727 0.7411892 0.6138395
                  ACF1
Training set 0.4208691

Forecasts:
         Point Forecast    Lo 80    Hi 80    Lo 95    Hi 95
Jan 2021          26526 26190.90 26861.10 26013.51 27038.49
```

```
Feb 2021        26526 26052.10 26999.90 25801.23 27250.77
Mar 2021        26526 25945.59 27106.41 25638.34 27413.66
Apr 2021        26526 25855.80 27196.20 25501.02 27550.98
May 2021        26526 25776.69 27275.31 25380.03 27671.97
Jun 2021        26526 25705.17 27346.83 25270.66 27781.34
Jul 2021        26526 25639.41 27412.59 25170.07 27881.93
Aug 2021        26526 25578.19 27473.81 25076.45 27975.55
Sep 2021        26526 25520.70 27531.30 24988.52 28063.48
Oct 2021        26526 25466.32 27585.68 24905.36 28146.64
```

```
employees.ts[,2] %>% rwf() %>% autoplot(main = '신규 취업자수 랜덤워크 모델 플롯', xlab = '연도',
ylab = '취업자수')
```

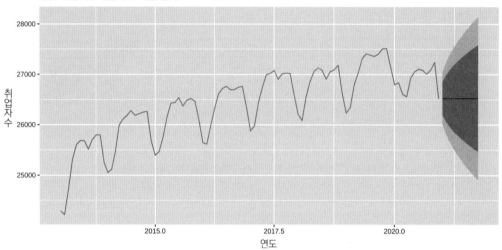

신규 취업자수 랜덤워크 모델 플롯

▲ 그림 6-12 신규 취업자수 랜덤워크 모델 플롯

```
# 취업자수 열에 대한 드리프트가 있는 랜덤워크 모델의 상세 정보와 플롯
employees.ts[,2] %>% rwf(drift = T) %>% summary()
```

```
Forecast method: Random walk with drift

Model Information:
Call: rwf(y = ., drift = T)

Drift: 23.5684  (se 26.8599)
Residual sd: 261.7975

Error measures:
                ME      RMSE      MAE      MPE      MAPE      MASE
```

```
Training set 9.956667e-13 260.416 190.0696 -0.0013627 0.7245059 0.5996787
                ACF1
Training set 0.4208691

Forecasts:
         Point Forecast     Lo 80     Hi 80     Lo 95     Hi 95
Jan 2021        26549.57  26214.06  26885.08  26036.45  27062.68
Feb 2021        26573.14  26096.17  27050.11  25843.68  27302.60
Mar 2021        26596.71  26009.50  27183.91  25698.66  27494.75
Apr 2021        26620.27  25938.75  27301.80  25577.97  27662.58
May 2021        26643.84  25877.99  27409.69  25472.58  27815.10
Jun 2021        26667.41  25824.24  27510.58  25377.89  27956.93
Jul 2021        26690.98  25775.71  27606.25  25291.19  28090.76
Aug 2021        26714.55  25731.25  27697.84  25210.72  28218.37
Sep 2021        26738.12  25690.07  27786.16  25135.27  28340.96
Oct 2021        26761.68  25651.60  27871.77  25063.95  28459.41
```

```
employees.ts[,2] %>% rwf(drift = T) %>% autoplot(main = '드리프트가 있는 신규 취업자수 랜덤워크
모델 플롯', xlab = '연도', ylab = '취업자수')
```

드리프트가 있는 신규 취업자수 랜덤워크 모델 플롯

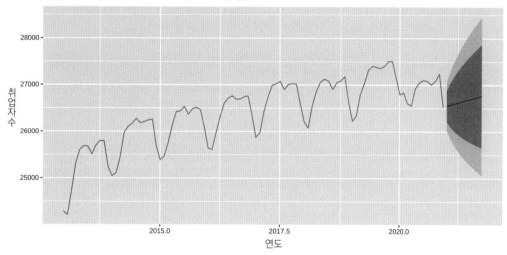

▲ 그림 6-13 드리프트가 있는 취업자수 랜덤워크 모델 플롯

```
# 0-9세 코로나 확진자수에 대한 계절성 랜덤워크 모델의 상세 정보와 플롯
covid19.ts[,2] %>% rwf(30) %>% summary()
```

```
Forecast method: Random walk

Model Information:
```

```
Call: rwf(y = ., h = 30)

Residual sd: 6.0029

Error measures:
                     ME     RMSE      MAE MPE MAPE MASE        ACF1
Training set 0.04318937 5.993075 3.465116 NaN  Inf  NaN -0.3127329

Forecasts:
         Point Forecast      Lo 80    Hi 80      Lo 95    Hi 95
1.827397             15   7.3195658 22.68043    3.253790 26.74621
1.830137             15   4.1382258 25.86177   -1.611650 31.61165
1.832877             15   1.6970978 28.30290   -5.345033 35.34503
1.835616             15  -0.3608683 30.36087   -8.492421 38.49242
1.838356             15  -2.1739729 32.17397  -11.265325 41.26533
1.841096             15  -3.8131447 33.81314  -13.772222 43.77222
1.843836             15  -5.3205188 35.32052  -16.077552 46.07755
1.846575             15  -6.7235483 36.72355  -18.223300 48.22330
1.849315             15  -8.0413025 38.04130  -20.238631 50.23863
1.852055             15  -9.2876654 39.28767  -22.144779 52.14478
1.854795             15 -10.4731184 40.47312  -23.957773 53.95777
1.857534             15 -11.6058044 41.60580  -25.690067 55.69007
1.860274             15 -12.6921992 42.69220  -27.351564 57.35156
1.863014             15 -13.7375533 43.73755  -28.950295 58.95030
1.865753             15 -14.7461936 44.74619  -30.492877 60.49288
1.868493             15 -15.7217367 45.72174  -31.984842 61.98484
1.871233             15 -16.6672414 46.66724  -33.430866 63.43087
1.873973             15 -17.5853225 47.58532  -34.834950 64.83495
1.876712             15 -18.4782364 48.47824  -36.200544 66.20054
1.879452             15 -19.3479458 49.34795  -37.530650 67.53065
1.882192             15 -20.1961710 50.19617  -38.827898 68.82790
1.884932             15 -21.0244295 51.02443  -40.094611 70.09461
1.887671             15 -21.8340683 51.83407  -41.332846 71.33285
1.890411             15 -22.6262895 52.62629  -42.544444 72.54444
1.893151             15 -23.4021709 53.40217  -43.731052 73.73105
1.895890             15 -24.1626837 54.16268  -44.894156 74.89416
1.898630             15 -24.9087066 54.90871  -46.035100 76.03510
1.901370             15 -25.6410376 55.64104  -47.155103 77.15510
1.904110             15 -26.3604038 56.36040  -48.255279 78.25528
1.906849             15 -27.0674705 57.06747  -49.336644 79.33664
```

```
covid19.ts[,2] %>% rwf(30) %>% autoplot(main = '코로나19 확진자(0-9세)의 랜덤워크 모델 플롯',
xlab = '기간', ylab = '확진자수')
```

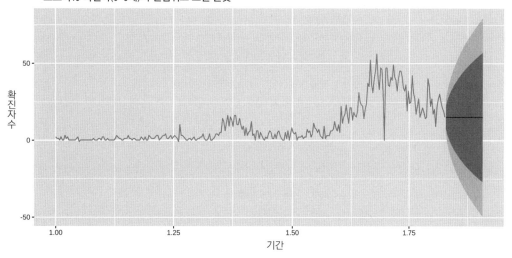

코로나19 확진자(0−9세)의 랜덤워크 모델 플롯

▲ 그림 6−14 코로나19 확진자(0−9세)의 랜덤워크 모델 플롯

```
# 취업자수 열에 대한 드리프트가 있는 랜덤워크 모델의 상세 정보와 플롯
covid19.ts[,2] %>% rwf(30, drift = T) %>% summary()
```

```
Forecast method: Random walk with drift

Model Information:
Call: rwf(y = ., h = 30, drift = T)

Drift: 0.0432  (se 0.346)
Residual sd: 6.0029

Error measures:
                     ME     RMSE      MAE MPE MAPE MASE       ACF1
Training set 1.142727e-16 5.992919 3.475017 NaN  Inf  NaN -0.3127329

Forecasts:
         Point Forecast      Lo 80     Hi 80      Lo 95     Hi 95
1.827397        15.04319   7.350165 22.73621   3.277724 26.80866
1.830137        15.08638   4.188742 25.98402  -1.580119 31.75288
1.832877        15.12957   1.760664 28.49847  -5.316406 35.57554
1.835616        15.17276  -0.289776 30.63529  -8.475147 38.82066
1.838356        15.21595  -2.100101 32.53200 -11.266664 41.69856
1.841096        15.25914  -3.740715 34.25899 -13.798629 44.31690
1.843836        15.30233  -5.253365 35.85802 -16.134890 46.73954
1.846575        15.34551  -6.665203 37.35623 -18.316974 49.00800
1.849315        15.38870  -7.995057 38.77247 -20.373672 51.15108
```

```
1.852055      15.43189  -9.256607 40.12039 -22.325910 53.18970
1.854795      15.47508 -10.460165 41.41033 -24.189456 55.13962
1.857534      15.51827 -11.613726 42.65027 -25.976539 57.01308
1.860274      15.56146 -12.723638 43.84656 -27.696865 58.81979
1.863014      15.60465 -13.795036 45.00434 -29.358290 60.56759
1.865753      15.64784 -14.832146 46.12783 -30.967276 62.26296
1.868493      15.69103 -15.838493 47.22055 -32.529214 63.91127
1.871233      15.73422 -16.817052 48.28549 -34.048655 65.51709
1.873973      15.77741 -17.770363 49.32518 -35.529481 67.08430
1.876712      15.82060 -18.700612 50.34181 -36.975037 68.61623
1.879452      15.86379 -19.609697 51.33727 -38.388226 70.11580
1.882192      15.90698 -20.499280 52.31323 -39.771588 71.58554
1.884932      15.95017 -21.370823 53.27115 -41.127361 73.02769
1.887671      15.99336 -22.225620 54.21233 -42.457524 74.44424
1.890411      16.03654 -23.064827 55.13792 -43.763843 75.83693
1.893151      16.07973 -23.889475 56.04894 -45.047896 77.20736
1.895890      16.12292 -24.700492 56.94634 -46.311103 78.55695
1.898630      16.16611 -25.498718 57.83094 -47.554747 79.88697
1.901370      16.20930 -26.284912 58.70352 -48.779990 81.19859
1.904110      16.25249 -27.059765 59.56475 -49.987889 82.49287
1.906849      16.29568 -27.823909 60.41527 -51.179408 83.77077
```

covid19.ts[,2] %>% rwf(30, drift = T) %>% autoplot(main = '드리프트가 있는 코로나19 확진자(0-9세)의 랜덤워크 모델 플롯', xlab = '기간', ylab = '확진자수')

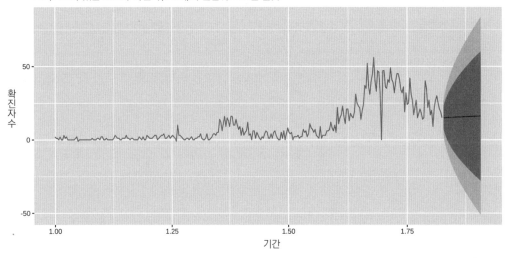

▲ 그림 6-15 드리프트가 있는 코로나 확진자(0-9세)의 랜덤워크 모델 플롯

랜덤워크는 시간적으로 하나 앞선 값(lag 1)과 원본 데이터를 뺀 1차 차분들이 백색잡음이 되어야 한다는 조건이 있다. 따라서 랜덤워크 모델의 1차 차분을 하면 백색잡음이 되고, 백색잡음의 누적 합계는 랜덤워크가 된다.

```
set.seed(345)
# 백색잡음 시뮬레이션 데이터 생성
whitenoise <- ts(rnorm(100), start = 1)
ts.plot(whitenoise, ylab = '')
```

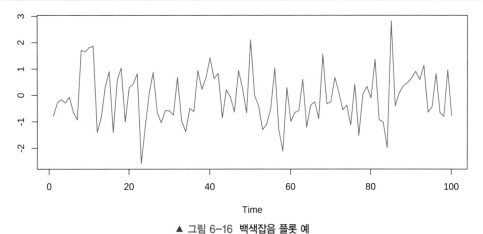

▲ 그림 6-16 백색잡음 플롯 예

```
# 백색잡음 데이터로 랜덤워크 생성
whitenoise.to.randomwalk <- cumsum(whitenoise)
ts.plot(whitenoise.to.randomwalk, ylab = '')
```

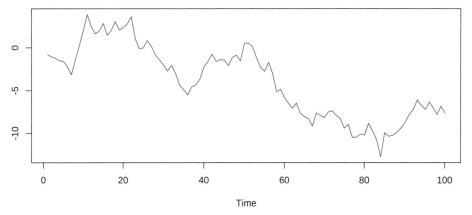

▲ 그림 6-17 백색잡음의 누적 합계 플롯 — 랜덤워크 플롯

```
# 랜덤워크에서 백색잡음 생성
randomwalk.to.whitenoise <- diff(whitenoise.to.randomwalk)
ts.plot(randomwalk.to.whitenoise, ylab = '')
```

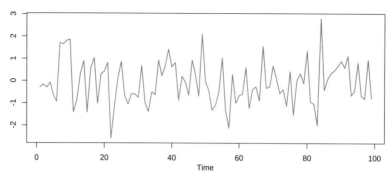

▲ 그림 6-18 랜덤워크의 1차 차분 플롯 — 백색잡음 플롯

위에서 설명한 평균, 단순naïve, 계절성 단순seasonal naïve, 랜덤워크 모델들을 하나의 플롯으로 그려 보면 모델 간의 차이를 살펴볼 수 있다.

```
# 학생수계의 평균, 단순, 계절성 단순, 랜덤워크 모델의 예측값 플롯
autoplot(students.ts[,2]) +
  autolayer(meanf(students.ts[,2], h = 10), PI = FALSE, series = '평균') +
  autolayer(naive(students.ts[,2], h = 10), PI = FALSE, series = '단순') +
  autolayer(snaive(students.ts[,2], h = 10), PI = FALSE, series = '계절성 단순') +
  autolayer(rwf(students.ts[,2], h = 10), PI = FALSE, series = '랜덤워크') +
  autolayer(rwf(students.ts[,2], h = 10, drift = TRUE), PI = FALSE, series = '랜덤워크-
드리프트') +
  labs(title = '전체 학생수의 평균, 단순, 계절성 단순, 랜덤워크 모델 예측값', x = '연도', y = '학생수')
```

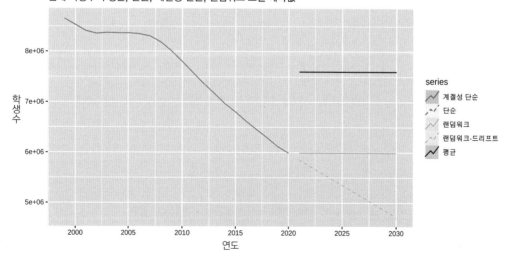

▲ 그림 6-19 전체 학생수의 평균, 단순, 계절성 단순, 랜덤워크 모델 예측값

```
# 취업자수의 평균, 단순, 계절성 단순, 랜덤워크 모델의 예측값 플롯
autoplot(employees.ts[,2]) +
  autolayer(meanf(employees.ts[,2], h = 10), PI = FALSE, series = '평균') +
  autolayer(naive(employees.ts[,2], h = 10), PI = FALSE, series = '단순') +
  autolayer(snaive(employees.ts[,2], h = 10), PI = FALSE, series = '계절성 단순') +
  autolayer(rwf(employees.ts[,2], h = 10), PI = FALSE, series = '랜덤워크') +
  autolayer(rwf(employees.ts[,2], h = 10, drift = TRUE), PI = FALSE, series = '랜덤워크-
드리프트') +
  labs(title = '신규 취업자수의 평균, 단순, 계절성 단순, 랜덤워크 모델 예측값', x = '연도', y = '취업자수')
```

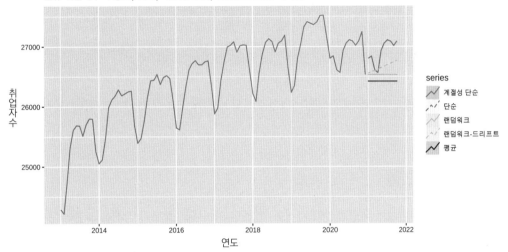

▲ 그림 6-20 신규 취업자수의 평균, 단순, 계절성 단순, 랜덤워크 모델 예측값

```
# 0-9세 코로나 확진자의 평균, 단순, 계절성 단순, 랜덤워크 모델의 예측값 플롯
autoplot(covid19.ts[,2]) +
  autolayer(meanf(covid19.ts[,2], h = 30), PI = FALSE, series = '평균') +
  autolayer(naive(covid19.ts[,2], h = 30), PI = FALSE, series = '단순') +
  autolayer(snaive(covid19.ts[,2], h = 30), PI = FALSE, series = '계절성 단순') +
  autolayer(rwf(covid19.ts[,2], h = 30), PI = FALSE, series = '랜덤워크') +
  autolayer(rwf(covid19.ts[,2], h = 30, drift = TRUE), PI = FALSE, series = '랜덤워크-드리프트') +
  labs(title = '코로나 확진자(0-9세)의 평균, 단순, 계절성 단순, 랜덤워크 모델 예측값', x = '시간', y
= '확진자수')
```

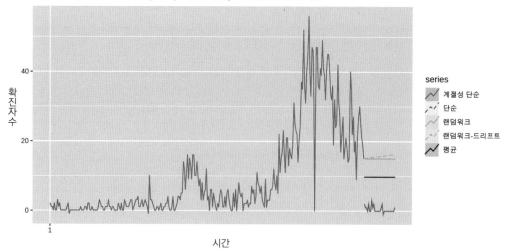

코로나 확진자(0-9세)의 평균, 단순, 계절성 단순, 랜덤워크 모델 예측값

series
계절성 단순
단순
랜덤워크
랜덤워크-드리프트
평균

확진자수

시간

▲ 그림 6-21 **코로나 확진자(0-9세)의 평균, 단순, 계절성 단순, 랜덤워크 모델 예측값**

6.5 회귀 모델

회귀 모델은 종속변수와 독립변수의 관계를 가장 잘 나타내는 회귀 방정식을 도출하여 미래 데이터에 대한 예측값을 생성하는 방법으로 아직도 가장 많이 사용되는 머신러닝 알고리즘 중 하나다.[5] 회귀regression 모델은 선형 회귀linear regression, 비선형 회귀non-linear regression, 로지스틱 회귀logistic regression 등의 방법이 있다.

시계열 데이터의 회귀 모델은 두 가지로 구분할 수 있다. 첫 번째는 두 가지 이상multivariate의 시계열 데이터 간의 상관관계를 회귀 모델로 추상화하는 것과 한 가지univariate 시계열 데이터의 시간에 따른 회귀 모델이다. 사실, 첫 번째 모델의 경우는 일반적 회귀 모델과 큰 차이는 없지만, 두 번째 모델의 경우는 시계열 데이터의 특성인 추세trend와 계절성season, 반복성cycle을 회귀에 반영한다는 점에서 일반적 회귀와는 차이가 있다.

시계열 선형 회귀 모델은 데이터 간의 관계를 가장 잘 나타내는 직선linear을 산출하여 미래 데이터를 예측하는 방법이다. 선형 회귀 모델은 선형 방정식으로 표현되는데 직선의 기울기slope와 Y축 절편intercept의 계수coefficient가 산출된다. 시계열 데이터의 선형 회귀를 위해서 forecast 패

---

5 이기준 외, 〈인구지형변화에 따른 머신러닝 기반 고등교육 계열별 수요예측 모형 개발〉, 한국교육개발원, 2020.

키지의 tslm(), timetk 패키지의 plot_time_series_regression()(stats::lm()를 사용하여 선형 회귀 결과를 시각화하는 함수) 등을 사용할 수 있다.

6.5.1 forecast::tslm

forecast 패키지에서 제공하는 tslm()은 시계열 선형 회귀 모델을 위한 함수다. tslm()는 lm() 의 래퍼 함수wrapper로 사용법은 비슷하다. 시간이 독립변수에 포함되지 않은 두 개 혹은 두 개 이상의 시계열 객체에 대한 선형 회귀는 lm()의 결과와 같다. 즉, 시계열 데이터이지만 독립변 수에 시간이 포함되지 않는다면 시계열 데이터로서 특성이 적용되지 않은 양 데이터 간의 상관 정보만으로 선형 회귀 방정식이 얻어진다. 예를 들자면 앞선 학생수 예제에서 유치원 학생수와 초등학교 학생수 간의 선형 회귀 분석을 실시하거나 하는 경우다.

반면 시간을 독립변수로 선형 회귀 모델에 적용하기 위해서는 'trend', 'season' 키워드를 함수식 의 틸드(~) 기호 오른쪽에 시간에 대한 선형 회귀 방정식을 얻을 수 있다. 'trend'는 시계열적인 추세를 반영하여 선형 회귀 모델을 만들고, 'season'은 시계열의 계절성을 반영하여 회귀 모델 을 만들게 되는데, 두 가지를 모두 고려할 때는 '+' 기호로 연결하여 사용한다. 이 과정에서 추가 적인 독립변수를 추가할 수도 있는데, 독립변수를 추가할 때도 '+' 기호를 사용하여 회귀 모델을 만들 수 있다.

tslm()은 앞선 모델 생성 함수들과 달리 미래 예측값을 생성하지 않는다. 따라서 모델에 따른 미래 예측값을 산출하기 위해서는 forecast 패키지에서 제공하는 forecast()를 사용해야 하고 이 결괏값으로 플롯을 생성해야 한다.

```
# 전체 학생수 예측 모델을 추세를 반영하여 생성
student.ts.lm <- tslm(students.ts[,2] ~ trend, data = students.ts)
summary(student.ts.lm)
```

```
Call:
tslm(formula = students.ts[, 2] ~ trend, data = students.ts)

Residuals:
    Min      1Q  Median      3Q     Max
-327962 -206697  -48003  183951  390933

Coefficients:
            Estimate Std. Error t value Pr(>|t|)
(Intercept)  9118484     107928   84.49  < 2e-16 ***
```

```
trend         -132164       8218  -16.08 6.61e-13 ***
---
Signif. codes:  0 '***' 0.001 '**' 0.01 '*' 0.05 '.' 0.1 ' ' 1

Residual standard error: 244500 on 20 degrees of freedom
Multiple R-squared:  0.9282,   Adjusted R-squared:  0.9246
F-statistic: 258.7 on 1 and 20 DF,  p-value: 6.608e-13
```

 결과
설명

- residuals: 모델을 적용한 잔차의 최소(Min), 25%(1Q), 중간(Median), 75%(3Q), 최대(Max)값을 산출

- coefficients: y 절편(intercept)은 9,118,484이고 p value가 0.05보다 작으니 통계적으로 유의미하고, 선형 회귀 기울기(trend)는 –132164로 1년이 지날수록 13만 명 정도가 계속 감소한다는 의미로 p value가 0.05보다 작으니 통계적으로 유의미

- 이를 선형 방정식으로 표현하면 총학생수 = –132164*년도 + 9118484임

- R-squared : 이 선형 모델은 전체 데이터의 92.8%를 설명할 수 있음

```
# 전체 학생수 예측 모델을 forecast()를 사용해 예측값을 산출하고 autoplot()으로 플롯 생성
student.ts.lm %>% forecast() %>% autoplot() + labs(title = '전체 학생수에 대한 시계열 선형 회귀
예측 결과', x = '연도', y = '학생수')
```

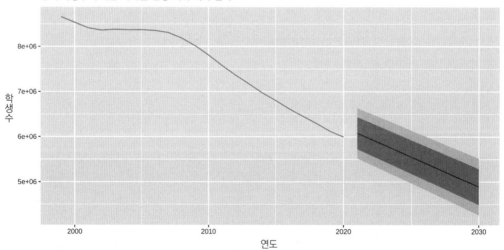

▲ 그림 6-22 전체 학생수에 대한 시계열 선형 회귀 예측 결과

아래의 모델은 초등학교 학생수 예측 모델을 만드는 데 trend와 유치원 학생수를 독립변수로 하는 모델을 만드는 예다.

```
# 초등학생 학생수의 예측 모델을 생성하는 데 유치원 학생수와 trend를 사용하는 선형 모델을 생성
student.ts.lm <- tslm(students.ts[,4] ~ students.ts[,3] + trend, data = students.ts)
# forecast()로 생성된 모델에 대한 미래 예측 데이터를 만들고 autoplot()으로 플롯 생성
student.ts.lm %>% forecast(h = 22) %>% autoplot(main = '유치원 학생수와 추세를 활용한 초등학생수
시계열 선형 회귀 예측 결과', xlab = '연도', ylab = '학생수')
```

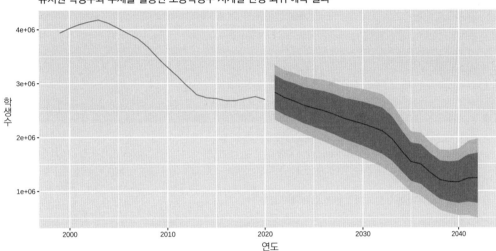

▲ 그림 6-23 유치원 학생수와 추세를 활용한 초등학생 시계열 선형 회귀 예측 결과

위의 예제에서 사용한 데이터는 연도별 학생수의 합계다. 이 데이터와 같은 연도별 데이터는 계절성이 존재하지 않기 때문에 season 키워드를 사용하면 다음과 같이 오류가 난다.

```
student.ts.lm <- tslm(students.ts[,2] ~ trend + season, data = students.ts)
```

```
Error in tslm(students.ts[, 2] ~ trend + season, data = students.ts): Non-seasonal data
cannot be modelled using a seasonal factor
```

전체 취업자수와 교육서비스업 취업자수에 대한 선형 회귀 분석 모델과 플롯은 다음과 같다.

```
# 전체 취업자수를 추세(trend)만으로 선형 회귀 분석
employee.total.ts.lm <- tslm(employees.ts[,2] ~ trend, data = employees.ts)
# y절편이 25430, 기울기가 20.39인 선형 회귀 모델 생성
summary(employee.total.ts.lm)
```

```
Call:
tslm(formula = employees.ts[, 2] ~ trend, data = employees.ts)

Residuals:
    Min      1Q  Median      3Q     Max
-1256.4  -264.1   119.9   350.6   525.7

Coefficients:
              Estimate Std. Error t value Pr(>|t|)
(Intercept) 25430.605     85.545  297.28   <2e-16 ***
trend          20.394      1.531   13.32   <2e-16 ***
---
Signif. codes:  0 '***' 0.001 '**' 0.01 '*' 0.05 '.' 0.1 ' ' 1

Residual standard error: 415.8 on 94 degrees of freedom
Multiple R-squared:  0.6536,    Adjusted R-squared:  0.6499
F-statistic: 177.3 on 1 and 94 DF,  p-value: < 2.2e-16
```

```
# 전체 취업자수에 대한 선형 회귀 모델의 예측값에 대한 플롯 생성
employee.total.ts.lm %>% forecast() %>%
  autoplot() + labs(title = '신규 취업자수에 대한 시계열 선형 회귀 예측 결과', x = '시간', y = '취업자수')
```

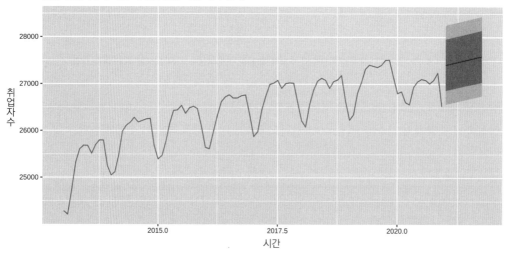

▲ 그림 6-24 신규 취업자수에 대한 시계열 선형 회귀 예측 결과

다음의 예는 시계열 선형 회귀 모델에 추세와 계절성까지 반영한 모델을 사용한 경우다. 계절성을 포함시키기 위해서는 tslm()의 '~'의 오른쪽 수식에 season 키워드를 넣어 줌으로써 계절성을 반영한 시계열 모델을 생성할 수 있다.

summary()를 통해 계절성 선형 모델의 상세 정보를 보면 앞서 봤던 추세만으로 생성한 모델과는 조금 다른 점이 있다. season2부터 season12까지의 변수가 추가되는데 이를 더미변수dummy variable라고 한다. 2월부터 12월까지에 각각 대응되는 변수인데 이 변수는 1과 0의 값만 가질 수 있다. 예를 들어, 2월의 데이터를 예측하기 위해서는 season2의 값만 1이고 나머지 season3부터 season12까지는 0으로 설정된다. 따라서 2월의 회귀 계수만이 영향을 미치게 되므로 계수값은 많이 나오지만 각각의 예측값을 만들 때는 season2부터 season12 중에 하나의 계수값만 더해지게 된다.

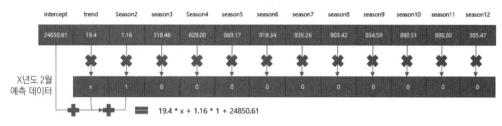

▲ 그림 6-25 더미변수 적용의 예

```
# 전체 취업자수를 추세(trend)와 계절성(season)으로 선형 회귀 분석
employee.total.ts.lm <- tslm(employees.ts[,2] ~ trend + season, data = employees.ts)
summary(employee.total.ts.lm)
```

```
Call:
tslm(formula = employees.ts[, 2] ~ trend + season, data = employees.ts)

Residuals:
    Min     1Q  Median     3Q    Max
-675.70  -42.60   76.66  147.08  312.95

Coefficients:
            Estimate Std. Error t value Pr(>|t|)
(Intercept) 24850.616     96.043 258.744  < 2e-16 ***
trend          19.457      0.919  21.171  < 2e-16 ***
season2         1.168    123.798   0.009  0.99249
season3       318.462    123.808   2.572  0.01189 *
season4       629.005    123.825   5.080 2.29e-06 ***
season5       869.174    123.849   7.018 5.63e-10 ***
season6       919.342    123.880   7.421 9.13e-11 ***
season7       935.260    123.918   7.547 5.14e-11 ***
season8       803.429    123.962   6.481 6.13e-09 ***
season9       854.597    124.013   6.891 9.94e-10 ***
season10      890.516    124.071   7.177 2.75e-10 ***
season11      898.809    124.135   7.241 2.07e-10 ***
```

```
season12      385.477    124.207   3.104  0.00261 **
---
Signif. codes:  0 '***' 0.001 '**' 0.01 '*' 0.05 '.' 0.1 ' ' 1

Residual standard error: 247.6 on 83 degrees of freedom
Multiple R-squared:  0.8915,    Adjusted R-squared:  0.8759
F-statistic: 56.86 on 12 and 83 DF,  p-value: < 2.2e-16
```

```
employee.total.ts.lm %>% forecast() %>%
  autoplot() + labs(title = '신규 취업자수에 대한 시계열 계절성 선형 회귀 예측 결과', x = '시간', y = '취업자수')
```

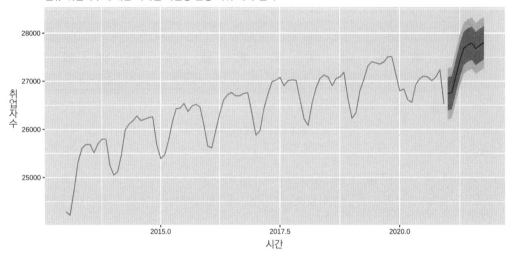

▲ 그림 6-26 **신규 취업자수에 대한 시계열 계절성 선형 회귀 예측 결과**

선형 회귀 분석을 시행할 때 주의해야 할 점은 회귀 모델의 잔차가 백색잡음이어야 한다는 점이다. 잔차가 백색잡음이 아니라면 시계열적 특성을 여전히 지니고 있기 때문에 시계열적 특성을 더 모델링해서 이를 제거할 필요가 있다. 다만 이 예측은 '잘못된' 것은 아니나 예측 구간이 커지기 때문에 비효율적 예측 모델이 된다.[6]

다음의 예는 전체 학생수를 추세에 의해 선형 회귀 분석을 시행한 모델의 잔차를 보여 준다. 이는 forecast 패키지의 checkresiduals()를 사용한 결과인데 플롯만 봐도 백색잡음이 아님을 확인할 수 있지만, 백색잡음 테스트인 Breusch-Godfrey 테스트 결과(checkresiduals()는 회귀 모델에 대해서는 Breusch-Godfrey 테스트를, 나머지는 Ljung-box 테스트를 시행한다)의 p-value가 0.05보다 작기 때문에 자기상관성이 존재하여 백색잡음으로 볼 수 없다.

---

6   https://bit.ly/3z1E3WX

```
checkresiduals(tslm(students.ts[,2] ~ trend, data = students.ts))
```

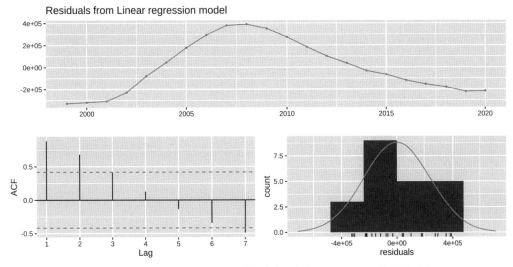

▲ 그림 6-27 전체 학생수 시계열 선형 회귀 모델의 checkresiduals( ) 실행 결과

```
     Breusch-Godfrey test for serial correlation of order up to 5

data:  Residuals from Linear regression model
LM test = 19.584, df = 5, p-value = 0.001496
```

6.5.2 timetk::plot_time_series_regression

timetk 패키지는 시계열 데이터를 처리하고 시각화하는 데 주로 활용하는 패키지다. 그래서 모델 링을 위한 함수를 바로 제공하지는 않고 시각화 함수에서 회귀 모델을 호출하여 회귀 결과를 시 각화하는 함수인 plot_time_series_regression()를 제공한다. plot_time_series_regression() 은 ts 객체가 아닌 데이터 프레임 객체를 사용할 수 있다는 장점이 있는데, 이 함수에서 사용하 는 선형 회귀 함수식에는 tslm()에서 사용했던 trend, season을 사용할 수 없고 시계열 데이터 프레임 객체의 시간 열을 직접 지정하여야 한다.

```
library(timetk)
library(lubridate)
plot_time_series_regression(.data = students,
                            .date_var = 연도,
                            .formula = 학생수계 ~ 연도,
                            .interactive = FALSE,
                            .show_summary = TRUE) +
  labs(title = 'timetk를 사용한 전체 학생수 시계열 회귀 모델', x = '연도', y = '학생수')
```

```
Call:
stats::lm(formula = .formula, data = .data)

Residuals:
    Min      1Q  Median      3Q     Max
-328001 -206778  -47994  183960  390806

Coefficients:
             Estimate Std. Error t value Pr(>|t|)
(Intercept) 12819016.6   328759.6   38.99  < 2e-16 ***
연도            -361.8       22.5  -16.08 6.61e-13 ***
---
Signif. codes:  0 '***' 0.001 '**' 0.01 '*' 0.05 '.' 0.1 ' ' 1

Residual standard error: 244500 on 20 degrees of freedom
Multiple R-squared:  0.9282,    Adjusted R-squared:  0.9246
F-statistic: 258.7 on 1 and 20 DF,  p-value: 6.612e-13
```

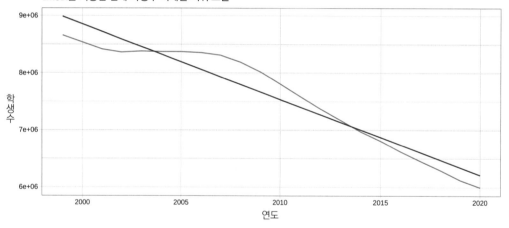

▲ 그림 6-28 timetk를 사용한 전체 학생수 시계열 회귀 모델

```
# 계절성 반영을 위해
employees$date <- as.yearmon(employees$time, "%Y. %m")
# plot_time_series_regression에 trend만 반영 시
plot_time_series_regression(.data = employees,
                            .date_var = time,
                            .formula = total ~ as.numeric(yearmonth(date)),
                            .interactive = FALSE) +
  labs(title = 'timetk를 사용한 신규 취업자수 시계열 회귀 모델', x = '연도', y = '취업자수')
```

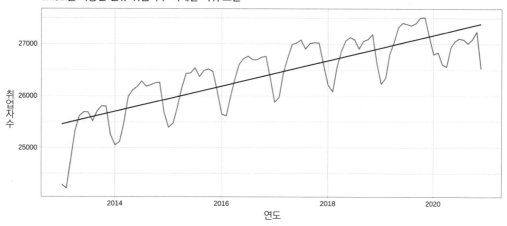

▲ 그림 6-29 timetk를 사용한 신규 취업자수 시계열 회귀 모델

```
# plot_time_series_regression에 trend, season(월)까지 반영
plot_time_series_regression(.data = employees,
                            .date_var = time,
                            .formula = total ~ year(date) +
                            month(date, label = TRUE),
                            .interactive = FALSE) +
    labs(title = 'timetk를 사용한 신규 취업자수 계절성 시계열 회귀 모델', x = '연도', y = '취업자수')
```

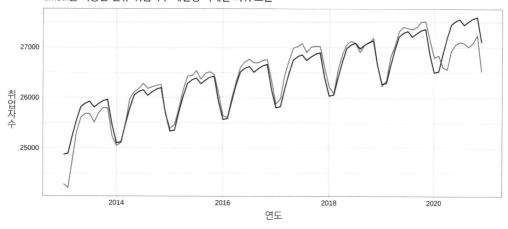

▲ 그림 6-30 timetk를 사용한 신규 취업자수 계절성 시계열 회귀 모델

6.6 지수 평활 모델

지수 평활 모델exponential smoothing model은 1950년대에 제안된 모델로 랜덤워크 모델과 같이 시계열 데이터는 최근의 값이 현재의 값에 가장 큰 영향을 미친다는 점에 착안하여 나온 모델이다. 다만 랜덤워크 모델과 같이 마지막 값에 모든 가중치를 둬서 일정하게 유지하는 것이 아닌 현재와 가까운 과거일수록 더 많은 가중치를 주는 방식으로 모델링하는 방법이다.[7]

최근의 데이터에 가중치를 높게 주기 때문에 추세, 계절성, 순환성이 심하지 않은 단기 데이터의 모델링에 적합한 방법이다. 추세나 계절성이 없는 데이터에 사용하는 단순 지수 평활 모델simple exponential smoothing model, 추세가 있는 데이터에 사용하는 홀트Holt 모델, 추세와 계절성이 있는 데이터에 사용하는 홀트 윈터Holt-Winter 모델 등이 있다.

지수 평활 모델에서 핵심적인 변수는 평활 계수다. 평활 계수는 가까운 과거에 할당하는 가중치를 의미한다. 평활 계수는 보통 0에서 1 사이의 수인데 홀트 모델이나 홀트 윈터 모델에서는 추세를 나타내는 계수와 계절성을 나타내는 계수가 추가된다. 이 가중치를 어떻게 설정하는가에 따라 예측 모델의 성능도 달라질 수 있다.

6.6.1 단순 지수 평활 모델

단순 지수 평활 모델은 추세, 계절성 등의 시계열적 특성이 비교적 약한 데이터에 적합한 예측 모델이다. 단순 지수 평활 모델을 사용하기 위해서는 먼저 평활 계수를 설정해야 한다.

평활 계수는 현재에 가장 가까운 첫 번째 과거 데이터에 대한 가중치다. 이후 과거 데이터로 갈수록 1에서 가중치를 뺀 값(1 - 평활 계수)을 계속 곱함으로써 (1 - 평활 계수)의 값이 지수적으로 반영된다. 아래의 표는 평활 계수를 0.8로 가정하고 학생수 예에 적용한 예를 보이고 있다. 과거로 갈수록 (1 - 평활 계수)가 지수 형태로 계산되기 때문에 가중치의 합은 1이 될 수 없다.

연도	가중치(평활 계수 = 0.8)
2020	0.8
2019	0.16　= 0.8 * (1 - 0.8)
2018	0.032　= 0.8 * (1 - 0.8) * (1 - 0.8)
2017	0.0064 = 0.8 * (1 - 0.8) * (1 - 0.8) * (1 - 0.8)
…	…

7　https://bit.ly/3vM79lr

단순 지수 평활 모델은 forecast 패키지의 ses()를 사용하여 모델을 만들 수 있다. ses()에서는 평활 계수를 alpha 매개변수를 통해 사용자가 직접 설정할 수도 있고, 따로 설정하지 않으면 자동으로 계산하여 설정해 준다. ses() 함수에 beta와 gamma 매개변수를 설정해 주면 뒤에서 설명할 홀트 모델, 홀트 윈터 모델도 만들 수 있다.

ses()를 통해 생성되는 모델은 몇 가지 특성 값을 가지는데 앞에서 설명한 평활 계수인 alpha와 초기 레벨 상태인 l이 사용된다. 단순 지수 평활 모델은 한 단계씩 예측해 나가는 방법one step forecast이기 때문에 초기 레벨 값인 l 값부터 시작하여 한 단계 앞 값을 예측하고, 또 다음 단계를 예측하는 방법으로 수행된다. l 값을 산출하는 방법은 롭 하인드만Rob Hyndman의 저서에서 확인할 수 있다.[8] alpha와 l 값은 ses() 모델을 summary() 함수를 통해 확인할 수 있다.

전체 학생수에 대한 ses()의 alpha 계수는 다음과 같이 0.999로 계산되었다. 이는 거의 1과 가깝기 때문에 바로 이전 데이터에 거의 모든 가중치를 다 준 것이고, 이로 인해 결국 단순naïve 모델과 거의 같은 모델이 생성되었다. 만약 alpha 값을 강제로 낮추어 준다면 어떻게 될까? 아래의 코드를 잘 살펴보길 바란다.

```
# 전체 학생수에 대한 단순 지수 평활 모델
ses(students.ts[,2]) %>% summary()
```

```
Forecast method: Simple exponential smoothing

Model Information:
Simple exponential smoothing

Call:
 ses(y = students.ts[, 2])

  Smoothing parameters:
    alpha = 0.9999

  Initial states:
    l = 8394600.8229

  sigma:  162570.5

     AIC     AICc      BIC
599.8562 601.1896 603.1294
```

---

8   https://bit.ly/2OT4nQQ

```
Error measures:
                     ME      RMSE       MAE       MPE      MAPE      MASE       ACF1
Training set -109072.2 155004.8 134671.7 -1.552769 1.849053 1.047911 0.4105529

Forecasts:
     Point Forecast    Lo 80    Hi 80    Lo 95    Hi 95
2021        5995252  5786909  6203594  5676619  6313884
2022        5995252  5700626  6289878  5544660  6445843
2023        5995252  5634416  6356087  5443401  6547102
2024        5995252  5578598  6411905  5358035  6632468
2025        5995252  5529421  6461082  5282825  6707678
2026        5995252  5484962  6505542  5214830  6775673
2027        5995252  5444077  6546427  5152302  6838201
2028        5995252  5406022  6584481  5094103  6896401
2029        5995252  5370280  6620223  5039440  6951063
2030        5995252  5336474  6654029  4987739  7002765
```

 결과
설명

- Smoothing parameters: 지수 평활의 가중치로 사용할 alpha값이 0.9999

- Initial states : 지수 평활의 시작점 위치

```
autoplot(students.ts[,2]) +
  autolayer(fitted(ses(students.ts[,2])), series = '적합값') +
  autolayer(ses(students.ts[,2]))  +
  labs(title = '전체 학생수에 대한 단순 지수 평활 모델', x = '연도', y = '학생수')
```

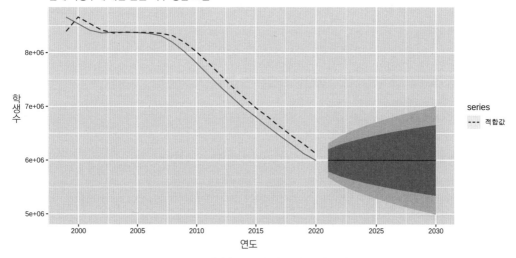

▲ 그림 6-31 전체 학생수에 대한 단순 지수 평활 모델

```
autoplot(students.ts[,2]) +
  autolayer(fitted(ses(students.ts[,2])), series = '적합값') +
  autolayer(ses(students.ts[,2]), PI = F, series = '0.99') +
  autolayer(ses(students.ts[,2], alpha = 0.5), PI = F, series = '0.5') +
  autolayer(ses(students.ts[,2], alpha = 0.3), PI = F, series = '0.3') +
  labs(title = 'alpha값에 따른 단순 지수 평활 모델(전체 학생수)', x = '연도', y = '학생수', color
= 'alpha')
```

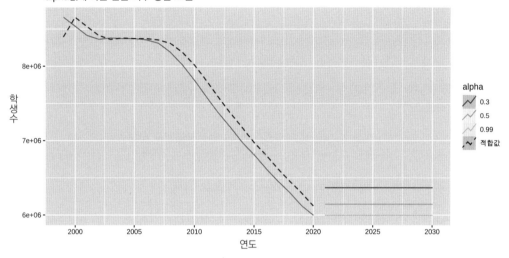

▲ 그림 6-32 alpha값에 따른 단순 지수 평활 모델(전체 학생수)

```
# 전체  취업자수에 대한 Simple Exponential Smoothing
autoplot(employees.ts[,2]) +
  autolayer(fitted(ses(employees.ts[,2])), series = '적합값') +
  autolayer(ses(employees.ts[,2]), series = 'auto', PI = F) +
  autolayer(ses(employees.ts[,2], alpha = 0.3), series = '0.3', PI = F) +
  autolayer(ses(employees.ts[,2], alpha = 0.5), series = '0.5', PI = F) +
  autolayer(ses(employees.ts[,2], alpha = 0.7), series = '0.7', PI = F) +
  labs(title = 'alpha값에 따른 단순 지수 평활 모델(신규 취업자수)', x = '연도', y = '취업자수',
color = 'alpha')
```

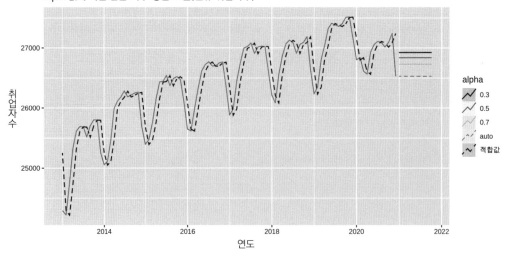

알파값에 따른 단순 지수 평활 모델(신규 취업자수)

▲ 그림 6-33 alpha값에 따른 단순 지수 평활 모델(신규 취업자수)

```
# 코로나 신규 확진자수(0-9세)에 대한 Simple Exponential Smoothing
autoplot(covid19.ts[,2]) +
  autolayer(fitted(ses(covid19.ts[,2])), series = '적합값') +
  autolayer(ses(covid19.ts[,2], h = 30), series = 'auto', PI = F) +
  autolayer(ses(covid19.ts[,2], alpha = 0.3, h = 30), series = '0.3', PI = F) +
  autolayer(ses(covid19.ts[,2], alpha = 0.5, h = 30), series = '0.5', PI = F) +
  autolayer(ses(covid19.ts[,2], alpha = 0.7, h = 30), series = '0.7', PI = F) +
  labs(title = 'alpha값에 따른 단순 지수 평활 모델(신규 확진자수)', x = '연도', y = '확진자수',
color = 'alpha')
```

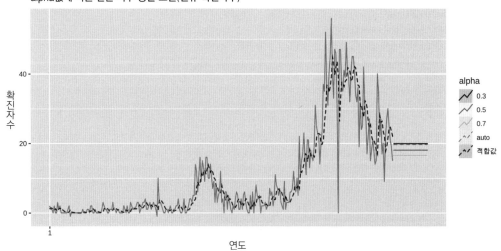

알파값에 따른 단순 지수 평활 모델(신규 확진자수)

▲ 그림 6-34 alpha값에 따른 단순 지수 평활 모델(신규 확진자수)

평활 계수가 클수록 데이터 변화에 빠르게 반응하여 예측의 감응도가 높지만, 평활 계수가 작으면 데이터의 변화에 느리게 반응하여 예측의 안정성이 높아진다.[9]

```r
# 전체 학생수의 alpha 값에 따른 적합치와 예측값의 변화
autoplot(students.ts[,2], color = 'black') +
  autolayer(fitted(ses(students.ts[,2], alpha = 0.1)), series = '0.1') +
  autolayer(ses(students.ts[,2], alpha = 0.1, PI = FALSE), series = '0.1') +
  autolayer(fitted(ses(students.ts[,2], alpha = 0.2)), series = '0.2') +
  autolayer(ses(students.ts[,2], alpha = 0.2, PI = FALSE), series = '0.2') +
  autolayer(fitted(ses(students.ts[,2], alpha = 0.3)), series = '0.3') +
  autolayer(ses(students.ts[,2], alpha = 0.3, PI = FALSE), series = '0.3') +
  autolayer(fitted(ses(students.ts[,2], alpha = 0.4)), series = '0.4') +
  autolayer(ses(students.ts[,2], alpha = 0.4, PI = FALSE), series = '0.4') +
  autolayer(fitted(ses(students.ts[,2], alpha = 0.5)), series = '0.5') +
  autolayer(ses(students.ts[,2], alpha = 0.5, PI = FALSE), series = '0.5') +
  autolayer(fitted(ses(students.ts[,2], alpha = 0.6)), series = '0.6') +
  autolayer(ses(students.ts[,2], alpha = 0.6, PI = FALSE), series = '0.6') +
  autolayer(fitted(ses(students.ts[,2], alpha = 0.7)), series = '0.7') +
  autolayer(ses(students.ts[,2], alpha = 0.7, PI = FALSE), series = '0.7') +
  autolayer(fitted(ses(students.ts[,2], alpha = 0.8)), series = '0.8') +
  autolayer(ses(students.ts[,2], alpha = 0.8, PI = FALSE), series = '0.8') +
  autolayer(fitted(ses(students.ts[,2], alpha = 0.9)), series = '0.9') +
  autolayer(ses(students.ts[,2], alpha = 0.9, PI = FALSE), series = '0.9') +
  labs(title = 'alpha값에 따른 단순 지수 평활 모델', x = '연도', y = '학생수', color = 'alpha')
```

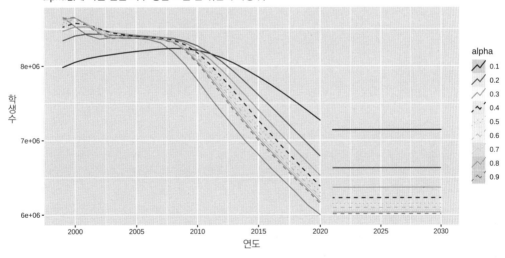

▲ 그림 6-35 alpha값에 따른 단순 지수 평활 모델 변화(전체 학생수)

---

9 https://bit.ly/2QtVMEQ

6.6.2 홀트 모델

홀트Holt 모델은 단순 지수 평활 모델을 확장하여 추세를 반영하는 모델이다. 홀트 모델은 추세 조정 지수 평활법이나 이중 지수 평활법으로 불리기도 한다. 추세를 반영하기 위해 평활 계수인 alpha와 추세 기울기 값 beta를 사용하여 모델을 만든다. 평활 계수 값과 마찬가지로 추세 기울기 값도 0과 1 사이의 값을 지니고 이 값을 반영한 이동평균을 통해 예측값을 산출한다.

홀트 모델은 앞선 단순 지수 평활 모델에 사용했던 ses() 함수에 추세 기울기 값인 beta 값을 추가하여 사용할 수도 있고, forecast 패키지에서 제공하는 holt() 함수를 사용하여 모델을 생성할 수도 있다. 다만 alpha, beta 등의 매개변수를 지정하지 않으면 자동 계산되어 적절한 값이 사용된다.

```
# 전체 학생수에 대한 홀트 모델링
summary(holt(students.ts[,2]))
```

```
Forecast method: Holt's method

Model Information:
Holt's method

Call:
 holt(y = students.ts[, 2])

  Smoothing parameters:
    alpha = 0.8654
    beta  = 0.8654

  Initial states:
    l = 8966192.6427
    b = -36934.0002

  sigma:  82114.94

     AIC      AICc      BIC
571.4867 575.2367 576.9419

Error measures:
                  ME      RMSE       MAE        MPE      MAPE      MASE
Training set -5106.807 74275.76 46971.89 -0.0472354 0.5836661 0.365499
                 ACF1
Training set -0.00685211
```

```
Forecasts:
     Point Forecast    Lo 80    Hi 80    Lo 95    Hi 95
2021         5855531  5750297  5960766  5694589  6016474
2022         5721369  5511013  5931725  5399658  6043081
2023         5587207  5242397  5932018  5059866  6114549
2024         5453045  4951452  5954638  4685925  6220166
2025         5318883  4641431  5996336  4282810  6354957
2026         5184721  4314366  6055077  3853627  6515816
2027         5050559  3971709  6129409  3400601  6700518
2028         4916397  3614582  6218212  2925443  6907352
2029         4782235  3243885  6320586  2429531  7134940
2030         4648073  2860364  6435783  1914007  7382139
```

 결과
설명
- smoothing parameter: 예측 수준(level)을 결정하는 alpha 평활 지수는 0.86540이고, 추세를 나타내는 beta 평활 지수는 0.8654로 계산됨
- Initial states: 예측 수준(level)의 초기치는 8966192이고, 추세의 초기치는 −36934로 계산됨

```
# 전체  학생수에 대한 홀트 모델링
autoplot(students.ts[,2]) +
  autolayer(fitted(holt(students.ts[,2])), series = '적합값') +
  autolayer(holt(students.ts[,2]), series = '예측값') +
  labs(title = '전체 학생수에 대한 홀트 지수 평활 모델', x = '연도', y = '학생수')
```

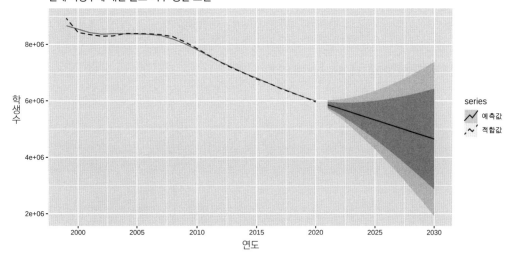

▲ 그림 6-36 전체 학생수에 대한 홀트 지수 평활 모델

```
# 전체  취업자수에 대한 Holt modeling
autoplot(employees.ts[,2]) +
  autolayer(fitted(holt(employees.ts[,2])), series = '적합값') +
  autolayer(holt(employees.ts[,2]), series = '예측값') +
  labs(title = '신규 취업자수에 대한 홀트 지수 평활 모델', x = '연도', y = '취업자수')
```

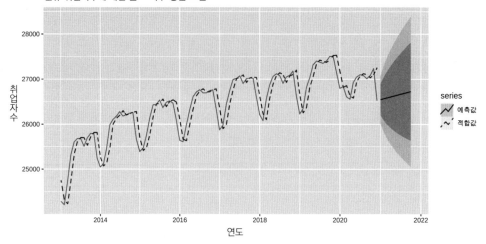

▲ 그림 6-37 신규 취업자수에 대한 홀트 지수 평활 모델

```
# 코로나 신규확진자수(0-9세)에 대한 홀트 모델링
autoplot(covid19.ts[,2]) +
  autolayer(fitted(holt(covid19.ts[,2])), series = '적합값') +
  autolayer(holt(covid19.ts[,2], h = 30), series = '예측값') +
  labs(title = '코로나 확진자수(0-9세)에 대한 홀트 지수 평활 모델', x = '연도', y = '확진자수')
```

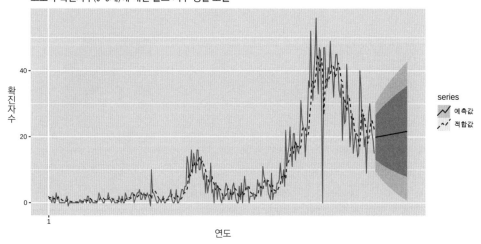

▲ 그림 6-38 코로나 확진자수(0-9세)에 대한 홀트 지수 평활 모델

홀트 모델은 위와 같이 미래 예측값에 일정한 증가, 감소가 나타난다. 추세가 증가 추세이면 예측값이 계속 증가하게 되고, 감소 추세이면 계속 감소하게 된다. 특히 감소 추세일 때 계속 감소하면 어느 순간 음수값을 가질 수도 있다. 따라서 감소 추세가 있는 경우 어느 정도에서 감소 추세를 지연시킬 필요가 있다. holt() 함수에서는 damped 매개변수를 통해 증가나 감소 추세를 지연시킬 수 있다.

```
# 전체 학생수에 대한 홀트 모델링 비교
autoplot(students.ts[,2]) +
  autolayer(fitted(holt(students.ts[,2])), series = '홀트 적합') +
  autolayer(fitted(holt(students.ts[,2], damped = TRUE)), series = ' 감쇠 적합') +
  autolayer(holt(students.ts[,2]), series = '홀트 예측', PI = FALSE) +
  autolayer(holt(students.ts[,2], damped = TRUE), series = '감쇠 예측', PI = FALSE) +
  labs(title = '전체 학생수에 대한 감쇠 홀트 지수 평활 모델', x = '연도', y = '학생수')
```

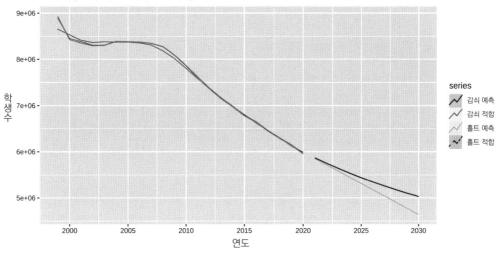

▲ 그림 6-39 전체 학생수에 대한 감쇠 홀트 지수 평활 모델

```
# 전체 취업자수에 대한 홀트 모델링 비교
autoplot(employees.ts[,2]) +
  autolayer(fitted(holt(employees.ts[,2])), series = '홀트 적합') +
  autolayer(fitted(holt(employees.ts[,2], damped = TRUE)), series = '감쇠 적합') +
  autolayer(holt(employees.ts[,2]), series = '홀트 예측', PI = FALSE) +
  autolayer(holt(employees.ts[,2], damped = TRUE), series = '감쇠 예측', PI = FALSE) +
  labs(title = '신규 취업자수 감쇠 홀트 지수 평활 모델', x = '연도', y = '취업자수')
```

신규 취업자수 감쇠 홀트 지수 평활 모델

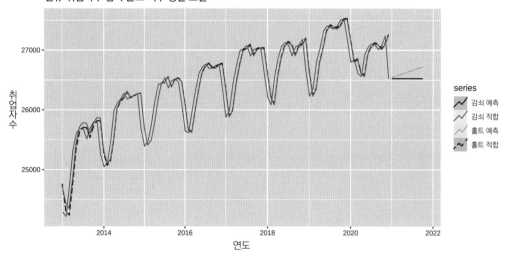

▲ 그림 6-40 신규 취업자수 감쇠 홀트 지수 평활 모델

```
# 코로나 신규확진자수(0-9세)에 대한 홀트 모델링 비교
autoplot(covid19.ts[,2]) +
  autolayer(fitted(holt(covid19.ts[,2])), series = '홀트 적합') +
  autolayer(fitted(holt(covid19.ts[,2], damped = TRUE)), series = '감쇠 적합') +
  autolayer(holt(covid19.ts[,2], h = 30), series = '홀트 예측', PI = FALSE) +
  autolayer(holt(covid19.ts[,2], h = 30, damped = TRUE), series = '감쇠 예측', PI = FALSE) +
  labs(title = '코로나 확진자수(0-9세) 감쇠 홀트 지수 평활 모델', x = '연도', y = '확진자수')
```

코로나 확진자수(0-9세) 감쇠 홀트 지수 평활 모델

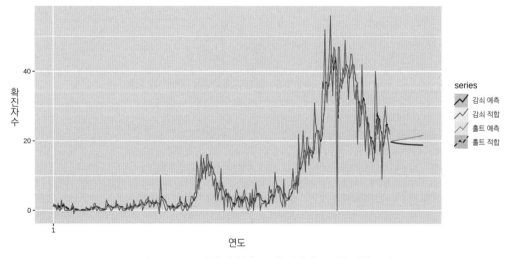

▲ 그림 6-41 코로나 확진자수(0-9세) 감쇠 홀트 지수 평활 모델

추세 기울기 값에 따른 변동은 다음 플롯과 같이 나타난다. 사실상 추세 기울기 값은 결괏값에
큰 차이를 나타내지 않는다.

```
autoplot(students.ts[,2]) +
  autolayer(fitted(holt(students.ts[,2], beta = 0.1)), series = '0.1') +
  autolayer(holt(students.ts[,2], beta = 0.1, PI = F), series = '0.1') +
  autolayer(fitted(holt(students.ts[,2], beta = 0.2)), series = '0.2')+
  autolayer(holt(students.ts[,2], beta = 0.2, PI = F), series = '0.2') +
  autolayer(fitted(holt(students.ts[,2], beta = 0.3)), series = '0.3')+
  autolayer(holt(students.ts[,2], beta = 0.3, PI = F), series = '0.3') +
  autolayer(fitted(holt(students.ts[,2], beta = 0.4)), series = '0.4')+
  autolayer(holt(students.ts[,2], beta = 0.4, PI = F), series = '0.4') +
  autolayer(fitted(holt(students.ts[,2], beta = 0.5)), series = '0.5')+
  autolayer(holt(students.ts[,2], beta = 0.5, PI = F), series = '0.5') +
  autolayer(fitted(holt(students.ts[,2], beta = 0.6)), series = '0.6')+
  autolayer(holt(students.ts[,2], beta = 0.6, PI = F), series = '0.6') +
  autolayer(fitted(holt(students.ts[,2], beta = 0.7)), series = '0.7')+
  autolayer(holt(students.ts[,2], beta = 0.7, PI = F), series = '0.7') +
  autolayer(fitted(holt(students.ts[,2], beta = 0.8)), series = '0.8')+
  autolayer(holt(students.ts[,2], beta = 0.8, PI = F), series = '0.8') +
  autolayer(fitted(holt(students.ts[,2], beta = 0.9)), series = '0.9')+
  autolayer(holt(students.ts[,2], beta = 0.9, PI = F), series = '0.9') +
  labs(title = '추세 기울기(beta) 값에 따른 홀트 지수 평활 모델 변화', x = '연도', y = '학생수',
color = 'beta')
```

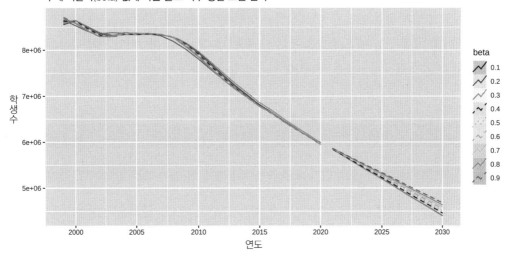

▲ 그림 6-42 추세 기울기(beta) 값에 따른 홀트 지수 평활 모델 변화

6.6.3 홀트 윈터 모델

홀트 윈터Holt-Winter 모델은 단순 지수 평활 모델을 확장하여 추세와 계절성을 함께 반영하는 모델이다. 홀트 윈터 모델은 단순 지수 평활simple exponential smoothing 모델의 alpha, 홀트 모델의 beta에 계절 매개변수인 gamma까지 포함하기 때문에 삼중 지수 평활법이나 계절 조정 지수 평활법이라고도 한다. 홀트 윈터 모델은 덧셈 방법additive와 곱셈 방법multiplicative의 두 가지 방법이 있다.

시계열 분해에서 설명한 것과 같이 덧셈 방법은 계절성의 진폭이 비교적 일정하게 나타날 때 사용하는 방법이고, 곱셈 방법은 계절성의 진폭이 추세에 비례하여 변동이 있을 때 사용하는 방법이다. 따라서 미래 예측값을 산출할 때도 덧셈 방법은 예측값이 크게 변동되지 않지만, 곱셈 방법은 먼 미래일수록 예측값이 커지게 된다.

홀트 윈터 모델을 생성하기 위해서는 forecast 패키지의 hw()를 사용한다. 홀트 윈터 모델도 앞선 홀트 모델과 같이 ses() 함수에 추세 기울기 값인 beta 값과 계절 변수인 gamma 값을 지정하여 사용할 수도 있고, hw()를 사용하여 모델을 생성할 수도 있다. 다만 alpha, beta, gamma 등의 매개변수를 지정하지 않으면 자동 계산되어 적절한 값이 사용된다.

덧셈 방법과 곱셈 방법을 구분하여 사용하려면 hw() 함수에서 seasonal 매개변수를 설정하여 사용할 수 있다. seasonal 매개변수를 'additive'로 설정하면 덧셈 방법, 'multiplicative'를 설정하면 곱셈 방법을 사용하여 모델이 생성된다.

사실상 덧셈 방법과 곱셈 방법 중 어느 방법을 선택해야 하는지는 시각적으로 확인하거나 다음 장에서 설명할 모델 성능 비교 방법을 통해 선택해야 한다. 연간 데이터인 전체 학생수는 계절성을 찾을 수 없기 때문에 hw()를 적용하면 다음과 같은 오류를 발생시킨다.

```
hw(students.ts[,2])
```

```
Error in hw(students.ts[, 2]): The time series should have frequency greater than 1.
```

아래는 총취업자수에 대한 홀트 윈터 모델 플롯이다. 덧셈 방법과 곱셈 방법의 두 가지 플롯을 보여 주고 있다.

```
autoplot(employees.ts[,2]) +
  autolayer(fitted(hw(employees.ts[,2])), series = '홀트 윈터 적합값') +
  autolayer(hw(employees.ts[,2], seasonal = 'additive'), PI = FALSE, series = '덧셈방법') +
  autolayer(hw(employees.ts[,2], seasonal = 'multiplicative'), PI = FALSE, series = '곱셈
방법') +
  labs(title = '신규 취업자수에 대한 홀트 윈터 지수 평활 모델', x = '연도', y = '취업자수')
```

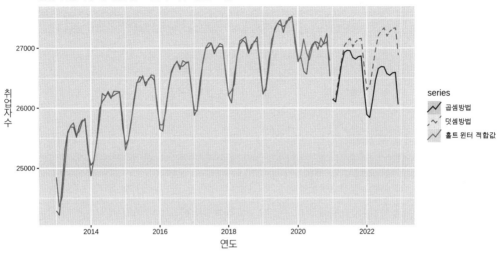

신규 취업자수에 대한 홀트 윈터 지수 평활 모델

series
⌁ 곱셈방법
⌁ 덧셈방법
⌁ 홀트 윈터 적합값

▲ 그림 6-43 신규 취업자수에 대한 홀트 윈터 지수 평활 모델

6.6.4 ETS 모델

ETS 모델은 Error(오류), Trend(추세), Season(계절성)의 머리글자만 따서 만들었다고도 하고 ExponenTial Smoothing(지수 평활)의 약자라고도 한다. 앞에 설명한 지수 평활 모델을 잔차(실제값 – 적합값)로 보정한 모델이다. ETS 모델은 모델을 구성하는 방법에 따라 여러 가지 모델로 구분될 수 있다. 각 모델은 데이터의 측정식measurement equation과 측정식에서 추출된 추세, 계절성 등을 통해 추정되는 미래 예측값에 대한 상태식state equation에 따라 결정되는데 이를 상태공간 모델state space model이라고 한다.[10]

상태공간 모델에 의한 ETS 모델은 오류 보정 방법에 의한 덧셈 보정(A), 곱셈 보정(M), 추세에 따른 덧셈 방법(A), 감쇠 덧셈 방법(Ad), 추세 없음(N), 계절성에 따른 계절성 없음(N), 덧셈 계절성(A), 곱셈 계절성(M)으로 구분된다. 이 8가지 상태를 조합하여 최종 ETS 모델을 결정할 수 있는데 모든 조합이 모델이 되지는 않는다. 다음은 조합이 가능한 모든 상태공간 모델이다. 이 중 일부는 덧셈 혹은 곱셈 보정에 따라 앞서 설명한 단순 지수 평활 모델, 홀트 모델, 감쇠 홀트 모델, 홀트 윈터 모델과 동일한 모델도 있다.

---

10 https://bit.ly/3lKuGVt

● 오류 보정 방법: 덧셈 보정(A)

	덧셈 추세(A)	감쇠 덧셈 추세(Ad)	추세 없음(N)
덧셈 계절성(A)	(A, A, A) = 덧셈 홀트 윈터	(A, Ad, A)	(A, N, A)
곱셈 계절성(M)	(A, A, M) = 곱셈 홀트 윈터	(A, Ad, M) = 감쇠 홀트 윈터	(A, N, M)
계절성 없음(N)	(A, A, N) = 홀트 선형	(A, Ad, N) = 감쇠 추세	(A, N, N) = 단순 평활

● 오류 보정 방법: 곱셈 보정(M)

	덧셈 추세(A)	감쇠 덧셈 추세(Ad)	추세 없음(N)
덧셈 계절성(A)	(M, A, A) = 덧셈 홀트 윈터	(M, Ad, A)	(M, N, A)
곱셈 계절성(M)	(M, A, M) = 곱셈 홀트 윈터	(M, Ad, M) = 감쇠 홀트 윈터	(M, N, M)
계절성 없음(N)	(M, A, N) = 홀트 선형	(M, Ad, N) = 감쇠 추세	(M, N, N) = 단순 평활

forecast 패키지의 ets() 함수에는 상태공간 모델을 지정할 수도 있고 ets()에서 자동적으로 선정할 수도 있다. ets 모델을 autoplot()에 적용시키면 각각의 성분별로 플롯을 확인할 수 있다.

```
# 총학생수에 대한 ets 모델
ets(students.ts[,2]) %>% summary
```

```
ETS(A,Ad,N)

Call:
 ets(y = students.ts[, 2])

  Smoothing parameters:
    alpha = 0.8929
    beta  = 0.8929
    phi   = 0.9401

  Initial states:
    l = 8930071.6714
    b = -36934.5936

  sigma:  74403.08

     AIC     AICc      BIC
567.8898 573.4898 574.4361

Training set error measures:
                  ME     RMSE      MAE        MPE     MAPE     MASE
Training set -13547.67 65403.96 42008.54 -0.1655554 0.523083 0.326878
```

```
                        ACF1
Training set 0.007506032
```

> **결과 설명**
>
> - ETS(A, Ad N): ETS 모델로 덧셈 보정, 감쇠 추세, 계절성 없음 모델이 선정됨 – 덧셈 보정 감쇠 추세 모델
>
> - smooting parameters: 레벨 평활 계수는 0.8929, 추세 평활 계수는 0.8929, 감쇠(damped) 평활 계수는 0.9401로 설정
>
> - initial states: 레벨 초기 상태와 추세 초기 상태 설정

```
# 전체 학생수에 대한 ets 모델 ploting
ets(students.ts[,2]) %>% autoplot()
```

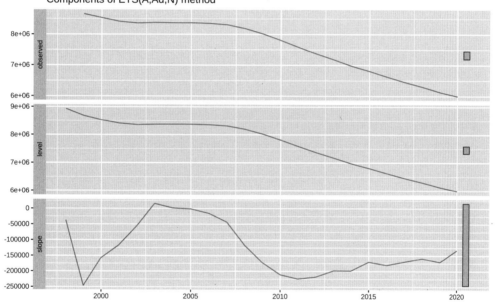

▲ 그림 6-44 전체 학생수에 대한 ets 모델 구성 요소 플롯

```
# 전체 학생수에 대한 예측값 ploting
ets(students.ts[,2]) %>% forecast() %>%
  autoplot() +
  labs(title = '전체 학생수에 대한 ets(A, Ad, N) 모델 예측 결과', x = '연도', y = '학생수')
```

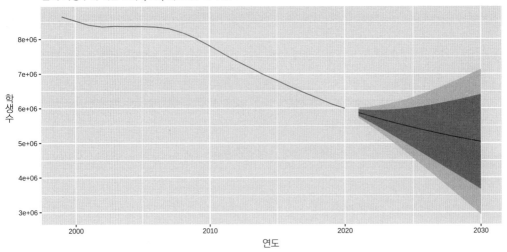

전체 학생수에 대한 ets(A, Ad, N) 모델 예측 결과

▲ 그림 6-45 전체 학생수에 대한 ets(A, Ad, N) 모델 예측 결과

```
# ETS(M,Ad,A)로 모델 선정
ets(employees.ts[,2])
```

```
ETS(M,Ad,A)

Call:
 ets(y = employees.ts[, 2])

  Smoothing parameters:
    alpha = 0.9989
    beta  = 1e-04
    gamma = 2e-04
    phi   = 0.9744

  Initial states:
    l = 25055.6086
    b = 53.1073
    s = -222.3076 255.8486 261.7129 227.3178 163.5351 319.1916
          274.8844 226.215 -5.605 -294.4144 -588.041 -618.3374

  sigma:  0.0045

     AIC     AICc      BIC
1372.968 1381.851 1419.126
```

결과 설명
- ETS(M, Ad A): ETS 모델로 곱셈 보정, 감쇠 덧셈 추세, 덧셈 계절성 모델이 선정됨
- smooting parameters: 레벨 평활 계수는 0.9989, 추세 평활 계수는 0.0001, 계절 평활 계수는 0.0002, 감쇠(damped) 평활 계수는 0.9744로 설정
- initial states: 레벨 초기 상태와 추세, 계절성 초기 상태 설정

```
ets(employees.ts[,2]) %>% autoplot()
```

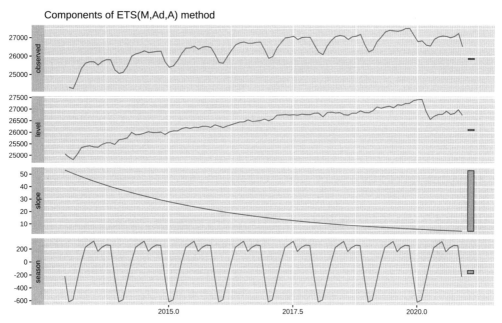

▲ 그림 6-46 신규 취업자수에 대한 ets 모델 구성 요소 플롯

```
ets(employees.ts[,2]) %>% forecast() %>%
  autoplot() +
  labs(title = '신규 취업자에 대한 ets(M, Ad, A) 예측 결과', x = '연도', y = '취업자수')
```

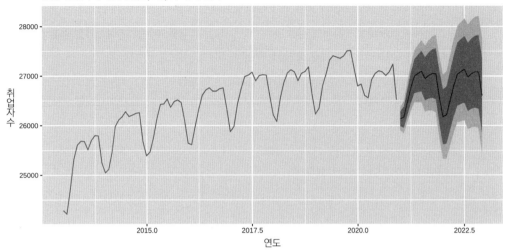

신규 취업자에 대한 ets(M, Ad, A) 예측 결과

▲ 그림 6-47 신규 취업자에 대한 ets(M, Ad, A) 예측 결과

6.7 ARIMA 모델

ARIMA 모델은 앞의 지수 평활 모델과 함께 시계열 예측 모델에서 가장 많이 사용되어 온 모델이다. ARIMA는 AutoRegression Integrated Moving Average의 머리글자만 딴 이름이다. 지수 평활 모델은 주어진 데이터에서 추세와 계절성을 계량화한 모델이지만, ARIMA 모델은 이름에서도 나타나듯이 자기상관과 이동평균을 수식화한 모델이다.

ARIMA 모델은 ARMA autoregression moving average를 기반으로 한 모델이지만 ARMA 모델은 정상성 시계열에 한한 모델이기 때문에 비정상성 데이터를 정상화하는 단계를 포함하여 ARIMA 모델로 구현된다.[11]

ARIMA 모델은 arima(p, d, q)로 표현되는데 p는 AR 모델의 차수, d는 비정상성 시계열을 정상성 시계열로 변환하기 위한 차분 차수, q는 이동평균 차수를 의미한다. 결국, ARIMA(p, d, q) 모델은 데이터를 정상성 시계열로 만들기 위해 d번 차분한 데이터에 ARMA(p, q) 모델을 적용하는 것과 동일하다.

---

11 https://bit.ly/3cZ2jir

6.7.1 자기회귀 모델

머신러닝을 공부할 때 대부분 선형 회귀 모델을 가장 먼저 배운다. 선형 회귀 모델은 독립변수와 종속변수를 선정하고 두 변수 간의 상관관계를 분석하여 모델링을 한다. 앞선 장에서 시계열 선형 회귀 분석을 설명하였는데 '~'를 사이에 두고 오른쪽의 독립변수는 시간이었고, 왼쪽의 종속변수는 예측을 원하는 변수를 설정하였다.

그러나 자기회귀AutoRegressive, AR 모델은 독립변수와 종속변수를 모두 자기 자신 데이터를 사용한다는 점에서 일반 회귀 모델과 다르다. 과거의 자기 자신 데이터와 현재의 자기 자신 데이터 간의 상관관계를 분석하여 회귀 모델을 세우는 것이 자기회귀 모델이다.

AR(p) 모델은 자기상관 관계가 lag p까지 영향을 미치는 모델이다. AR(1)은 자신의 데이터에 lag 1을 취한 데이터 간의 회귀 분석 모델이고, AR(2)는 자신의 데이터에 lag 1과 lag 2 데이터 간의 다중 회귀 분석 모델이다. 따라서 AR(1) 모델은 회귀 계수가 하나이고 AR(2) 모델은 회귀 계수가 두 개이므로 AR(p) 모델은 회귀 계수가 p개 존재하게 된다.

다음의 예는 자기회귀 모델을 생성하고 시각화하는 예를 보이고 있다. arima.sim()은 tseries 패키지에서 제공하는 함수로 ARIMA 모델에 따른 랜덤 데이터를 생성하는 함수이고, auto. arima()는 forecast 패키지에서 제공하는 함수로 ARIMA 모델을 자동으로 결정해 주는 함수다.

```
library(tseries)
set.seed(345)
arima100 <- arima.sim(model = list(order = c(1, 0, 0), ar = 0.9), n = 200)
arima100 %>% autoplot(main = 'AR(1) 모델')
```

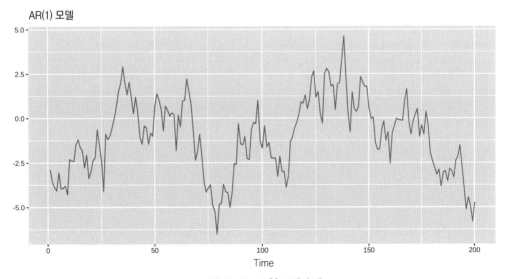

▲ 그림 6-48 AR(1) 모델의 예

```
urca::ur.kpss(arima100) %>% urca::summary()
```

```
########################
# KPSS Unit Root Test #
########################

Test is of type: mu with 4 lags.

Value of test-statistic is: 0.2684

Critical value for a significance level of:
                10pct  5pct 2.5pct  1pct
critical values 0.347 0.463  0.574 0.739
```

```
ndiffs(arima100, test = 'kpss')
```

```
[1] 0
```

 • 항상 동일한 랜덤변수가 나오도록 seed를 345로 설정(set.seed(345))

- arima.sim()을 사용하여 1차 AR 회귀 계수가 0.9(ar = 0.9)인 ARIMA(1, 0, 0) 모델(order = c(1, 0, 0))에 적합한 데이터 200개(n = 200)를 생성해서 arima100에 저장

- autoplot()을 사용하여 arima100을 시각화

- kpss.test()를 통해 정상성을 검사하는데 검정통계량이(0.2684) 5% 임계치(0.463)보다 작으므로 이미 정상성을 만족

- ndiffs()를 사용하여 arima100에 필요한 차분수를 kpss 테스트를 기반으로 산출하는데, kpss 테스트에서 이미 정상성이라고 판단하였으므로 차분이 불필요하다는 0을 출력

```
set.seed(345)
arima110 <- arima.sim(model = list(order = c(1, 1, 0), ar = 0.9), n = 200)
arima110 %>% autoplot(main = 'AR(1), 차분 1 모델')
```

AR(1), 차분 1 모델

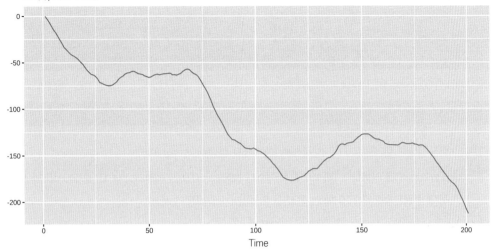

▲ 그림 6-49 AR(1), 차분 1 모델

```
urca::ur.kpss(arima110) %>% urca::summary()
```

```
#######################
# KPSS Unit Root Test #
#######################

Test is of type: mu with 4 lags.

Value of test-statistic is: 3.2912

Critical value for a significance level of:
                10pct  5pct 2.5pct  1pct
critical values 0.347 0.463  0.574 0.739
```

```
ndiffs(arima110, test = 'kpss')
```

```
[1] 1
```

```
urca::ur.kpss(diff(arima110)) %>% urca::summary()
```

```
#######################
# KPSS Unit Root Test #
#######################

Test is of type: mu with 4 lags.
```

```
Value of test-statistic is: 0.2684

Critical value for a significance level of:
                10pct  5pct 2.5pct  1pct
critical values 0.347 0.463  0.574 0.739
```

```
ndiffs(diff(arima110), test = 'kpss')
```

```
[1] 0
```

 코드설명

- 항상 동일한 랜덤변수가 나오도록 seed를 345로 설정(set.seed(345))

- arima.sim()을 사용하여 1차 AR 회귀 계수가 0.9(ar = 0.9)인 ARIMA(1, 1, 0) 모델(order = c(1, 1, 0))에 적합한 데이터 200개(n = 200)를 생성해서 arima110에 저장

- autoplot()을 사용하여 arima110을 시각화

- ur.kpss()를 통해 정상성을 검사하는데 검정통계량(3.2912)이 5% 임계치(0.463)보다 크므로 비정상성임

- ndiffs()를 사용하여 arima110에 필요한 차분수를 kpss 테스트를 기반으로 산출하는데 1를 출력하므로 1차 차분이 필요

- 1차 차분 데이터를 ur.kpss()를 통해 정상성을 검사하는데 검정통계량이(0.2684) 5% 임계치(0.463)보다 작으므로 이미 정상성을 만족

- ndiffs()를 사용하여 arima110의 1차 차분 데이터(diff(arima110))에 필요한 차분수를 kpss 테스트를 기반으로 산출하는데 kpss 테스트에서 이미 정상성이라고 판단하였으므로 차분이 불필요하다는 0를 출력

ARIMA(1, 0, 0)의 ACF, PACF 플롯은 다음과 같이 나타난다. acf 플롯을 보면 자기상관성이 전반적으로 높고 천천히 감소하는 형태tail off를 보인다. 그리고 pacf 플롯은 lag 1에서 매우 높지만 2에서부터는 끊어진다cut off. ARIMA(1, 1, 0)도 유사한 형태를 나타낸다.

```
arima100 %>% ggtsdisplay()
```

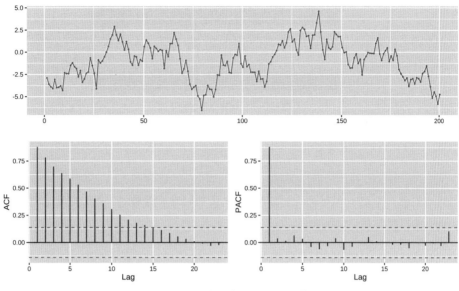

▲ 그림 6-50 ARIMA(1,0,0)의 ggtsdisplay( ) 실행 결과

6.7.2 이동평균 모델

보통 우리는 데이터의 전체 합을 데이터의 개수로 나눈 것을 평균이라 한다. 평균은 데이터 전체를 설명하는 가장 간편하고 널리 사용되는 모델이고 시계열 데이터에서도 많이 사용된다.

그러나 평균은 데이터의 분포(분산)가 크고 이상치outlier가 많을 때는 데이터를 제대로 설명해 내지 못한다. 시계열에서도 비슷한 경향이 있는데 일반 데이터와 달리 시계열 데이터에서는 장기간의 시계열 데이터일수록 평균을 사용하여 데이터를 설명하기 힘들어진다.

예를 들어, 우리나라의 1인당 GDP를 분석하고자 할 때 1960년대부터 2020년까지의 GDP를 평균을 낸다면 GDP가 낮았던 1970년대까지의 데이터로 인해 전체 평균이 최근의 GDP에 비해 낮게 나타날 것이다. 경우에 따라 이 데이터가 의미 있을 수도 있지만 최근의 경향에 맞지 않은 데이터로 간주될 것이다. 따라서 이런 경우는 시계열 데이터를 최근 3년, 5년 등으로 한정하여 평균을 내는 방법을 사용한다. 이렇게 시계열 데이터에 대한 전체 평균이 아닌 특정 기간 간의 평균을 지속해서 내는 것을 이동평균이라고 한다.

이동평균을 가장 많이 볼 수 있는 응용은 주식 플롯이다. 주식 플롯에서는 3일 이동평균, 5일 이동평균, 10일 이동평균 등 다양한 이동평균을 통해 해당 주식 주가의 전반적인 흐름을 파악한다.

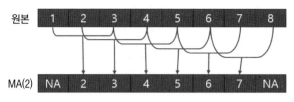

▲ 그림 6-51 이동평균 실행의 예

이동평균 모델은 MA(q)로 표현하는데 q는 이동평균을 산출하는 차수를 의미한다. q가 1인 경우는 기준 시점값과 바로 이전값의 평균, 2인 경우는 기준 시점값과 이전, 차이전 값과의 평균을 의미한다. 기준 시점값은 시계열적으로 과거값으로 하나씩 이동할 수 있고 시계열 초기값까지 이동하면 이동평균 산출은 끝난다.

ARIMA 모델에서도 이동평균을 사용한다. 앞에서 설명한 바와 같이 ARIMA(p, d, q)에서 q에 해당하는 값이 이동평균의 차수를 가리킨다.

ARIMA 모델에서 이동평균을 사용할 때 주의해야 할 점은 이동평균 모델의 계수를 적용하는 독립변수는 오차항이라는 점이다. 앞선 자기회귀 모델에서는 자기회귀 계수를 자기 자신의 lag 데이터에 적용하였지만, 이동평균 모델은 이동평균 계수를 오차항에 적용시킨다(이해가 어렵지만 원리를 알고 싶다면 참고문헌[12]을 참고하라).

다음과 같이 MA(1) 모델을 생성시켜 차이를 살펴보자.

```
set.seed(345)
# ARIMA(0,0,1)에 MA(1)의 회귀 계수가 0.9인 데이터 200개 생성
arima001 <- arima.sim(model = list(order = c(0, 0, 1), ma = 0.9), n = 200)
arima001 %>% autoplot(main = 'MA(1) 모델')
```

12 https://bit.ly/3tMnnzc

MA(1) 모델

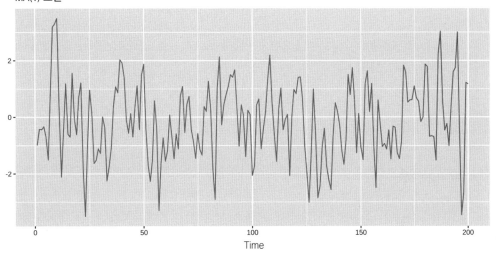

▲ 그림 6-52 MA(1) 모델의 예

```
# kpss 테스트를 통해 생성된 데이터가 정상성인지 테스트 - 0.05보다 크므로 정상성, 차분 불필요
urca::ur.kpss(arima001) %>% urca::summary()
```

```
#######################
# KPSS Unit Root Test #
#######################

Test is of type: mu with 4 lags.

Value of test-statistic is: 0.0906

Critical value for a significance level of:
                10pct  5pct 2.5pct  1pct
critical values 0.347 0.463  0.574 0.739
```

```
# 비정상 제거를 위한 차분수 - 0이 나오므로 차분 불필요
ndiffs(arima001, test = 'kpss')
```

```
[1] 0
```

코드
설명

- 항상 동일한 랜덤변수가 나오도록 seed를 345로 설정(set.seed(345))

- arima.sim()을 사용하여 1차 MA 회귀 계수가 0.9(ma = 0.9)인 ARIMA(0, 0, 1) 모델(order = c(0, 0, 1))
  에 적합한 데이터 200개(n = 200)를 생성해서 arima001에 저장

- autoplot()을 사용하여 arima001을 시각화

- ur.kpss()를 통해 정상성을 검사하는데, 검정통계량(0.0906)이 5% 임계치(0.463)보다 작으므로 정상성임
- ndiffs()를 사용하여 arima001에 필요한 차분수를 kpss 테스트를 기반으로 산출하는데 0을 출력하므로 1차 차분이 불필요

```
set.seed(345)
arima011 <- arima.sim(model = list(order = c(0, 1, 1), ma = 0.9), n = 200)
arima011 %>% autoplot(main = 'MA(1), 차분 1 모델')
```

MA(1), 차분 1 모델

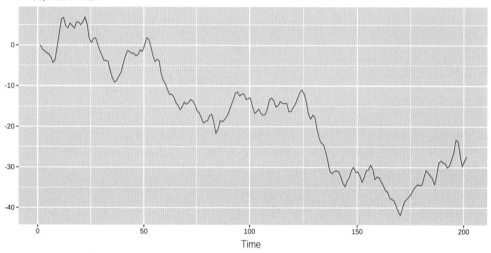

▲ 그림 6-53 MA(1), 차분 1 모델의 예

```
# kpss 테스트를 통해 생성된 데이터가 정상성인지 테스트 - 0.05보다 작으므로 정상성, 차분 필요
urca::ur.kpss(arima011) %>% urca::summary()
```

```
#######################
# KPSS Unit Root Test #
#######################

Test is of type: mu with 4 lags.

Value of test-statistic is: 3.5785

Critical value for a significance level of:
            10pct 5pct 2.5pct  1pct
critical values 0.347 0.463  0.574 0.739
```

```
# 비정상성을 제거하기 위해 필요한 차분수
ndiffs(arima011, test = 'kpss')
```

```
[1] 1
```

```
urca::ur.kpss(diff(arima011)) %>% urca::summary()
```

```
#######################
# KPSS Unit Root Test #
#######################

Test is of type: mu with 4 lags.

Value of test-statistic is: 0.0906

Critical value for a significance level of:
                10pct  5pct 2.5pct  1pct
critical values 0.347 0.463  0.574 0.739
```

```
ndiffs(diff(arima011), test = 'kpss')
```

```
[1] 0
```

 코드 설명

- 항상 동일한 랜덤변수가 나오도록 seed를 345로 설정(set.seed(345))
- arima.sim()을 사용하여 1차 MA 회귀 계수가 0.9(ma = 0.9)인 ARIMA(0, 1, 1) 모델(order = c(0, 1, 1))에 적합한 데이터 200개(n = 200)를 생성해서 arima011에 저장
- autoplot()을 사용하여 arima011을 시각화
- ur.kpss()를 통해 정상성을 검사하는데, 검정통계량(3.5785)이 5% 임계치(0.463)보다 크므로 비정상성임
- ndiffs()를 사용하여 arima011에 필요한 차분수를 kpss 테스트를 기반으로 산출하는데, 1을 출력하므로 1차 차분이 필요
- 1차 차분 데이터를 ur.kpss()를 통해 정상성을 검사하는데, 검정통계량이(0.0906) 5% 임계치(0.463)보다 작으므로 이미 정상성을 만족
- ndiffs()를 사용하여 arima011의 1차차분 데이터(diff(arima011))에 필요한 차분수를 kpss 테스트를 기반으로 산출하는데, kpss 테스트에서 이미 정상성이라고 판단하였으므로 차분이 불필요하다는 0을 출력

ARIMA(0, 0, 1)의 ACF, PACF 플롯은 다음과 같이 나타난다. AR(1) 모델의 acf는 점차 감소tail off하였고 pacf는 1에서 절단cut off되었지만, MA(1) 모델에서는 acf 플롯이 1에서 절단되고 pacf 플롯은 +와 −를 반복하지만 전반적으로 감소하고 있다.

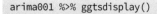

```
arima001 %>% ggtsdisplay()
```

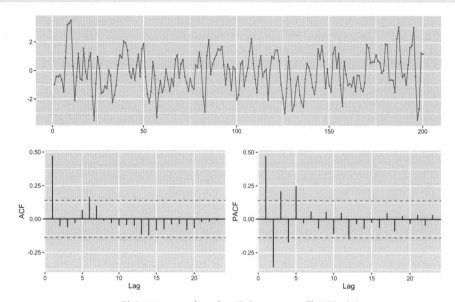

▲ 그림 6-54 ARIMA(0,0,1) 모델의 ggtsdisplay( ) 실행 결과

6.7.3 ARIMA 모델 결정

ARIMA 모델을 사용하기 위해서는 p, d, q의 차수를 결정하는 것이 매우 중요하다. 차수를 결정하는 방법은 앞서 설명한 ACF, PACF를 보고 판단할 수 있는데 forecast 패키지의 auto.arima() 함수에서는 자동으로 p, d, q의 차수를 결정해 주기 때문에 편리하게 사용할 수 있다.

하지만 ARIMA 모델의 전반적인 동작을 이해하기 위해서는 ACF와 PACF를 확인하여 모델을 결정하는 방법을 알아두어야 한다. 우선 간략하게 ARIMA 모델을 결정하는 방법을 설명하면 다음과 같다.

1. 차분을 통한 정상화
   a. ur.kpss()를 사용하여 검정통계량이 5% 임계치보다 크면 비정상 시계열이므로 ndiffs() 를 사용하여 차분수를 구함
   b. 차분수만큼 차분한 데이터 생성

2. ACF, PACF를 확인

    a. ACF가 점차 감소이고 PACF의 p차에서 절단값이 있다면 AR(p)

    b. PACF가 점차 감소이고 ACF가 q차에서 절단값이 있다면 MA(q)

    c. ACF와 PACF가 모두 점차 감소라면 ARMA 모델(육안으로는 선택이 어려움)

3. 잔차를 확인

    a. 각 시차의 잔차 Ljung-box 테스트 값이 임계치 이상이어서 정상성을 만족하는지 확인

6.7.3.1 차분을 통한 정상화

앞에서 설명했다시피 ARIMA 모델은 비정상 데이터를 정상화로 만들기 위해 d차 차분한 데이터에 ARMA(p, q)를 적용한 것과 같다. 따라서 ARIMA 모델을 만들기 위해서는 먼저 정상성 시계열 데이터인지 검사하고 비정상일 경우 차분을 통해 정상성 시계열 데이터로 만들어야 한다. 이 과정은 앞의 예제에서 ur.kpss()와 ndiffs()를 이용하는 방법을 설명했다.

6.7.3.2 ACF, PACF 확인

앞의 예제에서 AR(1)과 MA(1)의 ACF와 PACF 플롯을 보았는데 두 경우가 비슷하지만 다른 특성이 있다. AR(1) 모델의 경우는 ACF 플롯이 점차 감소tail off하고 PACF 플롯의 절단cut off 차수가 1이었다. 반면 MA(1)의 경우는 ACF 플롯의 절단 차수가 1이었고 PACF 플롯이 점차 감소하였다. 이를 정리하면 다음의 표와 같이 나타낼 수 있다.

	AR(p)	MA(q)	ARMA(p, q)
ACF	점차 감소	q차에서 절단	점차 감소
PACF	p차에서 절단	점차 감소	점차 감소

위의 표에서 보듯이 AR 모델은 ACF 플롯이 점차 감소하며 PACF 플롯의 절단 차수가 p일 때 AR(p) 모델로 결정되고, MA 모델은 PACF 플롯이 점차 감소하며, ACF 플롯의 절단 차수가 q일 때 MA(q)로 결정한다. 만약 AR과 MA가 동시에 나타나는 모델의 경우는 다음의 예에서 보듯이 ACF와 PACF가 모두 점차 감소하는 형태를 보인다.

```
set.seed(345)
# ARIMA(1,0,0)에 AR(1)의 회귀 계수가 0.9인 데이터 200개 생성
arima101 <- arima.sim(model = list(order = c(1, 0, 1), ar = 0.9, ma = 0.9), n = 200)
arima101 %>% autoplot(main = 'AR(1), MA(1) 모델')
```

AR(1), MA(1) 모델

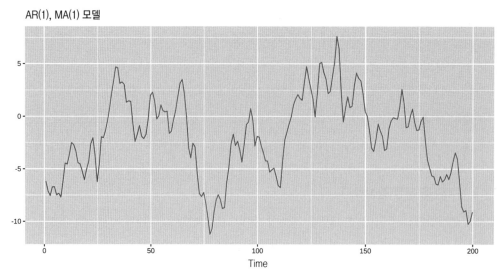

▲ 그림 6-55 AR(1), MA(1) 모델의 예

```
arima101 %>% ggtsdisplay()
```

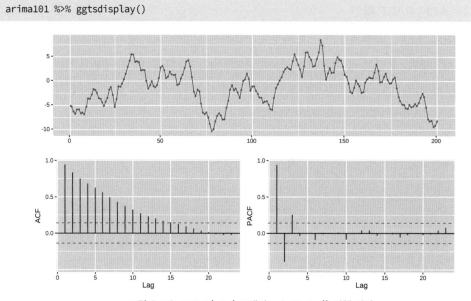

▲ 그림 6-56 ARIMA(1,0,1) 모델의 ggtsdisplay( ) 실행 결과

위의 예와 같이 p와 q가 모두 0보다 큰 경우는 ACF와 PACF 플롯으로 모델을 결정하는 것이 적절하지 않을 수 있다.[13] 이 경우에는 여러 가지 경우의 수를 설정하고 AIC, BIC, RMSE 등의 성능

---

13 https://bit.ly/315oOwt

분석 수치를 통해 가장 좋은 모델을 선정해야 한다. 이와 관련된 내용은 다음 장에서 다루겠다.

6.7.3.3 잔차 확인

ARIMA 모형에 적용할 차수를 모두 결정한 후에는 결정한 모델을 통해 생성된 잔차가 백색잡음인지를 확인해야 한다.

백색잡음인지를 검사하는 방법으로 자기상관 관계를 사용한 Ljung-box test와 단위근 검정을 통한 KPSS test를 소개하였다. ARIMA 모델을 결정하기 위해 가장 먼저 했던 작업이 KPSS test를 통한 단위근 검정이었기 때문에 이미 단위근 검정은 시행했다. 따라서 모델이 생성한 잔차가 백색잡음인지를 검사하기 위해서는 자기상관 관계를 활용해 백색잡음 여부를 판단하는 Ljung-box test를 추가로 시행한다. ARIMA 모델의 잔차를 검사할 때는 astsa 패키지에서 제공하는 sarima()를 사용하면 편리하다.

```
library(astsa)
sarima(arima101, p = 1, d = 0, q = 1)
```

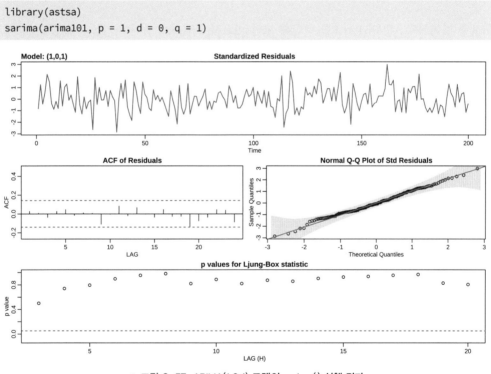

▲ 그림 6-57 ARIMA(1,0,1) 모델의 sarima( ) 실행 결과

위 플롯의 가장 위의 표준화 잔차 플롯standardized residuals은 잔차의 분포를 보여 준다. 전반적으로 평균 0의 레벨에서 분산이 크게 벗어나고 있지 않음을 볼 수 있다.

두 번째 열 왼쪽의 잔차 ACF 플롯을 보면 잔차의 자기상관이 거의 없음이 나타난다. 오른쪽의 Q-Q 플롯은 잔차의 정규분포 여부를 보여 주는 플롯인데 정규분포 데이터일수록 대각선에 포인트들이 몰려 있게 된다. 양쪽 끝단의 데이터는 큰 의미가 없다. Q-Q 플롯을 볼 때도 정규분포에서 크게 벗어나지 않는 것으로 보인다.

마지막으로 Ljung-Box의 p-value 플롯이 나타난다. 모든 lag의 p-value가 95% 임계선 위쪽으로 나타나야 백색잡음으로 간주할 수 있는데, 여기서는 모두 95% 임계선 위에 있으므로 모든 조건이 백색잡음을 만족한다.

6.7.3.4 ARIMA 모델 실습

ARIMA 모델을 학생수 시계열 데이터, 취업자수 시계열 데이터, 코로나 확진자 시계열 데이터에 적용해 보면 다음과 같다. 여기서는 ARIMA 모델을 자동으로 결정해 주는 forecast 패키지의 auto.arima()를 사용해 보고 ACF와 PACF도 확인해 보겠나.

학생수 데이터의 ACF와 PACF를 확인해 보면 비교적 확실하게 확인이 가능한 모델을 선정할 수 있는데, auto.arima()를 사용해 선정된 ARIMA 모델과 비교해 보자.

```
students.ts[,2] %>% ggtsdisplay()
```

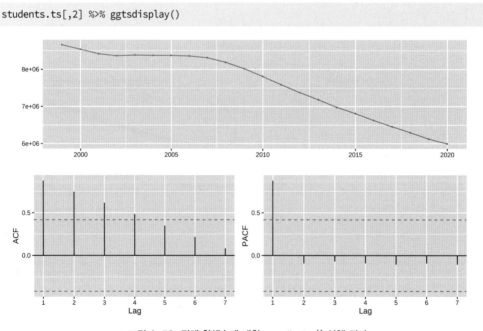

▲ 그림 6-58 전체 학생수에 대한 ggtsdisplay() 실행 결과

앞의 ggtsdisplay()의 결과에 나타난 ACF, PACF 결과를 보면 ACF가 점차 감소tail-off하고 PACF가 1차 lag에서 절단cut-off되었으므로 ARMA(1, 0) 모델로 결정할 수 있다. 차분수를 확인 하기 위해 다음과 같이 ur.kpss()를 사용한다. ur.kpss()의 결과(0.7939)가 95% 임계값(0.463) 보다 크므로 차분이 필요하고 nsdiff() 결과가 2이므로 최종 모델은 ARIMA(1, 2, 0)으로 결정할 수 있다.

```
urca::ur.kpss(students.ts[,2]) %>% urca::summary()
```

```
#######################
# KPSS Unit Root Test #
#######################

Test is of type: mu with 2 lags.

Value of test-statistic is: 0.7939

Critical value for a significance level of:
                10pct  5pct 2.5pct  1pct
critical values 0.347 0.463  0.574 0.739
```

```
ndiffs(students.ts[,2], test = 'kpss')
```

```
[1] 2
```

```
sarima(students.ts[,2], p = 1, d = 2, q = 0)
```

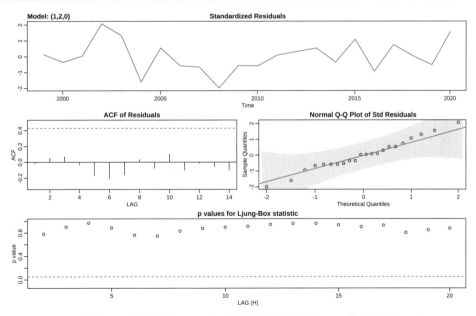

▲ 그림 6-59 전체 학생수 ARIMA(1, 2, 0) 모델 잔차에 대한 sarima( ) 실행 결과 ─ 1

```
Arima(students.ts[,2], order=c(1,2,0))
```

```
Series: students.ts[, 2]
ARIMA(1,2,0)

Coefficients:
         ar1
      0.3861
s.e.  0.2075

sigma^2 estimated as 1.174e+09:  log likelihood=-236.71
AIC=477.42   AICc=478.12   BIC=479.41
```

```
Arima(students.ts[,2], order=c(1,2,0)) %>% forecast() %>%
  autoplot() +
  labs(title = '전체 학생수에 대한 ARIMA(1, 2, 0) 모델 예측 결과', x = '연도', y = '학생수')
```

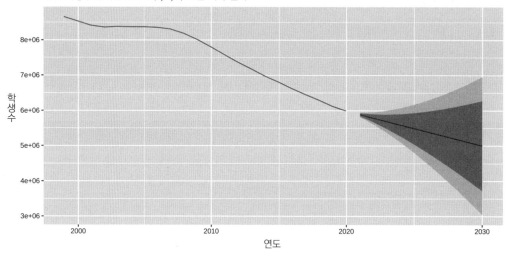

▲ 그림 6-60 전체 학생수에 대한 ARIMA(1, 2, 0) 모델 예측 결과 — Arima( ) 사용

```
sarima(students.ts[,2], p = 1, d = 2, q = 0)
```

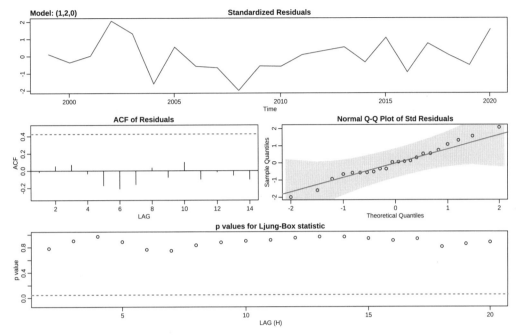

▲ 그림 6-61 전체 학생수 ARIMA(1, 2, 0) 모델 잔차에 대한 sarima( ) 실행 결과 ─ 2

```
auto.arima(students.ts[,2])
```

```
Series: students.ts[, 2]
ARIMA(1,2,0)

Coefficients:
         ar1
      0.3861
s.e.  0.2075

sigma^2 estimated as 1.174e+09:  log likelihood=-236.71
AIC=477.42   AICc=478.12    BIC=479.41
```

```
auto.arima(students.ts[,2]) %>% forecast() %>%
  autoplot() +
  labs(title = '전체 학생수에 대한 ARIMA(1, 2, 0) 모델 예측 결과', x = '연도', y = '학생수')
```

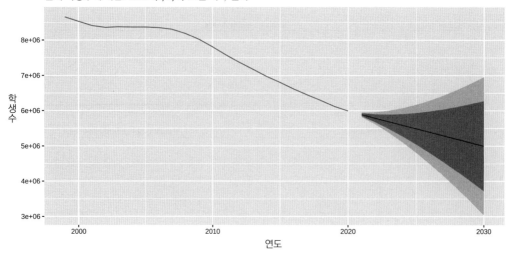

전체 학생수에 대한 ARIMA(1, 2, 0) 모델 예측 결과

▲ 그림 6-62 전체 학생수에 대한 ARIMA(1, 2, 0) 모델 예측 결과 — auto.arima( ) 사용

- ACF가 점차 감소(tail off)하고 PACF가 lag 1에서 절단(cut off)되었으므로 AR(1) 모델로 결정할 수 있음

- KPSS 테스트 결과 검정통계량이 95% 임계치보다 크기 때문에 차분이 필요

- ndiffs( )를 사용해 적정 차분수를 알아봄. 결과가 2로 나와 2차 차분이 필요

- sarima( )로 확인한 잔차의 Ljung-box의 p-value는 모두 임계치보다 크므로 잔차는 백색잡음으로 볼 수 있음

- auto.arima( )를 사용하여 결정된 ARIMA 모형도 ARIMA(1, 2, 0)이며 1차 AR 계수는 0.3861로 계산

- auto.arima( ) 모델을 forecast( )를 사용하여 예측값을 생성하고 autoplot( )으로 플롯 생성

전체 취업자수는 계절성을 지니기 때문에 계절성 ARIMA를 사용하여야 한다. 계절성 ARIMA는 다음의 절에서 설명한다. 코로나 확진자 데이터의 자동 ARIMA 모형은 (2, 1, 1)로 나타난다. kpss test와 ndiffs를 통해 차분이 1인 경우 정상성이 되는 것을 확인할 수 있으나 p, q값이 모두 0보다 큰 수이기 때문에 ACF와 PACF 플롯으로 차수를 결정하는 것이 쉽지 않다. 또한, ARIMA(2, 1, 1)의 잔차 검정 결과 중 Ljung-box 결과가 모두 95% 임계치보다 큰 것이 아니기 때문에 백색잡음이라고 단정할 수 없다. 이럴 경우는 p값과 q값의 주위 값들에 대한 ARIMA 모델들을 확인하여 결정하는 것이 좋다.

auto.arima( )는 여러 모델들 중에 최적의 모델을 선정할 때 AIC 값이 작은 값을 모델로 선택한다. AIC Akaike's information criterion는 모델의 품질을 결정할 때 참고하는 값이다. 일반적으로 과대적합overfitting 또는 과소적합underfitting되는 모델은 효율적이지 않다고 평가한다. 결국, AIC가 높을수록 모형의 적합도가 떨어진다는 것을 의미한다. 여기서 주의해야 할 것은 AIC는 모델의 성능을 평가하는 지수가 아닌 모델의 적합도를 평가하는 지수라는 것이다.

```
urca::ur.kpss(covid19.ts[,2]) %>% urca::summary()
```

```
#######################
# KPSS Unit Root Test #
#######################

Test is of type: mu with 5 lags.

Value of test-statistic is: 3.2656

Critical value for a significance level of:
                10pct  5pct 2.5pct  1pct
critical values 0.347 0.463  0.574 0.739
```

```
# 비정상성을 제거하기 위해 필요한 차분수가 1
ndiffs(covid19.ts[,2], test = 'kpss')
```

```
[1] 1
```

```
# ACF, PACF 모두 절단(cut off)이므로 ARMA(p, q) 모델
diff(covid19.ts[,2]) %>% ggtsdisplay()
```

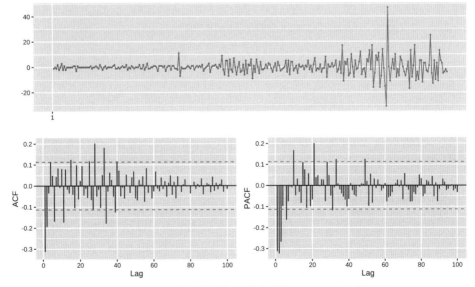

▲ 그림 6-63 코로나 확진자수(0~9세)에 대한 ggtsdisplay( ) 실행 결과

```
# 0-9세 코로나 확진자수의 ARIMA 모형은 ARIMA(2, 1, 1)으로 선정됨
auto.arima(covid19.ts[,2])
```

```
Series: covid19.ts[, 2]
ARIMA(2,1,1)

Coefficients:
         ar1      ar2      ma1
      0.1126  -0.1775  -0.6535
s.e.  0.0868   0.0688   0.0726

sigma^2 estimated as 26.74:  log likelihood=-920.47
AIC=1848.93   AICc=1849.07   BIC=1863.76
```

```
sarima(covid19.ts[,2], 2, 1, 1)
```

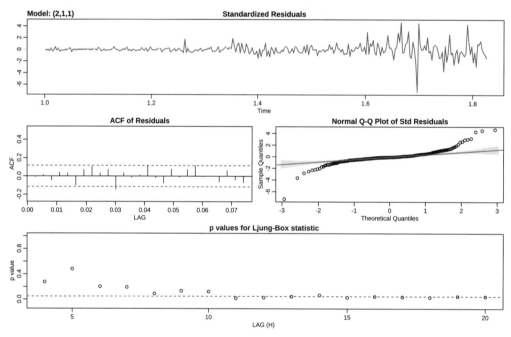

▲ 그림 6-64 코로나 확진자(0-9세)의 ARIMA(2, 1, 1) 모델 잔차에 대한 sarima( ) 실행 결과

6.7.4 Seasonal ARIMA 모델

위에서 살펴본 모델은 비계절성 ARIMA 모델이었다. 계절성을 지니는 데이터는 ARIMA 모델로는 적절히 모델링이 어렵기 때문에 계절성 ARIMA 모델을 사용해야 한다. 계절성 ARIMA는 비계절성 ARIMA의 p, d, q 차수 외에 계절성 차수인 P, D, Q와 계절 주기 m을 추가로 결정해야

하고 ARIMA(p, d, q)(P, D, Q)m으로 표기한다. 아래의 코드는 전체 취업자수의 주기별 합계 계절성 ARIMA 모델을 산출하는 코드다. 계절성 주기가 클수록 ACF와 PACF로 계절성 ARIMA 차수를 찾아내는 게 어려워지기 때문에 좀 간단한 전체 취업자수의 분기 데이터로 연습해 보자.

```
# 전체 취업자수 데이터를 분기별 합계 데이터로 변환
employees %>% mutate(year = lubridate::year(time),
                     qtr = lubridate::quarter(time)) %>%
  group_by(year, qtr) %>%
  summarise(sum = sum(total)) %>%
  ts(frequency = 4, start = c(2013,1)) -> qtr.employees.ts
# auto.arima로 일단 ARIMA 모형을 검토 - ARIMA(0,1,0)(0,1,0)[4]로 제안됨
auto.arima(qtr.employees.ts[,3]) %>% summary()
```

```
Series: qtr.employees.ts[, 3]
ARIMA(0,1,0)(0,1,0)[4]

sigma^2 estimated as 240342:  log likelihood=-205.52
AIC=413.04   AICc=413.2   BIC=414.33

Training set error measures:
                  ME      RMSE      MAE       MPE       MAPE       MASE
Training set -119.056 450.3206 266.8772 -0.1506314 0.3348234 0.2848644
                  ACF1
Training set 0.02400751
```

```
# ggtsdisplay()로 ACF 플롯을 볼 때 4주기마다 계절성이 있는 듯 보임
qtr.employees.ts[,3] %>% tsdisplay()
```

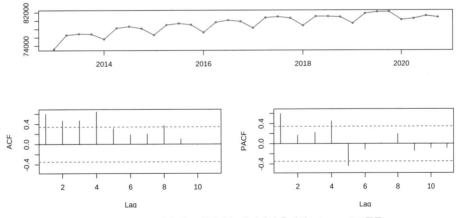

▲ 그림 6-65 분기별 신규 취업자수 데이터의 추이와 ACF, PACF 플롯

```
# KPSS 검정 결과 단위근이 존재하는 비정상성 데이터
qtr.employees.ts[,3] %>% urca::ur.kpss() %>% urca::summary()
```

```
#######################
# KPSS Unit Root Test #
#######################

Test is of type: mu with 3 lags.

Value of test-statistic is: 0.8663

Critical value for a significance level of:
                10pct 5pct 2.5pct  1pct
critical values 0.347 0.463  0.574 0.739
```

```
# ndiffs()에 의하면 1차 차분 필요
qtr.employees.ts[,3] %>% ndiffs()
```

```
[1] 1
```

```
# 1차 차분 결과 plot()
qtr.employees.ts[,3] %>% diff() %>% tsdisplay(lag.max = 36)
```

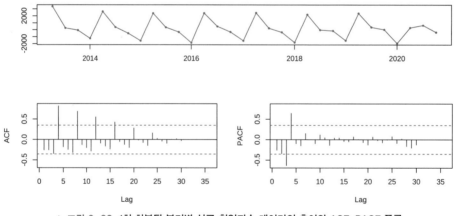

▲ 그림 6-66 1차 차분된 분기별 신규 취업자수 데이터의 추이와 ACF, PACF 플롯

1차 차분된 데이터의 ACF와 PACF를 확인해 보면 비계절성 lag(1, 2, 3 등)는 대부분 임계치 아래로 내려가 있기 때문에 ARMA(0,0)으로 결정이 가능하다. 그런데 위의 ACF와 PACF는 다른 ACF와 PACF와는 다른 점이 있는데 ACF의 선이 4주기별로 점차 감소하는 형태를 보이고 있다는 점이다. 계절성 주기 lag(4, 8, 12 등)를 보고 계절성 ARIMA 모형을 결정해야 하는데, 위에서는 ACF에서 4주기별로 점차 감소하고 PACF에서는 lag 4에서 절단되기 때문에 ARMA(1, 0)[4]로 볼

수 있다. 따라서 ACF, PACF를 보고 결정할 수 있는 계절성 ARIMA 모형은 ARIMA$(0,1,0)(1,1,0)$ [4]이다.

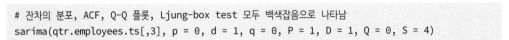

```
# 잔차의 분포, ACF, Q-Q 플롯, Ljung-box test 모두 백색잡음으로 나타남
sarima(qtr.employees.ts[,3], p = 0, d = 1, q = 0, P = 1, D = 1, Q = 0, S = 4)
```

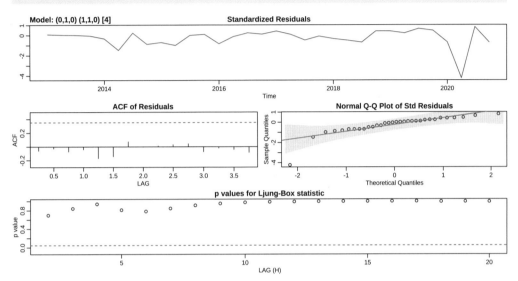

▲ 그림 6-67 분기별 신규 취업자수의 ARIMA(0, 1, 0)(1, 1, 0)[4] 모델 잔차의 sarima( ) 결과

이번에는 auto.arima()를 사용해 결정된 모델의 잔차를 sarima()를 통해 살펴보자.

```
auto.arima(qtr.employees.ts[,3])
```

```
Series: qtr.employees.ts[, 3]
ARIMA(0,1,0)(0,1,0)[4]

sigma^2 estimated as 240342:  log likelihood=-205.52
AIC=413.04   AICc=413.2   BIC=414.33
```

```
sarima(qtr.employees.ts[,3], p = 0, d = 1, q = 0, P = 0, D = 1, Q = 0, S = 4)
```

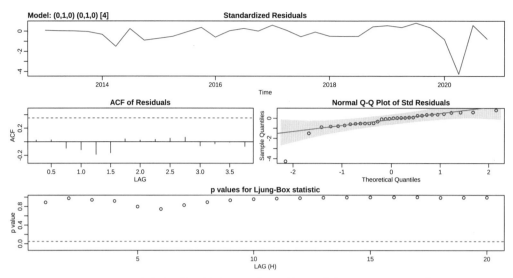

▲ 그림 6-68 분기별 신규 취업자수의 ARIMA(0, 1, 0)(0, 1, 0)[4] 모델 잔차의 sarima( ) 결과

앞의 두 플롯은 ACF, PACF를 통해 결정한 모델과 auto.arima()를 통해 결정된 모델의 잔차 정보 플롯이다. 두 모델 모두 잔차를 백색잡음으로 볼 수 있을 것으로 보인다.

그럼 auto.arima()가 결정한 ARIMA$(0,1,0)(0,1,0)$[4] 모델과 수작업으로 결정한 ARIMA$(0,1,0)$ $(1,1,0)$을 비교해 보자. 모델을 비교하는 데에는 몇 가지 방법이 있고 다음 장에서 비교를 위한 지수에 대해 자세히 설명하겠다.

auto.arima()에서는 모델을 선택하는 데 사용하는 지수로 AIC를 사용한다고 하였다. ARIMA 모델 차수 간의 비교에는 AIC가 유용한 판단 지수이지만, 다른 전혀 다른 모델과 비교할 때는 잔차에 관련된 성능 지수를 사용하는 것이 일반적이다. 따라서 모델 간의 성능 비교에서 많이 사용하는 RMSE 지수를 사용하여 비교해 보았다(RMSE는 다음 장에서 상세히 설명한다. 일단 낮은 값이 좋은 값이다).

수작업으로 선택한 ARIMA$(0,1,0)(1,1,0)$[4] 모델의 RMSE는 441.4946이고, auto.arima()로 선택된 ARIMA$(0,1,0)(0,1,0)$[4] 모델의 RMSE는 450.3206으로 산출되었다. RMSE상으로는 수작업으로 선택한 모델이 auto.arima() 선택 모델보다 우수해 보인다. 다음 플롯으로 두 모델을 확인해 보자. 이제 선택은 여러분의 몫이다.

```
# 신규취업자수에 대한 수작업 모델과 auto.arima모델을 생성
arima010110 <- Arima(qtr.employees.ts[,3], order = c(0,1,0), seasonal = c(1,1,0))
arima010010 <- Arima(qtr.employees.ts[,3], order = c(0,1,0), seasonal = c(0,1,0))
# 각 모델의 회귀 계수 및 다양한 정보
summary(arima010110)
```

```
Series: qtr.employees.ts[, 3]
ARIMA(0,1,0)(1,1,0)[4]

Coefficients:
         sar1
      -0.2955
s.e.   0.3359

sigma^2 estimated as 239898:  log likelihood=-205.16
AIC=414.33   AICc=414.83   BIC=416.92

Training set error measures:
                   ME     RMSE      MAE        MPE      MAPE     MASE
Training set -127.5149 441.4946 260.5119 -0.1615043 0.3268788 0.27807
                  ACF1
Training set -0.05923251
```

```
summary(arima010010)
```

```
Series: qtr.employees.ts[, 3]
ARIMA(0,1,0)(0,1,0)[4]

sigma^2 estimated as 240342:  log likelihood=-205.52
AIC=413.04   AICc=413.2   BIC=414.33

Training set error measures:
                  ME     RMSE      MAE        MPE      MAPE      MASE
Training set -119.056 450.3206 266.8772 -0.1506314 0.3348234 0.2848644
                 ACF1
Training set 0.02400751
```

```
# 각 모델의 예측값 산출
forecast010110 <- arima010110 %>% forecast()
forecast010010 <- arima010010 %>% forecast()
# 각 모델의 예측 결과 플롯
autoplot(qtr.employees.ts[,3]) +
  autolayer(forecast010110, PI = F, series = '010110') +
  autolayer(forecast010010, PI = F, series = '010010') +
  labs(title = '분기별 취업자수에 대한 ARIMA(0,1,0)(0,1,0)[4]와 ARIMA(0,1,0)(1,1,0)[4] 예측 결과',
x = '연도', y = '취업자수', color = '모델')
```

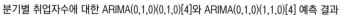

분기별 취업자수에 대한 ARIMA(0,1,0)(0,1,0)[4]와 ARIMA(0,1,0)(1,1,0)[4] 예측 결과

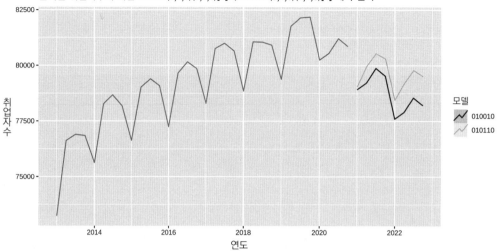

▲ 그림 6-69 분기별 취업자수에 대한 ARIMA(0,1,0)(0,1,0)[4]와 ARIMA(0,1,0)(1,1,0)[4] 예측 결과

전체 취업자수의 월별 데이터로 계절성 ARIMA 모델을 생성해 보자.

```
# auto.arima()는 ARIMA(0,1,0)(0,1,1)[12] 모델 제안
employees.ts[,2] %>% auto.arima()
```

```
Series: .
ARIMA(0,1,0)(0,1,1)[12]

Coefficients:
        sma1
      -0.4246
s.e.   0.1648

sigma^2 estimated as 15320:  log likelihood=-518.14
AIC=1040.27   AICc=1040.42   BIC=1045.11
```

```
# ggtsdisplay()로 ACF 플롯을 볼 때 12주기마다 계절성이 있는 듯 보임
employees.ts[,2] %>% tsdisplay()
```

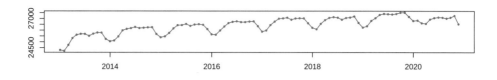

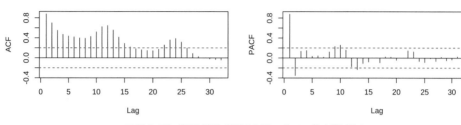

▲ 그림 6-70 월별 신규 취업자수의 tsdisplay( ) 실행 결과

```
# KPSS 검정 결과 단위근이 존재하는 비정상성 데이터
employees.ts[,2] %>% urca::ur.kpss() %>% urca::summary()
```

```
#######################
# KPSS Unit Root Test #
#######################

Test is of type: mu with 3 lags.

Value of test-statistic is: 1.9226

Critical value for a significance level of:
                10pct  5pct 2.5pct  1pct
critical values 0.347 0.463  0.574 0.739
```

```
# ndiffs()에 의하면 1차 차분 필요
employees.ts[,2] %>% ndiffs()
```

```
[1] 1
```

```
# 1차 차분 결과 plot()
# ACF, PACF를 확인해서 비계절성 모델은 (0,1,1), 계절성 모델은 (1,1,0)으로 결정
employees.ts[,2] %>% diff() %>% tsdisplay(lag.max = 36)
```

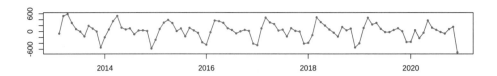

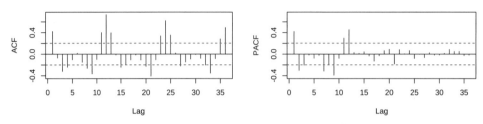

▲ 그림 6-71 1차 차분된 월별 신규 취업자수의 tsdisplay( ) 실행 결과

```
# ARIMA(0,1,1)(1,1,0)[12] 모델 생성
arima011110 <- employees.ts[,2] %>% Arima(order = c(0,1,1), seasonal = c(1,1,0))
# auto.arima()가 제안한 ARIMA(0,1,0)(0,1,1)[12] 모델 생성
arima010011 <- employees.ts[,2] %>% Arima(order = c(0,1,0), seasonal = c(0,1,1))
# 각 모델의 정보 확인
summary(arima011110)
```

```
Series: .
ARIMA(0,1,1)(1,1,0)[12]

Coefficients:
        ma1     sar1
     0.0087  -0.3649
s.e. 0.1385   0.1395

sigma^2 estimated as 15667:  log likelihood=-518.22
AIC=1042.45   AICc=1042.75   BIC=1049.7

Training set error measures:
                   ME    RMSE     MAE        MPE      MAPE      MASE
Training set -15.58899 114.974 74.83796 -0.05996543 0.2828592 0.2361174
                  ACF1
Training set -0.02801497
```

```
summary(arima010011)
```

```
Series: .
ARIMA(0,1,0)(0,1,1)[12]

Coefficients:
```

```
         sma1
      -0.4246
s.e.   0.1648

sigma^2 estimated as 15320:  log likelihood=-518.14
AIC=1040.27   AICc=1040.42   BIC=1045.11

Training set error measures:
                   ME      RMSE      MAE         MPE      MAPE      MASE
Training set -17.24831 114.3934 73.75538 -0.06622242 0.2787589 0.2327018
                  ACF1
Training set -0.01264952
```

```
# 두 모델의 예측값 산출
forecast011110 <- arima011110 %>% forecast()
forecast010011 <- arima010011 %>% forecast()
# 두 모델의 플롯
autoplot(employees.ts[,2]) +
  autolayer(forecast011110, PI = F, series = '011110') +
  autolayer(forecast010011, PI = F, series = '010011') +
  labs(title = '월별 취업자수에 대한 ARIMA(0,1,1)(1,1,0)[12]와 ARIMA(0,1,0)(0,1,1)[12]', x =
'연도', y = '취업자수', color = '모델')
```

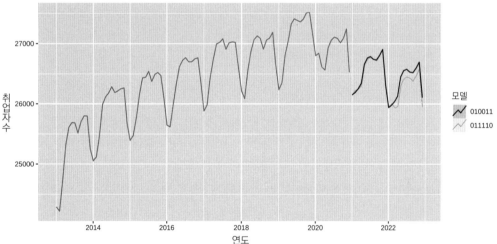

▲ 그림 6-72 **월별 취업자수에 대한 ARIMA(0,1,1)(1,1,0)[12]와 ARIMA(0,1,0)(0,1,1)[12] 예측 결과**

위의 auto.arima()가 결정한 ARIMA(0,1,0)(0,1,1)[12] 모델과 수작업으로 결정한 ARIMA(0,1,1)(1,1,0)[12]을 비교해 보자. auto.plot()의 ARIMA(0,1,0)(0,1,1)[12] 모델의 RMSE 값은 114.39이고, 수작업으로 결정한 ARIMA(0,1,1)(1,1,0)의 RMSE 값은 114.97이다. 일반적으로 RMSE 값

이 작은 모델이 성능이 좋은 모델인데, 이 두 모델의 중에 성능이 좋은 모델은 auto.arima()의 ARIMA(0,1,0)(0,1,1)[12] 모델이다. 또 아래의 표는 ARIMA(0,1,0)(0,1,1) 모델 부근의 모델들의 RMSE 값이다.

모델 차수	RMSE
ARIMA(0,1,0)(0,1,1)	114.39
ARIMA(0,1,0)(0,1,0)	120.51
ARIMA(0,1,0)(1,1,1)	120.41
ARIMA(0,1,0)(0,1,0)	120.51
ARIMA(1,1,0)(0,1,1)	114.35
ARIMA(1,1,0)(0,1,0)	120.51
ARIMA(1,1,0)(1,1,0)	114.97
ARIMA(1,1,0)(0,1,0)	120.51
ARIMA(0,1,1)(0,1,1)	114.32
ARIMA(0,1,1)(0,1,0)	120.51
ARIMA(0,1,1)(1,1,1)	114.32
ARIMA(0,1,1)(0,1,0)	120.51
ARIMA(1,1,1)(0,1,1)	113.23
ARIMA(1,1,1)(0,1,0)	117.42
ARIMA(1,1,1)(1,1,1)	113.23
ARIMA(1,1,1)(0,1,0)	117.42

auto.arima()와 수동으로 선택한 모델인 ARIMA(0,1,0)(0,1,1)[12]의 RMSE보다 낮은 RMSE 값을 갖는 모델이 눈에 보인다. 그렇다면 이 모델이 더 좋은 모델인가? ARIMA(0,1,1)(1,1,1) 모델은 잔차의 Ljung-Box 테스트에서 lag 1의 p-value가 임계치보다 낮아 잔차의 정상성을 확보하지 못한다. 다음의 플롯은 auto.arima()가 선택한 RMSE보다 낮은 모델의 예측값 플롯이다.

```
autoplot(employees.ts[, 2]) +
  autolayer(forecast010011, PI = F, series = '010011') +
  autolayer(forecast(Arima(employees.ts[, 2], order = c(1,1,0), seasonal = c(0,1,1))),
PI = F, series = '110011') +
  autolayer(forecast(Arima(employees.ts[, 2], order = c(0,1,1), seasonal = c(0,1,1))),
PI = F, series = '011011') +
  autolayer(forecast(Arima(employees.ts[, 2], order = c(1,1,1), seasonal = c(0,1,1))),
```

```
PI = F, series = '111011') +
  autolayer(forecast(Arima(employees.ts[, 2], order = c(1,1,1), seasonal = c(1,1,1))),
PI = F, series = '111111') +
  labs(title = '월별 신규 취업자에 대한 ARIMA 모델 비교', x = '연도', y = '취업자수')
```

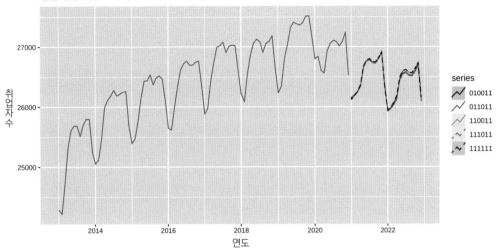

▲ 그림 6–73 **월별 신규 취업자에 대한 ARIMA 모델 비교**

위의 플롯을 보면 예측값이 미세하게 차이가 난다. 어떻게 보면 큰 차이가 아닐 수도 있고 어찌 보면 auto.plot()의 예측력이 떨어진다고 볼 수도 있다. 따라서 육안으로 결정하거나 auto.arima로 결정된 모델의 주위 모델을 반드시 확인하여 성능 수치가 더 우수한 모델을 찾는 과정을 거칠 필요가 있다.

6.8 TBATS 모델

앞선 ETS 모델과 ARIMA 모델은 계절성 처리 방법을 제공하지만 문제는 다중 계절성을 가지는 경우다. 예를 들어, 시간별 데이터는 하루 내에서도 계절성을 가질 수 있고 주간적으로도 계절성을 가질 수 있으며 월간적으로, 연간적으로도 계절성을 가질 수 있다. ETS 모델과 ARIMA 모델은 연간(frequency = 1), 분기간(frequency = 4), 월간(frequency = 12)까지의 계절성을 지원하지만, 주간(frequency = 52) 이상의 계절성을 지원하지 않기 때문에 다중 계절성을 처리하지 못한다.

또한 계절성이 동적으로 변동되는 경우도 ETS, ARIMA 모델이 지원하지 못한다. 따라서 이렇게 짧은 주기의 계절성을 찾아내는 모델이나 변동성을 지니는 계절성 데이터에 대한 모델을 구축해야 할 때 사용하는 모델이 TBATS 모델이다. TBATS 모델은 계절성의 삼각함수trigonometric, Box-Cox 변환,[14] ARMA 에러, 추세trend와 계절성 컴포넌트seasonal component의 다섯 가지 요소를 사용한 지수 평활 상태 공간 모델이다.[15]

코로나 확진자 데이터의 경우 2020년 9월경 한 차례 증가가 있었다가 2020년 12월 또 한 차례 증가가 발생했다. 이것을 이중 계절성으로 파악한다면 ETS나 ARIMA 모형으로는 모델링이 잘 되지 않는다. 하지만 TBATS 모델은 다음과 같이 모델이 가능하다.

TBATS모델은 forecast() 패키지의 tbats()를 통해 생성할 수 있다. 생성된 모델은 forecast()를 통해 예측값을 산출할 수 있다.

```
# 코로나 확진자 데이터에 대한 tBats 모델
covid19.ts[,2] %>% tbats() %>% forecast() %>% autoplot() + labs(title = '코로나 확진자(0-9세)에
대한 TBATS 모델 예측', x = '시간', y = '확진자수')
```

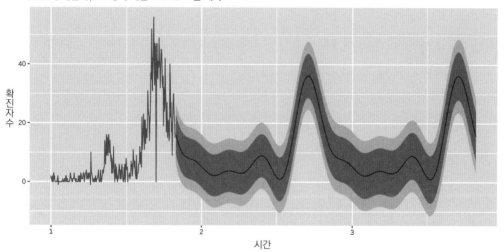

▲ 그림 6-74 코로나 확진자(0-9세)에 대한 TBATS 모델 예측 플롯

---

14 https://bit.ly/3ddrD4v

15 https://bit.ly/2PngXbe

6.9 prophet 모델

prophet 모델은 페이스북에서 자사 데이터를 기반으로 개발한 시계열 모델로 prophet 패키지를 통해 R과 파이썬Python에서 사용할 수 있다. 이 모델은 연도별, 주별, 일별 계절성 및 휴일 효과에 적합한 비선형 추세non-linear trends에 알맞은 가법 모델additive model을 통해 시계열 데이터를 예측한다(시계열 분석을 연구 목적이 아니라 실무에서 사용하는 독자라면 정의까지 굳이 속속들이 알 필요는 없을 것이다).

페이스북에서는 prophet 모델이 '빠르고 정확하다', '완전 자동화되어 있다', '예측을 조절할 수 있다', 'R과 파이썬에서 사용할 수 있다'고 홍보하고 있다.[16] 하지만 예측 방법론을 공개하지 않는 블랙박스 모델이다. 이 부분은 시계열 분석 방법론을 연구하는 연구자들에게는 단점이지만, 시계열 분석을 실무에서 사용하는 사람들은 오히려 장점이 될 수 있다(머리 아프게 공부하지 않고 그냥 쓰면 되니까).

prophet 모델은 시계열 데이터를 추세(t), 계절성(s), 휴일(h), 오차(e)의 네 가지 특성feature으로 분리한다. 추세(t)는 반복이 되지 않는 추세, 계절성(s)은 계절과 같은 반복적인 변화, 휴일(h)은 공휴일과 같이 달력상의 불규칙한 특성을 말한다. 여기에 오차가 더해지는데 이 오차는 특정 모델로 적용이 어려운 정규분포를 따르는 오차라고 가정한다.[17]

prophet 모델은 ARIMA 모델처럼 시계열 데이터의 구조 간의 관계를 분석하는 모델과 달리 데이터 구조가 어떻든 데이터에 적합한 커브를 그리는 데 목표를 두고 있다. 이렇게 함으로써 여러 주기를 가지는 계절성에 쉽게 사용할 수 있고, ARIMA 모델과 같이 일정한 데이터 주기를 맞추기 위해 데이터를 채워 넣는 작업을 피할 수 있으며, 매우 빠르게 다양한 모델 스펙을 경험할 수 있다. 또한 다양한 매개변수를 사용할 수 있으며, 회귀에 경험이 많은 분석가들의 개념에 쉽게 이해될 수 있는 형태의 매개변수들을 사용한다는 장점이 있다고 한다.

prophet 모델은 앞서 사용한 forecast 패키지 기반의 모델과는 사용 방법이 다르다. prophet 모델을 사용하기 위해서는 먼저 prophet 패키지를 설치하고 로딩한 후, prophet()을 사용해 모델을 만드는 과정까지는 타 모델 생성과 유사하다.

---

16 https://bit.ly/3lGAm2F

17 https://bit.ly/3vR5Ec4

prophet()은 데이터 프레임 객체를 대상으로 사용되는데 분석 대상 시계열 데이터가 저장된 데이터 프레임에는 반드시 칼럼 이름이 'ds'와 'y'으로 설정된 두 개의 데이터 필드가 필요하다. ds 칼럼은 date 데이터 타입이어야 하며, y 칼럼은 수치 데이터 타입이어야 한다.

prophet 모델은 다른 모델에서는 거치지 않는 하나의 추가적인 단계를 거치는데 미래 예측값을 저장할 데이터 프레임을 미리 만들어 놓는 단계다. 이 단계는 prophet 패키지에서 제공하는 make_future_dataframe()을 통해 만들 수 있는데 예측하고자 하는 기간과 예측 주기를 설정하면 빈 데이터 프레임이 생성된다.

앞서 forecast 패키지에서는 미래 예측값을 만들 때 모델 생성 함수에서 바로 만들어 내거나 forecast()를 사용하였지만 prophet 패키지는 predict()를 사용한다. 플롯을 만들 때도 forecast 패키지에서는 auto.plot()을 사용하는 반면 prophet 패키지에서는 plot()을 사용한다. plot()은 ggplot2 패키지를 사용하여 만들어진 함수이기 때문에 ggplot2에서 사용하는 기능들을 같이 사용할 수 있다. plot() 사용 시에는 prophet 모델과 future 테이블을 전달하여 호출하면 다음과 같은 플롯이 생성된다.

prophet_plot_component()를 사용하면 prophet 모델로 분해된 특성들에 대한 플롯도 확인할 수 있다.

```
if(!require(prophet)) {
    install.packages('prophet')
    library(prophet)
}
students.prophet <- data.frame(ds = students$연도, y = students$학생수계)
model.prophet.students <- prophet(students.prophet)
future.students <- make_future_dataframe(model.prophet.students, periods = 10, freq = 'year')
forecast.students <- predict(model.prophet.students, future.students)
plot(model.prophet.students, forecast.students) +
  ggrepel::geom_text_repel(aes(label = scales::number(y, big.mark = ',', accuracy = 1)),
vjust = 1, size = 3) +
  labs(title = '전체 학생수에 대한 prophet 모델 예측 결과', x = '연도', y = '학생수') +
  scale_y_continuous(labels = scales::number_format(big.mark = ','))
```

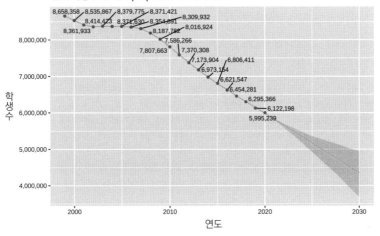

전체 학생수에 대한 prophet 모델 예측 결과

▲ 그림 6-75 전체 학생수에 대한 prophet 모델

```
prophet_plot_components(model.prophet.students, forecast.students)
```

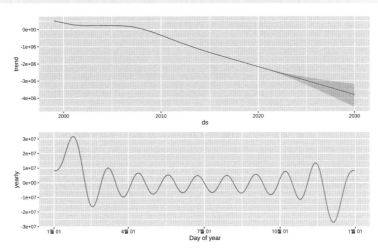

▲ 그림 6-76 전체 학생수에 대한 prophet 모델 특성 분해

 코드 설명

· ds 칼럼(students의 연도 칼럼(date 클래스로 변환), students의 학생수계)과 y칼럼을 가지는 데이터 프레임을 생성

· prophet()을 사용하여 prophet 모델을 생성

· make_future_dataframe()을 사용하여 미래 예측 데이터를 담을 빈 데이터 프레임(시간 칼럼만 있는) 생성

· predict()로 미래 예측 데이터를 생성하는데 모델로 prophet 모델, 예측에 사용될 신규 데이터로는 make_future_dataframe()으로 만들어 놓은 미래 예측 데이터 프레임을 사용

- plot()을 사용하여 미래 예측 데이터의 플롯을 생성, prophet 모델이 사용하는 plot()은 ggplot()을 기반으로 작성된 plot()의 래핑 함수이므로 ggplot()의 기능을 이용하여 플롯을 변경할 수 있음
- prophet_plot_components()로 prophet 예측에 사용된 컴포넌트들을 플롯

```
employees.prophet <- data.frame(ds = employees[,1], y = employees[,2])
model.prophet.employees <- prophet(employees.prophet)
future.employees <- make_future_dataframe(model.prophet.employees, periods = 10, freq = 'month')
forecast.employees <- predict(model.prophet.employees, future.employees)
plot(model.prophet.employees, forecast.employees) +
  labs(title = '월별 전체 취업자수에 대한 prophet 모델 예측 결과', x = '연월', y = '취업자수') +
  scale_y_continuous(labels = scales::number_format(big.mark = ','))
```

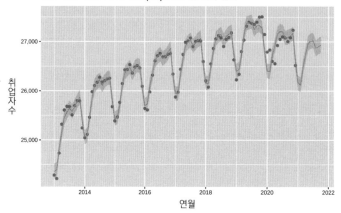

▲ 그림 6-77 월별 신규 취업자수 추세(prophet 모델)

```
prophet_plot_components(model.prophet.employees, forecast.employees)
```

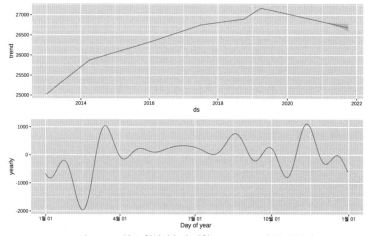

▲ 그림 6-78 신규 취업자수에 대한 prophet 모델 특성 분해

```
covid.prophet <- data.frame(ds = covid19$date, y = covid19$`0-9세`)
model.prophet.covid <- prophet(covid.prophet, yearly.seasonality=TRUE, daily.
seasonality=TRUE, weekly.seasonality=TRUE)
future.covid <- make_future_dataframe(model.prophet.covid, periods = 100, freq = 'day')
forecast.covid <- predict(model.prophet.covid, future.covid)
plot(model.prophet.covid, forecast.covid) +
  labs(title = '일별 코로나 확진자수 대한 prophet 모델 예측 결과(0-9세)', x = '연월', y = '확진자수') +
  scale_y_continuous(labels = scales::number_format(big.mark = ','))
```

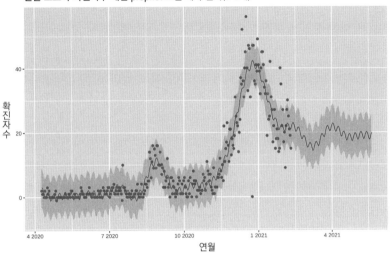

▲ 그림 6-79 일별 코로나 확진자수 추세(0-9세, prophet 모델)

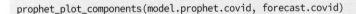

```
prophet_plot_components(model.prophet.covid, forecast.covid)
```

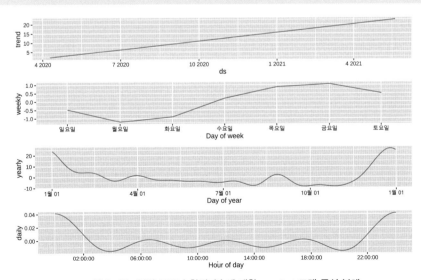

▲ 그림 6-80 일별 코로나 확진자수에 대한 prophet 모델 특성 분해

6.10 신경망 모델

요즘 우리는 딥러닝이라는 인공지능 알고리즘을 흔히 듣고 산다. 사실, 딥러닝은 다양한 머신러닝 알고리즘 중의 하나로 이번 절에서 설명하려는 신경망neural network 모델에서 파생된 모델이다. 여기서는 신경망에 대해 깊게 설명하지는 않겠지만, 신경망 알고리즘은 인간의 뇌세포 구조를 흉내내서 입력 레이어, 히든 레이어, 출력 레이어를 구축하고 이들을 비용함수들로 연결하는 모델인데 히든 레이어가 3개 이상 되는 신경망 모델을 딥러닝 모델이라 부른다.

시계열 데이터에 대한 신경망 모델은 forecast 패키지에서 제공하는 nnetar()를 사용하여 구축할 수 있다. nnetar()로 구축되는 모델은 싱글 히든 레이어를 사용한 신경망 모델이다. 따라서 딥러닝이라고까지는 언급할 수 없으나 시계열 데이터를 신경망 이론에 적합하여 만들 수 있는 모델이라는 데 의미가 있다.

nnetar()로 구축된 모델은 계절성이 없는 경우 NNAR(p, k)로, 계절성이 있는 경우는 NNAR(p, P, k)[m]으로 표현된다. p값은 히든 레이어에서 예측값을 산출하기 위해 사용하는 과거 데이터의 개수이고 k값은 히든 레이어에 존재하는 신경세포의 개수다. P는 계절성에 대한 lag 값이다. nnetar()는 p와 P 값을 자동으로 산정하고 k 값은 (p + P +1)/2 값으로 설정한다.[18]

NNAR 모델의 단점 중에 하나는 예측 구간의 계산이 원활하지 못하다는 점이다. forecast() 함수에서 'PI = TRUE' 매개변수를 설정하면 예측 구간이 계산되지만 계산량이 많아 시간이 오래 걸린다.

```
# 학생수에 대한 NNAR 모델은 NNAR(1, 1)모델
students.ts[,2] %>% nnetar() %>% forecast(PI = TRUE) %>%
  autoplot() + labs(title = '전체 학생수에 대한 신경망 모델 예측 결과', x = '연도', y = '학생수')
```

---

18 https://bit.ly/3tP4mMy

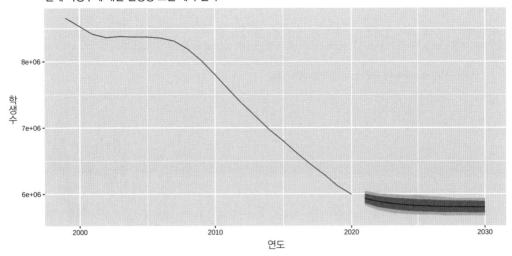

전체 학생수에 대한 신경망 모델 예측 결과

▲ 그림 6-81 전체 학생수에 대한 신경망 모델 예측 결과

```
# 전체 취업자수에 대한 모델은 NNAR(1, 1, 2)[12] 모델
employees.ts[, 2] %>% nnetar() %>% forecast(PI = TRUE) %>%
  autoplot() + labs(title = '신규 취업자수에 대한 신경망 모델 예측 결과', x = '연도', y = '취업자수')
```

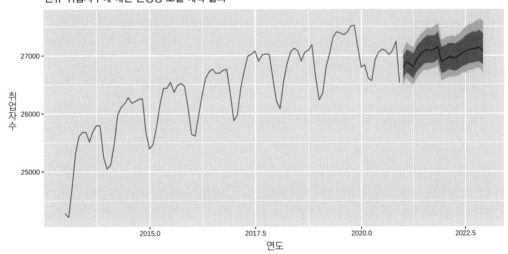

신규 취업자수에 대한 신경망 모델 예측 결과

▲ 그림 6-82 신규 취업자수에 대한 신경망 모델 예측 결과

```
# 코로나 확진자수에 대한 모델은 NNAR(22, 12) 모델(예측값을 위해 22개의 과거 데이터를 활용했고 히든 레이어에
12개의 신경세포를 생성)
covid19.ts[,2] %>% nnetar() %>% forecast(h = 100, PI = TRUE) %>%
    autoplot() + labs(title = '코로나 확진자(0-9세)에 대한 신경망 모델 예측 결과', x = '연도', y = '확진자수')
```

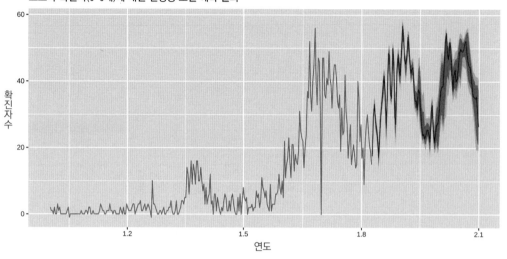

▲ 그림 6-83 코로나 확진자(0-9세)에 대한 신경망 모델 예측 결과

7장

시계열 forecasting Part III
- 시계열 분석 프레임워크

얼마전 까지만 해도 다수의 시계열 분석 모델을 비교하려면 각각의 패키지에서 제공하는 모델을 따로 구축한 후 성능 분석 지수들을 비교하여 가장 좋은 모델을 선택하는 것이 일반적이었다. 다행히 forecast 패키지에서 시계열 분석을 위한 많은 모델을 지원하지만, 모델을 생성하기 위한 사용법이 다 달라서 모델을 하나하나 만들고 분석해야 했다.

하지만 최근의 머신러닝 모델 선택의 추세는 머신러닝 프레임워크 위에서 동일한 인터페이스로 여러 모델을 동시에 만들고, 이에 대한 성능 분석 테이블을 만들어서 비교하는 방법을 사용한다.

이러한 흐름은 시계열 모델링에서도 해당되는데 시계열 분석 전용 프레임워크들이 속속 소개되고 있다. 이번 장에서는 시계열 분석 전용 프레임워크인 fable과 modeltime으로 여러 시계열 모델을 생성하고 분석하는 방법을 소개하고자 한다.

7.1 성능 분석 지수

시계열 분석 모델 간의 성능을 분석하기 위해서는 예측 정확도를 평가해야 할 근거가 필요하다. 이를 위해 다양한 지수들이 사용되는데 대부분의 지수는 시계열 모델의 적합값과 실제값의 차이인 오차항을 평가하여 산출된다. forecast 패키지에서 제공하는 accuracy()를 사용하면 여러 성능 지수를 비교할 수 있는 성능 지표를 간단히 구할 수 있다.

7.1.1 MAE

MAE_{mean absolute error}는 가장 계산이 편리한 성능 평가 지수로 오차 절대값의 평균이다. 실제값에서 적합값을 뺀 오차는 플러스 값일 수도 있고 마이너스 값일 수도 있기 때문에, 이를 단순히 더하면 오차들이 서로 상쇄되어 0에 가까울 수 있다. 따라서 오차의 합이 0에 가까운 것은 모델의 성능이 우수해서 0에 가까운 값이 나온 건지 오차들이 상쇄되어 0에 가까운 값이 나온 것인지 알 수가 없다. 이런 경우를 방지하기 위해 각각 오차 절대값의 평균으로 모델의 성능을 평가하는 지수다.

그림 7-1은 앞서 적합값과 잔차를 설명할 때 참조했던 그림이다. 그림 7-1에서 직선과 점을 잇는 수직선의 길이 평균값이 MAE 값이 된다. MAE는 오차들의 평균값이기 때문에 MAE 값이 작을수록 좋은 모델로 평가된다.

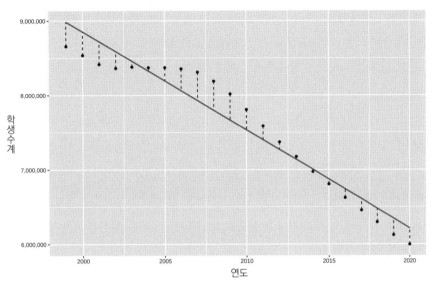
▲ 그림 7-1 적합값과 잔차

7.1.2 RMSE

RMSEroot mean square error는 성능 평가에 대표적으로 쓰이는 지수다. 오차error를 제곱square한 값들의 평균mean을 제곱근root한 값이다. RMSE를 시각적으로 표현하면 그림 7-2와 같이 표현된다. 앞선 MAE는 길이의 평균이지만, RMSE는 길이를 제곱한 것이기 때문에 그림 7-2와 같이 한 변이 오차의 길이인 정사각형의 넓이가 된다. 결국 RMSE는 이 넓이들의 평균값에 루트를 씌워 넓이를 다시 길이로 변환한 값이다.

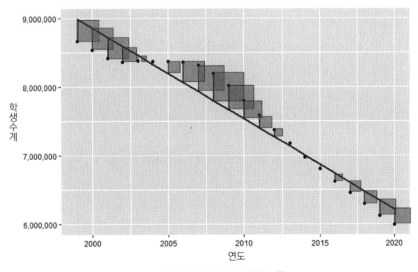
▲ 그림 7-2 RMSE의 시각적 표현

오차를 제곱하기 때문에 큰 오차일수록 더욱 크게 계산되는 패널티가 존재한다. 산출 방법은 RMSE 문구의 역순으로 오차error를 구하고 제곱square한 값의 평균mean의 제곱근root를 취해 주면 구할 수 있다. 오차를 대상으로 산출한 지수이기 때문에 이 수치가 작을수록 더 좋은 모델로 평가된다.

7.1.3 MPE

MPEmean percentage error는 오차error 백분율percentage의 평균mean을 의미한다. 오차 백분율은 실제값에서 적합값을 뺀 오차를 실제값으로 나눈 값이다. 실제값이 101이고 적합값이 100이라면 101−100 = 1이 오차이고, 이 오차 1을 실제값 101로 나눈 값(1/101)이 오차항의 백분율이며 이들 값의 평균이 MPE이다.

MPE는 백분율의 평균값이고 제곱이나 절대값이 취해지지 않았기 때문에 값의 크기로 우수 모델을 나누기보다는 오차의 편향을 살펴보는 데 더 많이 활용된다. 모델에 비해 실제값이 위쪽 방향overestimate에 위치하는지, 아래쪽 방향underestimate에 위치하는지에 대한 판단에 주로 사용된다.[1]

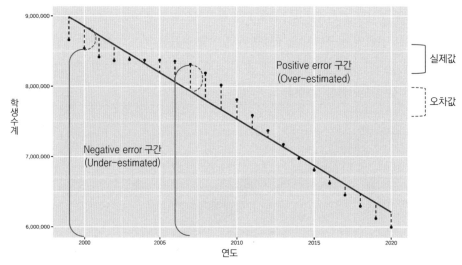

▲ 그림 7-3 MPE의 시각적 표현

---

1   https://bit.ly/2OPaJkt

7.1.4 MAPE

MAPEmean absolute percentage mean는 오차error 백분율precentage 절대값absolute의 평균mean을 의미한다. 앞의 MPE 값과 유사하게 산출되는 값이지만 이 값은 MAE 값을 백분율로 산출한 값으로 MPE에 절대값을 적용한 값이다. 같은 오차이더라도 실제값의 크기에 따라 오차의 비율이 다르기 때문에 이를 반영하는 지수다. 예를 들면 두 값의 오차가 모두 1이라 하더라도 실제값이 10일 때 오차 1과 실제값이 100일 때 오차 1은 다르다. MAE를 구할 때는 실제값에 관련없이 1이라는 값은 동일하게 계산되지만 MAPE에서는 동일한 1값이라도 실제값에 따라 다르게 계산된다.

이 값이 RMSE, MAE와 가장 다른 점은 백분율을 사용하기 때문에 결괏값들이 Y축의 실제값과 큰 관계가 없다는 것이다. 실제값과 적합값이 같으면(정확하게 예측하면) 분자로 작용하는 오차가 0이 되기 때문에 MAPE 값은 0이다. 결국 0과 가까운 값일수록 예측 성능이 우수하다고 평가할 수 있다.

다만 MPE나 MAPE 모두 치명적인 약점을 지니는데 실제값이 0인 경우 산출이 어렵다는 점(분모가 0)과 실제값이 매우 작은 경우(분모가 매우 작은 값)에는 MAPE 값이 매우 커질 수 있다는 점이다.

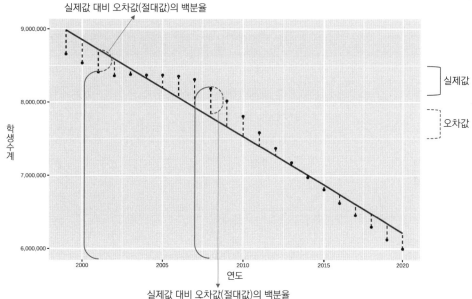

▲ 그림 7-4 MAPE의 시각적 표현

7.2 fable 프레임워크

fable 프레임워크는 다양한 시계열 분석 모델의 구축, 평가, 예측을 위한 통합 프레임워크다. 이 프레임워크는 평균 모델, 랜덤워크 모델 등 심플한 모델부터 지수 평활 모델, ARIMA 모델과 같이 전통적으로 오랫동안 사용되어 온 모델, 신경망 모델, prophet 모델 등 최근에 개발된 모델까지 같은 인터페이스를 사용하여 생성할 수 있다. 또한 생성된 모델들에 대한 성능 분석, 시각화, 예측값 산출 방법까지 제공한다.

fable 프레임워크는 지수 평활 모델, ARIMA 모델 등을 생성할 때 선택해야 하는 모델 계수들을 자동적으로 선택해 주고 일변량과 다변량을 모두 지원하기 때문에 사용하기 쉽다. 이 프레임워크는 fabletools 패키지를 기반으로 작동하고 tidyverse 생태계echosystem에서 사용하는 워크플로workflow를 준용하여 모델을 평가, 시각화 및 결합하는 도구를 제공한다. fable 프레임워크는 forecast 패키지를 tidy한 데이터[2] 형태로 모델링하고 사용할 수 있는 다양한 함수들을 제공한다.

forecast 패키지는 ts 객체를 활용하기 때문에 tidy 생태계를 사용하는 데 한계가 있었다. fable 은 이를 극복하기 위해 tidy 생태계의 기본 데이터 객체인 tibble 객체를 시계열 데이터로 확장한 tsibble을 사용한다. forecast와 fable의 차이는 다음과 같다.

	fable	forecast
객체	tsibble	ts
단일/다중 시계열	다중 시계열 가능	단일 시계열만 가능
모델 적용	동시에 여러 모델 적용	동시에 한 모델 적용
예측 결과	점 예측과 분포 제공(hilo( ) 함수를 통해 autoplot( )으로 시각화 가능)	점 예측과 예측 범위 제공
앙상블 모델 예측	가능	불가

fable을 활용해 시계열 모델의 생성, 성능 비교, 시각화, 예측값 생성은 다음의 순서를 통해 구현할 수 있다.

1. 분석 대상 시계열 데이터를 트레이닝 세트와 테스트 세트로 분리한다.
2. fable 패키지의 model()을 사용하여 동시에 생성되어야 할 모델들의 생성 함수를 넣어 준다.

---

2   tidy 데이터의 특징과 활용 방법은 https://bit.ly/3cVVJt3을 참고하라.

3. 생성된 모델을 forecast()를 사용하여 원하는 미래 기간만큼(매개변수 h를 사용)의 예측값을 산출한다.

4. autoplot()을 사용하여 시각화한다. 원본 데이터와 같이 시각화하려면 원본 데이터를 매개변수로 넣어 주고, 예측 레벨을 시각화하지 않으려면 level 매개변수를 NULL로 세팅한다.

5. 여러 모델들의 성능 측정 지수를 확인하려면 forecast 결과 객체와 테스트 데이터 세트를 accuracy()의 매개변수로 전달한다.

6. 여러 성능 측정 지수를 확인하여 가장 성능이 좋은 모델을 선정한다(필자는 RMSE가 가장 낮은 모델을 주로 사용한다).

7. 선정된 모델을 사용하여 다시 forecast()로 미래값을 예측하고 autoplot() 함수로 플롯을 생성한다.

fable의 model()에서 사용하는 모델 생성 함수는 다음과 같다.

모델	함수명	예
선형 회귀	TSLM()	TSLM(학생수 + trend())
평균 모델	MEAN()	MEAN(학생수)
naive	NAIVE()	NAIVE(학생수)
랜덤워크	RW()	RW(학생수)
지수 평활(ets)	ETS	ETS(학생수)
arima	ARIMA	ARIMA(학생수)
신경망	NNETAR	NNETAR(학생수)
prophet	prophet(fable.prophet 패키지가 필요, 소문자)	prophet(학생수)

7.2.1 미래 학생수 예측

fable 프레임워크로 미래 학생수를 예측해 보자. 먼저 트레이닝 세트와 테스트 세트를 나눈다. 트레이닝 데이터 세트와 테스트 데이터 세트는 80:20으로 나눈다.

```
split <- floor(nrow(students.tsibble) * 0.8)
students.tsibble.tr <- students.tsibble[1:split, ]
students.tsibble.test <- students.tsibble[(split+1):nrow(students.tsibble), ]
```

• students.tsibble의 행 개수(nrow)의 0.8을 곱한 값의 내림값(floor)을 구해 80:20으로 나눌 위치를 split에 저장

• students.tsibble의 1열부터 split열까지를 studets.tsibble.tr로 저장

• students.tsibble의 split+1열부터 마지막 열까지를 studets.tsibble.test로 저장

model()에 만들고 싶은 모델 함수를 트레이닝 세트에 적용하여 모델 데이터 프레임을 만든다. 아래에서는 ets, arima, naive, tslm, rw, mean, nnetar, prophet의 8가지 모델을 만들었다.[3]

```
library(fable)
library(fable.prophet)
model.fable.students <- model(students.tsibble.tr,
        ets = ETS(학생수계),
        arima = ARIMA(학생수계),
        naive = NAIVE(학생수계),
        tslm = TSLM(학생수계 ~ trend()),
        rw = RW(학생수계),
        mean = MEAN(학생수계),
        nnetar = NNETAR(학생수계),
        prophet = fable.prophet::prophet(학생수계)
        )
```

 • fable과 fable.prophet 패키지를 로딩 model()에 총 8개의 모델이 담긴 데이터 프레임을 만듦

• 칼럼명은 ets, arima, naive, tslm, rw, mean, nnetar, prophet으로 설정하여 model.fable.students 객체 생성. TSLM 모델에는 추세를 반영해 줌

앞에서 생성한 model.fable.students 모델을 forecast()에 전달하여 예측 결과를 생성한다. h 매개변수로 예측 기간을 설정한다.

```
forecast.fable.students <- forecast(model.fable.students, h = 10)
```

 • forecast()로 예측 시에 사용할 모델 데이터 프레임(model.fable.students)과 예측 기간을 10년(h = 10)으로 설정한 결과를 forecast.fable.students에 저장

autoplot()에 forecast() 결과, 원본 데이터, 레벨 매개변수를 전달하여 플롯을 생성한다.

---

3   예제 실행 시 prophet()에서 해당 칼럼을 찾을 수 없다는 오류가 나는 경우가 있다. fable.prophet 패키지의 prophet()과 prophet 패키지의 prophet()이 같은 함수명이기 때문에 발생하는 오류다. 따라서 정확한 패키지 명을 같이 호출해 주거나 패키지 로딩 순서를 바꿔 주면 해결된다.

```
autoplot(forecast.fable.students, students.tsibble, level = NULL)
```

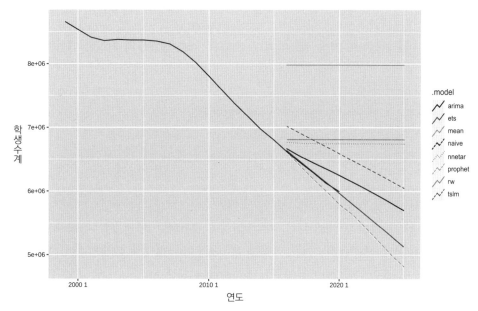

▲ 그림 7-5 전체 학생수에 대한 8개 모델의 예측 결과

 • autoplot() 함수에 플롯을 생성할 forecast 결과, 원본 데이터, 레벨 생략(level = NULL)을 전달하여
플롯을 생성

생성한 모델들의 성능 측정 지표를 확인하기 위해 forecast() 결과를 accuracy() 매개변수로
전달한다. 성능 측정에 사용하기 위해 생성해 놓았던 전체 데이터의 20% 테스트 데이터 세트를
사용하여 성능 측정 지표를 산출한다.

```
accuracy(forecast.fable.students, students.tsibble.test) %>%
  arrange(RMSE)
```

```
# A tibble: 8 x 10
  .model  .type        ME       RMSE        MAE       MPE    MAPE  MASE RMSSE    ACF1
  <chr>   <chr>     <dbl>      <dbl>      <dbl>     <dbl>   <dbl> <dbl> <dbl>   <dbl>
1 ets     Test      -5862.    17477.     16449.   -0.0862   0.263   NaN   NaN -0.0726
2 prophet Test     105383.   125348.    105383.    1.71     1.71    NaN   NaN  0.301
3 arima   Test    -155457.   173482.    155457.   -2.51     2.51    NaN   NaN  0.443
4 nnetar  Test    -449599.   499159.    449599.   -7.27     7.27    NaN   NaN  0.416
5 tslm    Test    -499968.   505229.    499968.   -7.99     7.99    NaN   NaN  0.427
6 naive   Test    -508685.   555965.    508685.   -8.21     8.21    NaN   NaN  0.413
7 rw      Test    -508685.   555965.    508685.   -8.21     8.21    NaN   NaN  0.413
8 mean    Test   -1683488.  1698372.   1683488.  -26.9     26.9     NaN   NaN  0.413
```

• accuracy() 함수에 forecast 결과, 테스트 데이터 세트인 students.tsibble.test를 사용하여 성능 측정 지수 데이터 프레임을 생성하고 RMSE(arrange(RMSE))를 기준으로 정렬

성능 측정 지수를 확인하여 가장 성능이 좋은 모델 두 개를 선택하여 저장한 데이터 프레임을 생성한다.

```
best.model.fable.students <- model.fable.students %>%
  select(ets, prophet)
```

 • RMSE 값이 가장 작은 두 개의 모델인 ets, prophet 모델을 select()를 사용해 best.model.fable. students에 저장한다.

가장 좋은 모델로 평가된 두 개의 모델 예측값을 다시 산출하고 이 결과를 사용하여 플롯을 생성한다. 생성할 때는 원본 데이터를 같이 넣어 주어야 데이터의 흐름을 파악하기 쉽고, 모델에 의해 생성되는 적합값을 같이 시각화해 주면 전반적인 모델의 예측력을 눈으로 확인할 수 있다. 플롯을 보다 보기 편하게 하기 위해 플롯 제목과 축 제목들을 설정할 수 있다. autoplot()는 ggplot2를 기반으로 생성된 플롯이기 때문에 ggplot2의 플롯 생성 방법을 사용하면 플롯을 원하는 대로 꾸밀 수 있다.

```
best.model.fable.students %>% forecast(h = 10) %>%
  autoplot(students.tsibble, alpha = 0.6, level = NULL) +
  autolayer(fitted(best.model.fable.students))
```

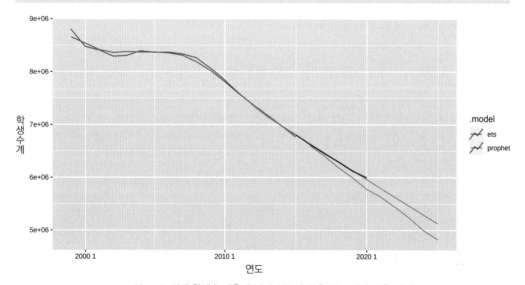

▲ 그림 7-6 전체 학생수 예측에 가장 성능이 좋은 두 모델의 예측 결과

• forecast()를 사용하여 RMSE가 가장 작은 ets, prophet 모델의 10년 치 데이터를 예측(h = 10)
• autoplot()을 사용하여 원본 데이터와 예측값 데이터의 플롯을 만들고 best.model.fable.students에
저장된 ets, prophet 모델의 적합치를 같이 시각화함

7.2.2 미래 취업자수 예측

fable 프레임워크를 사용하여 미래 신규 취업자수를 예측해 보자.

```
employees$yearmonth <- yearmonth(employees$time)
employees.tsibble <- as_tsibble(employees, index = yearmonth)
```

순서에 따라 먼저 트레이닝 데이터 세트와 테스트 데이터 세트를 나눈다. 나누는 비율은 90:10
이다.

```
split <- floor(nrow(employees.tsibble) * 0.9)
n <- nrow(employees.tsibble)
employees.tsibble.tr <- employees.tsibble[1:split, ]
employees.tsibble.test <- employees.tsibble[(split+1):n, ]
```

 • floor, nrow를 사용하여 employees.tsibble 행 개수(nrow)의 0.9를 곱한 값의 내림값(floor)을 구해
90:10으로 나눌 위치를 split에 저장
• employees.tsibble의 1열부터 split열까지를 employees.tsibble.tr로 저장
• employees.tsibble의 split+1열부터 마지막 열까지를 employees.tsibble.test로 저장

앞에서 생성한 트레이닝 데이터 세트와 model()을 사용하여 여러 시계열 분석 모델을 만들고 이
를 데이터 프레임에 저장한다. 다음에서는 ets, arima, naive, tslm, rw, mean, nnetar,
prophet의 8가지 모델을 만들었는데, 취업자 데이터는 계절성이 존재하기 때문에 선형 모델에
추세와 계절성을 추가하였다.

```
model.fable.employees <- employees.tsibble.tr %>%
  model(ets = ETS(total),
        arima = ARIMA(total),
        naive = NAIVE(total),
        tslm = TSLM(total~trend() + season(12)),
        rw = RW(total),
        mean = MEAN(total),
        nnetar = NNETAR(total),
```

```
    prophet = prophet(total)
  )
```

 • model()을 사용해 8가지 모델을 생성. model()의 호출은 employees.tsibble.tr 데이터를 첫 번째 매개변수로 사용하기 위해 %)%을 사용하여 전달

• 실행 결과는 model.fable.employees에 저장

앞에서 생성한 model.fable.employees와 forecast()를 사용하여 24개월 미래 데이터를 예측한다.

```
forecast.fable.employees <- model.fable.employees %>% forecast(h = 24)
```

 • model.fable.employees를 %)%을 이용하여 forecast()의 첫 번째 매개변수로 전달. forecast()의 예측 기간을 설정하기 위해 h = 24를 설정

• 실행 결과는 forecast.fable.employees에 저장

예측된 데이터를 사용하여 플롯을 만들고 각각의 모델에서 산출한 미래 예측값을 살펴본다.

```
forecast.fable.employees %>%
  autoplot(employees.tsibble, level = NULL) +
  labs(title = 'fable로 생성한 8가지 모델 예측 플롯', x = '연월', y = '취업자수')
```

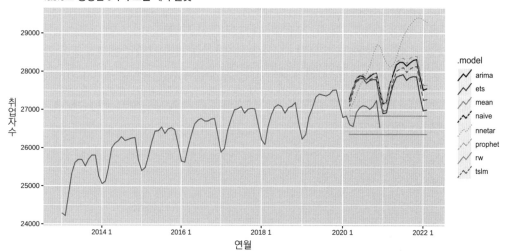

▲ 그림 7-7 신규 취업자수에 대한 8가지 모델 예측 결과

• forecast()로 예측한 24개월 이후 결과가 저장된 forecast.fable.employees를 %)%을 사용하여 autoplot()으로 전달해서 플롯을 생성

육안으로는 어느 모델이 우수한지 알아보기가 힘들다. 따라서 성능 측정 지표를 확인해서 가장 성능이 좋은 모델을 선택한다.

```
forecast.fable.employees %>% accuracy(employees.tsibble.test) %>% arrange(RMSE)
```

```
# A tibble: 8 x 10
  .model  .type      ME  RMSE   MAE    MPE  MAPE  MASE RMSSE    ACF1
  <chr>   <chr>   <dbl> <dbl> <dbl>  <dbl> <dbl> <dbl> <dbl>   <dbl>
1 naive   Test     83.4  259.  247.  0.301 0.917   NaN   NaN   0.203
2 rw      Test     83.4  259.  247.  0.301 0.917   NaN   NaN   0.203
3 mean    Test     560.  611.  560.   2.07  2.07   NaN   NaN   0.203
4 tslm    Test    -728.  738.  728.  -2.70  2.70   NaN   NaN  -0.366
5 ets     Test    -730.  740.  730.  -2.71  2.71   NaN   NaN  -0.0628
6 arima   Test    -833.  840.  833.  -3.10  3.10   NaN   NaN  -0.289
7 prophet Test    -828.  840.  828.  -3.08  3.08   NaN   NaN  -0.396
8 nnetar  Test   -1160. 1365. 1160.  -4.31  4.31   NaN   NaN   0.643
```

 • forecast()로 예측한 24개월 이후 결과가 저장된 forecast.fable.employees를 %)%을 사용하여 accuracy()로 전달해서 성능 측정 지수를 산출
• 성능 측정 지수를 산출하는 데이터는 테스트 데이터 세트를 사용하고 결과를 RMSE로 정렬한 결과를 출력

성능 측정 지수를 확인하여 가장 좋은 모델 두 가지를 가지는 데이터 프레임을 만들어 준다.

```
best.model.fable.employees <- model.fable.employees %>%
  select(naive, rw)
```

 • 여러 가지 모델을 만들어 담아 놓은 model.fable.employees 데이터 프레임에서 RMSE가 가장 작은 두 모델인 naive와 rw모델을 select()를 사용하여 best.model.fable.employees에 저장

가장 좋은 모델로 평가된 모델의 예측값을 다시 산출하고 이 결과를 사용하여 플롯을 생성한다. 앞에서 설명한 바와 같이 플롯 생성 시에는 원본 데이터와 모델의 적합값을 같이 넣어 주는 게 좋고, 플롯을 보다 보기 편하게 하기 위해 플롯 제목과 축 제목들을 설정해 주는 것이 좋다.

```
best.model.fable.employees %>%
  forecast(h = 12) %>%
```

```
autoplot(employees.tsibble, level = NULL, lwd = 1) +
autolayer(fitted(best.model.fable.employees), lwd = 1) +
geom_point(aes(x = yearmonth, y = total)) +
labs(title = '전체 취업자수 예측 모델', x = '연월', y = '취업자수')
```

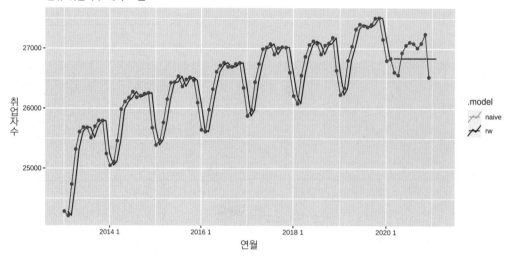

▲ 그림 7-8 신규 취업자수 예측에 가장 성능이 좋은 두 모델의 예측 결과

- 가장 RMSE가 낮은 두 모델이 담긴 best.model.fable.employees를 %>%을 사용하여 forecast()에 전달

- forecast() 결과를 %>%를 사용하여 autoplot()에 전달하는데, 원본 데이터를 같이 플롯하기 위해 원본 데이터인 employees.tsibble을 넣어 주고 여러 모델 플롯이 겹치기 때문에 level = NULL로 설정, 예측값 라인을 좀 두껍게 해주기 위해 lwd = 1로 설정

- autolayer()를 사용하여 두 가지 모델의 적합값(fitted(best.model.fable.employees))을 그려 주고 예측 라인의 두께를 설정(lwd = 1)

- geom_point()로 원본 데이터들의 정확한 지점을 표기. labs()를 사용하여 플롯 제목과 축 제목을 설정

7.2.3 미래 코로나 확진자수 예측

0~9세의 코로나 확진자수를 사용하여 미래 코로나 확진자수를 예측해 본다. 앞의 두 예제와 달리 코로나 확진자수는 일별 데이터인데, 중간중간 데이터가 빠진 날이 있다. 예측을 위해서는 빠진 날짜의 데이터를 채워 주어야 하는데, fill_gaps()를 사용하여 빠진 날짜의 데이터를 0으로 채워 넣었다.

```
fill.covid19.tsibble <- fill_gaps(covid19.tsibble, `0-9세` = 0)
```

 • fill_gaps()는 결측값을 채워 주는 함수로 여기서는 wide.covid19.by.age.tsibble의 0-9세 칼럼의
결측값을 0으로 채움

• 결과를 fill.covid19.by.age.tsibble에 저장

fill.covid19.by.age.tsibble을 트레이닝 세트와 테스트 세트로 분리한다. 분리 비율은 90:10으
로 설정하였다. 분리 비율은 정해진 값이 없기 때문에 분석자가 데이터를 분석하기 위한 적절한
비율을 선택한다.

```
split <- floor(nrow(fill.covid19.tsibble) * 0.9)
n <- nrow(fill.covid19.tsibble)
fill.covid19.tsibble.tr <- fill.covid19.tsibble[1:split, ]
fill.covid19.tsibble.test <- fill.covid19.tsibble[(split+1):n, ]
```

앞선 예제들과 같이 8개의 모델을 생성한다.

```
model.covid19.tsibble <- fill.covid19.tsibble.tr %>%
  model(ets = ETS(`0-9세`),
        arima = ARIMA(`0-9세`),
        naive = NAIVE(`0-9세`),
        tslm = TSLM(`0-9세`),
        rw = RW(`0-9세`),
        mean = MEAN(`0-9세`),
        nnetar = NNETAR(`0-9세`),
        prophet = prophet(`0-9세`)
)
```

 • 각각의 모델 생성 함수에 예측하기를 원하는 칼럼인 '0-9세' 칼럼을 설정. 생성된 결과는 model.
covid19.by.age.tsibble에 저장

생성된 모델에 기반한 예측 결과를 forecast()를 사용하여 산출한다.

```
forecast.covid19.tsibble <- model.covid19.tsibble %>%
  forecast(h = 120)
```

 • model.covid19.by.age.tsibble를 %>%을 사용하여 forecast()에 전달하는데, 120일 이후 데이터를
예측하기 위해 h = 120을 설정

• 결과는 forecast.covid19.by.age.tsibble에 저장

예측 결과를 확인하기 위해 플롯을 생성한다. 여러 플롯이 겹치기 때문에 보기는 다소 힘들다.

```
forecast.covid19.tsibble %>% autoplot(fill.covid19.tsibble, level = NULL) +
  labs(title = '코로나 확진자(0-9세)에 대한 8가지 모델 예측 결과', x = '날짜', y = '확진자수')
```

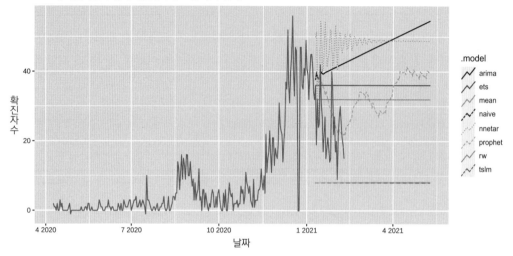

▲ 그림 7-9 코로나 확진자(0-9세)에 대한 8가지 모델 예측 결과

• forecast() 결과를 %>%을 사용하여 autoplot()에 전달

• autoplot()는 원본 데이터를 같이 플롯하고 예측 범위를 제거

육안으로는 가장 좋은 모델 선정이 어렵기 때문에 성능 측정 지표를 확인한다.

```
forecast.covid19.tsibble %>% accuracy(fill.covid19.tsibble.test) %>% arrange(RMSE)
```

```
# A tibble: 8 x 10
  .model   .type     ME  RMSE   MAE    MPE  MAPE  MASE RMSSE  ACF1
  <chr>    <chr>  <dbl> <dbl> <dbl>  <dbl> <dbl> <dbl> <dbl> <dbl>
1 prophet  Test   -6.34  10.5  8.88  -39.1  46.6   NaN   NaN 0.369
2 naive    Test   -8.39  11.4 10     -51.7  55.8   NaN   NaN 0.234
3 rw       Test   -8.39  11.4 10     -51.7  55.8   NaN   NaN 0.234
4 ets      Test  -12.4   14.6 13.1   -70.9  72.4   NaN   NaN 0.234
5 mean     Test   15.6   17.4 15.6    61.8  61.8   NaN   NaN 0.234
6 tslm     Test   15.6   17.4 15.6    61.8  61.8   NaN   NaN 0.234
7 arima    Test  -16.8   18.7 16.9   -92.1  92.5   NaN   NaN 0.281
8 nnetar   Test  -22.0   23.8 22.1  -117.  117.    NaN   NaN 0.279
```

코드
설명

- forecast( )로 예측한 120일 이후 결과가 저장된 forecast.covid19.by.age.tsibble를 %>%로 accuracy( )로 전달해서 성능 측정 지수를 산출
- 성능 측정 지수를 산출하는 데이터는 테스트 데이터 세트를 사용하고 결과를 RMSE로 정렬한 결과를 출력

성능 측정 지수가 가장 좋은 모델을 선택한다.

```
best.model.covid19.tsibble <- model.covid19.tsibble %>% select(prophet)
```

코드
설명

- 8가지 모델이 저장되어 있는 model.covid19.by.age.tsibble에서 가장 좋은 성능(RMSE 값이 가장 작은)인 prophet 모델을 선택하여 best.model.covid19.by.age.tsibble에 저장

선정된 베스트 모델의 예측 플롯을 생성하여 전체 데이터와 예측 데이터를 살펴본다.

```
best.model.covid19.tsibble %>%
  forecast(h = 120) %>%
  autoplot(fill.covid19.tsibble, lwd = 1, alpha = 0.6) +
  autolayer(fitted(best.model.covid19.tsibble), lwd = 1) +
  geom_point(aes(x = date, y = `0-9세`)) +
  labs(title = '코로나 확진자수(0-9세) 예측', x = '연월일', y = '확진자수')
```

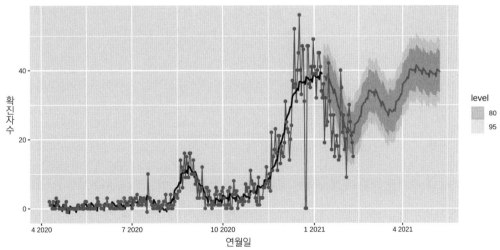

▲ 그림 7-10 코로나 확진자수(0-9세) 예측

코드
설명

- 가장 RMSE가 낮은 두 모델이 담긴 best.model.covid19.by.age.tsibble를 %>%을 사용하여 forecast( )에 전달

- forecast() 결과를 %>%를 사용하여 autoplot()에 전달하는데 원본 데이터를 같이 플롯하기 위해 원본 데이터인 fill.covid19.by.age.tsibble 넣어 주고, 예측 범위를 투명하게 설정하기 위해 alpha = 0.6으로 설정, 예측값 라인을 좀 두껍게 해주기 위해 lwd = 1로 설정
- autolayer()를 사용하여 두 가지 모델의 적합값(fitted(best.model.covid19.by.age.tsibble))을 그려 주고, 예측 라인의 두께를 설정(lwd = 1)
- geom_point()로 원본 데이터들의 정확한 지점을 표기
- labs()를 사용하여 플롯 제목과 축 제목을 설정

7.3 modeltime 프레임워크

modeltime은 머신러닝에서 주로 사용하는 모델과 전통적인 시계열 모델을 통합하여 시계열 모델을 빠르게 개발하고 테스트하기 위해 설계된 새로운 프레임워크다. modeltime 프레임워크는 미국의 비즈니스 사이언스Business Science에서 개발한 시계열 전용 분석 프레임워크로 tidymodel 생태계를 기본으로 제작되었다. tidymodel 프레임워크를 활용하기 때문에 tidymodel에서 포함하고 있는 tidymodel, parsnip, rsample 등의 패키지 기능을 사용한다. modeltime은 다음 같은 장점이 있다.[4]

- 시계열 예측을 위한 시스템화된 워크플로를 제공한다. modeltime에서 제공하는 modeltime_table(), modeltime_calibrate(), modeltime_refit() 등의 함수들을 차례대로 실행하면 예측 모델을 쉽게 구현할 수 있다.
- 시계열 모델에서 예측을 위해 활용되지 못했던 머신러닝 모델을 사용하기 위해 Tidymodel을 확장한다. tidymodel에 포함된 parsnip 패키지에서 제공하는 boost_tree() (XGBoost, C5.0), linear_reg() (GLMnet, Stan, Linear Regression), rand_forest() (Random Forest) 등을 사용할 수 있다.
- XGBoost 모델을 오류에 적용하여 정확도를 향상시킬 수 있는 Boosted ARIMA (arima_boost()) 및 Boosted Prophet (prophet_boost())을 포함한 새로운 시계열 부스트 모델을 제공한다.

---

4   https://bit.ly/3rcm4bs

modeltime을 사용하여 예측 모델과 예측 결과를 만드는 것은 그림 7-11과 같은 modeltime 워크 플로를 따라가면서 만들 수 있다.

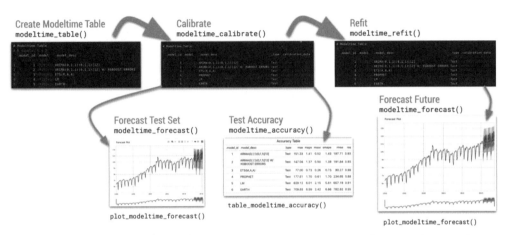

▲ 그림 7-11 modeltime 워크플로(출처: https://business-science.github.io/modeltime/index.html)

modeltime의 워크플로를 정리하면 다음과 같다.

1. 분석할 시계열 데이터를 트레이닝 세트와 테스트 세트로 분리한다.
2. 생성하고자 하는 모델을 생성한다. 이 부분은 tidymodel의 예측 모델 생성 방식을 사용하는데 parsnip 패키지에서 제공하는 함수들을 재활용한다. 모델을 생성하기 위해서는 다음의 3단계를 거친다.
   a. 예측 모델을 생성한다. 원하는 모델 생성 함수를 호출하여 모델을 생성하는데, 모델 생성 함수는 다음의 표와 같다.
   b. set_engine()을 사용하여 모델 생성에 사용할 엔진을 설정한다. 일반적인 머신러닝 모델의 경우 모델을 생성하기 위한 엔진이 여러 개인 경우가 있는데 이런 경우에 적합하다.[5] 하지만 시계열 모델에는 엔진이 많지 않아 적합치는 않지만 tidymodel의 호환성을 위해 사용하는 것으로 보인다.
   c. fit()을 사용하여 생성한 모델에 트레이닝 데이터를 피팅한다.

---

5 예를 들어, 회귀에서 많이 사용되는 logistic 모델을 위한 엔진은 glm, glmnet, stan 등 여러 가지가 있다.

3. 생성된 여러 모델을 모델 테이블에 저장한다. modeltime에서는 모델을 생성하여 모델 테이블에 저장하는 모델을 생성하는 함수로 modeltime_table()을 제공한다.

4. modeltime_calibrate()에 테스트 세트를 사용하여 모델 테이블의 모델들을 조정calibration한다.

5. modeltime_forecast()와 modeltime_accuracy()를 사용하여 미래 예측값과 미래 예측값에 대한 정확성을 측정한다.

6. 정확성 측정에 의해 선정된 모델에 대해 modeltime_refit()로 전체 데이터 세트를 사용해 모델을 다시 피팅하고 예측값을 산출한다.

modeltime의 fit()에서 모델을 생성할 때 사용하는 함수들은 다음의 표와 같다.

모델명	함수명
선형 회귀	linear_reg()
prophet	prophet_reg()
boosted prophet	prophet_boost()
arima	arima_reg()
boosted arima	arima_boost()
지수 평활	exp_smoothing()
계절성 회귀(tbats, stlm)	seasonal_reg()
신경망	nnetar_reg()

7.3.1 미래 학생수 예측

modeltime 프레임워크를 사용하여 미래 학생수를 예측해 보자. 앞에서 설명한 것과 같이 modeltime프레임워크는 tidymodels생태계를 확장했기 때문에 tidymodels 패키지와 modeltime 패키지가 모두 필요하다.

```
library(modeltime)
library(tidymodels)
```

이제 분석할 데이터를 트레이닝 세트와 테스트 세트로 분리한다. 앞의 fable에서는 열 번호를 사용하여 나누었지만, modeltime에서는 tidymodels 생태계의 rsample 패키지에서 제공하는

initial_time_split()을 사용한다.

```
splits.students <- initial_time_split(students, prop = 0.8)
```

 • initial_time_split()로 데이터를 80:20으로 분리

이제 트레이닝 세트를 사용하여 몇 가지 모델을 생성해 본다. 먼저 ARIMA 모델은 다음과 같이 생성할 수 있다. 아래의 예제에서도 보면 모델 생성 엔진을 'auto-arima'로 설정했기 때문에 ARIMA 모델의 p, d, q 차수를 자동으로 결정해 준다.

```
model_fit_arima <- arima_reg() %>%
    set_engine(engine = "auto_arima") %>%
    fit(학생수계 ~ 연도, data = training(splits.students))
```

 • arima 모델을 생성할 것이라는 것을 arima_reg()를 통해 선언

• set_engine()을 사용하여 arima 모델을 만드는 엔진으로 'auto-arima'를 설정

• fit()을 사용하여 예측을 원하는 변수(종속변수)와 예측에 사용할 시간 변수(독립변수)를 ~기호를 사용한 식(foumula)으로 전달하고 사용할 데이터로 트레이닝 세트(training(split.students))를 전달

• 만약 %>%을 사용하고 싶지 않다면 fit(set_engine(arima_reg(), engine = 'auto_arima'), 학생수계 ~ 연월일, data = training(splits.students))

다음으로 지수 평활 모델을 만든다. 지수 평활 모델도 상태 공간 모델의 선택을 엔진에서 자동적으로 선택해 준다.

```
model_fit_ets <- exp_smoothing() %>%
    set_engine(engine = "ets") %>%
    fit(학생수계 ~ 연도, data = training(splits.students))
```

 • 지수 평활 모델을 생성할 것이라는 것을 exp_smoothing()를 통해 선언

• set_engine()을 사용하여 모델을 만드는 엔진으로 'ets'를 설정

• fit()을 사용하여 예측을 원하는 변수(종속변수)와 예측에 사용할 시간 변수(독립변수)를 ~기호를 사용한 식(foumula)으로 전달하고 사용할 데이터로 트레이닝 세트(training(split.students))를 전달

다음으로 prophet 모델을 생성한다.

```
model_fit_prophet <- prophet_reg() %>%
    set_engine(engine = "prophet") %>%
    fit(학생수계 ~ 연도, data = training(splits.students))
```

 • prophet 모델을 생성할 것이라는 것을 prophet_reg()를 통해 선언

• set_engine()을 사용하여 모델을 만드는 엔진으로 'prophet' 설정

• fit()을 사용하여 예측을 원하는 변수(종속변수)와 예측에 사용할 시간 변수(독립변수)를 ~기호를 사용한 식(foumula)으로 전달하고 사용할 데이터로 트레이닝 세트(training(split.students))를 전달

다음으로 선형 회귀 모델을 생성한다.

```
model_fit_lm <- linear_reg() %>%
    set_engine("lm") %>%
    fit(학생수계 ~ 연도,
        data = training(splits.students))
```

 • 선형 회귀 모델을 생성할 것이라는 것을 linear_reg()를 통해 선언

• set_engine()을 사용하여 모델을 만드는 엔진으로 'lm' 설정

• fit()을 사용하여 예측을 원하는 변수(종속변수)와 예측에 사용할 시간 변수(독립변수)를 ~기호를 사용한 식(foumula)으로 전달하고 사용할 데이터로 트레이닝 세트(training(split.students))를 전달

다음으로 신경망 모델을 생성한다.

```
model_fit_nnetar <- nnetar_reg() %>%
    set_engine("nnetar") %>%
    fit(학생수계 ~ 연도, data = training(splits.students))
```

 • 신경망 모델을 생성할 것이라는 것을 nnetar_reg()를 통해 선언

• set_engine()을 사용하여 모델을 만드는 엔진으로 'nnetar' 설정

• fit()을 사용하여 예측을 원하는 변수(종속변수)와 예측에 사용할 시간 변수(독립변수)를 ~기호를 사용한 식(foumula)으로 전달하고 사용할 데이터로 트레이닝 세트(training(split.students))를 전달

다음은 계절성 회귀 모델인 TBATS 모델을 생성한다.

```
model_fit_tbats <- seasonal_reg() %>%
    set_engine("tbats") %>%
    fit(학생수계 ~ 연도, data = training(splits.students))
```

- 신경망 모델을 생성할 것이라는 것을 seasonal_reg()를 통해 선언
- set_engine()을 사용하여 모델을 만드는 엔진으로 'tbats' 설정
- fit()을 사용하여 예측을 원하는 변수(종속변수)와 예측에 사용할 시간 변수(독립변수)를 ~기호를 사용한 식(foumula)으로 전달하고 사용할 데이터로 트레이닝 세트(training(split.students))를 전달

모델 생성이 완료되면 model table을 생성한다. model table은 `modeltime_table()`을 사용해서 만들 수 있다.

```
(models_tbl <- modeltime_table(
    model_fit_arima,
    model_fit_ets,
    model_fit_prophet,
    model_fit_lm,
    model_fit_nnetar,
    model_fit_tbats))
```

```
# Modeltime Table
# A tibble: 6 × 3
  .model_id .model   .model_desc
      <int> <list>   <chr>
1         1 <fit[+]> ARIMA(1,2,0)
2         2 <fit[+]> ETS(A,A,N)
3         3 <fit[+]> PROPHET
4         4 <fit[+]> LM
5         5 <fit[+]> NNAR(1,1,10)[5]
6         6 <fit[+]> BATS(0.732, {0,0}, 1, -)
```

- modeltime_table()을 사용하여 model table을 생성
- modeltime_table()의 매개변수로 미리 만들어 놓은 모델을 넣어 줌
- model table은 models_tbl에 저장

생성된 model table에 저장된 모델들에 대한 조정을 실시한다. `modeltime_calibrate()`을 사용하며 조정하기 위해 사용하는 데이터는 테스트 세트를 사용한다.

```
(calibration_tbl <- models_tbl %>%
    modeltime_calibrate(new_data = testing(splits.students)))
```

```
# Modeltime Table
# A tibble: 6 × 5
  .model_id .model   .model_desc      .type .calibration_data
      <int> <list>   <chr>            <chr> <list>
1         1 <fit[+]> ARIMA(1,2,0)     Test  <tibble [5 × 4]>
```

```
2      2 <fit[+]> ETS(A,A,N)                Test <tibble [5 × 4]>
3      3 <fit[+]> PROPHET                   Test <tibble [5 × 4]>
4      4 <fit[+]> LM                        Test <tibble [5 × 4]>
5      5 <fit[+]> NNAR(1,1,10)[5]           Test <tibble [5 × 4]>
6      6 <fit[+]> BATS(0.732, {0,0}, 1, -) Test <tibble [5 × 4]>
```

코드 설명

- %>%을 이용하여 modeltime_calibrate()에 model table인 models_tbs를 전달
- 조정할 데이터는 테스트 세트를 설정(new_data = testing(splits.students))
- 조정된 모델들은 calibration_tbl에 저장

테스트 세트를 사용하여 세부 조정된 모델 테이블을 modeltime_forecast()에 적용하여 미래 예측 값을 산출한다. 다음으로 modeltime_forecast() 통해 산출된 미래 예측 결과를 plot_modeltime_ forecast()를 사용하여 플롯 생성한다. 아래의 코드에서 예측에 사용되는 새로운 데이터를 테스트 세트로 설정한 이유는 테스트 데이터 세트의 값과 모델의 예측을 통해 생성되는 값들을 비교해 보기 위함이다.

```
calibration_tbl %>%
    modeltime_forecast(
        new_data    = testing(splits.students),
        actual_data = students
    ) %>%
    plot_modeltime_forecast(
        .interactive       = FALSE,
        .conf_interval_show = FALSE
    ) +
labs(title = 'modeltime을 사용한 전체 학생수 6개 모델 예측 결과', x = '연도', y = '학생수')
```

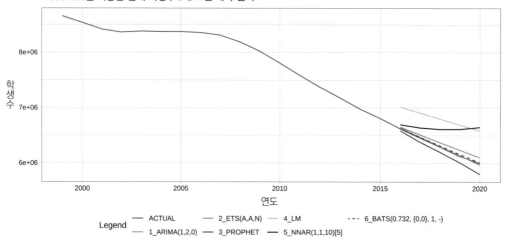

▲ 그림 7-12 modeltime을 사용한 전체 학생수 6개 모델 예측 결과

코드 설명
- %>%을 이용하여 modeltime_forecast()에 조정된 모델 테이블인 calibration_tbs를 전달
- model_forecast()는 예측을 위해 사용할 새로운 데이터 세트로 테스트 데이터 세트를 설정하였고 (new_data = testing(splits.students)) 원본 데이터와 같이 보기 위해 원본 데이터를 설정(actual_ data = students)
- modeltime_forecast()을 통해 생성된 예측값은 plot_modeltime_forecast을 사용하여 플롯 생성. 대화형 기능을 제거(.interactive = FALSE)하고 예측 구간을 제거(.conf_interval_show = FALSE)

육안으로는 어느 모델이 더 우수한지 알아보기가 어렵다. accuracy()를 사용하여 조정된 모델들의 성능 측정 지표를 비교해 본다.

```
calibration_tbl %>%
    modeltime_accuracy() %>%
  arrange(rmse)
```

```
# A tibble: 6 × 9
  .model_id .model_desc              .type     mae  mape  mase smape   rmse   rsq
      <int> <chr>                    <chr>   <dbl> <dbl> <dbl> <dbl>  <dbl> <dbl>
1         2 ETS(A,A,N)               Test   16449. 0.263 0.105 0.263 1.75e4 0.998
2         6 BATS(0.732, {0,0}, 1, ~  Test   18767. 0.302 0.120 0.301 2.20e4 0.998
3         1 ARIMA(1,2,0)             Test   79663. 1.28  0.509 1.27  8.52e4 0.998
4         3 PROPHET                  Test  101824. 1.65  0.650 1.67  1.15e5 0.996
5         5 NNAR(1,1,10)[5]          Test  340545. 5.51  2.17  5.32  3.83e5 0.897
6         4 LM                       Test  500003. 7.99  3.19  7.67  5.05e5 0.998
```

 코드 설명
- %>%을 이용하여 accuracy()에 조정된 모델 테이블인 calibration_tbs를 전달
- arrange(rmse)를 이용하여 RMSE 값으로 정렬하여 어느 모델이 우수한지 평가

성능 측정 지수를 사용하여 우수한 모델 두 개를 선택하고, 이번에는 트레이닝 세트가 아닌 전체 데이터 세트를 사용하여 모델을 생성한다.

```
model_fit_ets <- exp_smoothing() %>%
    set_engine(engine = "ets") %>%
    fit(학생수계 ~ 연도, data = students)

model_fit_tbats <- seasonal_reg() %>%
    set_engine("tbats") %>%
    fit(학생수계 ~ 연도, data = students)

(models_tbl <- modeltime_table(
    model_fit_ets,
```

```
    model_fit_tbats))

# Modeltime Table
# A tibble: 2 × 3
  .model_id .model   .model_desc
      <int> <list>   <chr>
1         1 <fit[+]> ETS(A,AD,N)
2         2 <fit[+]> BATS(0.641, {0,0}, 0.819, -)
```

```
models_tbl %>%
    modeltime_forecast(
        h    = '10 years',
        actual_data = students
    ) %>%
    plot_modeltime_forecast(
      .interactive      = FALSE
    )
```

전체 학생수 모델 예측 결과

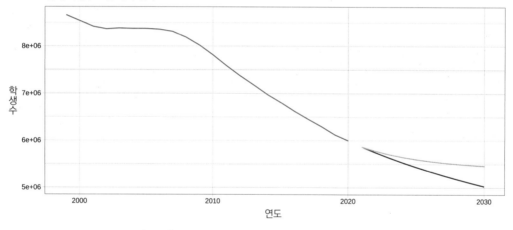

▲ 그림 7-13 전체 학생수 모델 예측 결과

- 전체 데이터 세트를 사용하여 ets 모델과 tbats 모델을 생성

- 두 개의 모델을 사용하여 모델 테이블을 생성

- 데이터로 생성한 모델 테이블을 modeltime_forecast()에 %>%로 전달하여 예측값 산출. 단 이번에는 테스트 세트가 없기 때문에 예측 기간을 지정(h = '10 years')하고 원본 데이터와 같이 예측 데이터를 생성

- plot_modeltime_forecast()를 사용하여 두 모델의 10년 치 예측 데이터 플롯을 생성

7.3.2 미래 취업자수 예측

이번에는 전체 취업자수를 사용하여 미래 취업자수를 예측해 본다. 방법은 학생수 예측과 거의 동일하다. 먼저 트레이닝 세트와 테스트 세트를 분리한다.

```
splits.employees <- initial_time_split(employees, prop = 0.9)
```

첫 번째 모델은 ARIMA 모델로 auto_arima 엔진을 설정하고 트레이닝 데이터 세트를 사용하여 모델을 피팅한다. 종속변수는 전체 취업자수(total)이며 독립변수는 time(시간)으로 설정하였다.

```
model_fit_arima <- arima_reg() %>%
    set_engine(engine = "auto_arima") %>%
    fit(total ~ time, data = training(splits.employees))
```

두 번째 모델은 ets 모델을 생성하였다.

```
model_fit_ets <- exp_smoothing() %>%
    set_engine(engine = "ets") %>%
    fit(total ~ time, data = training(splits.employees))
```

세 번째 모델은 prophet 모델을 생성하였다.

```
model_fit_prophet <- prophet_reg() %>%
    set_engine(engine = "prophet") %>%
    fit(total ~ time, data = training(splits.employees))
```

네 번째 모델은 선형 회귀 모델이다. 선형 회귀 모델에서 하나 다른 점은 계절성을 추가하기 위해 월을 추가하였다.

```
model_fit_lm <- linear_reg() %>%
    set_engine("lm") %>%
    fit(total ~ time + factor(lubridate::month(time, label = TRUE), ordered = FALSE),
        data = training(splits.employees))
```

- 계절성을 추가하기 위해 시간 칼럼에서 월을 추출(month(time, label = TRUE))
- 추출된 월을 factor로 설정하는데 순서는 유지하지 않도록 설정(ordered = FALSE)

다섯 번째 모델은 신경망 모델을 생성한다.

```
model_fit_nnetar <- nnetar_reg() %>%
    set_engine("nnetar") %>%
    fit(total ~ time, data = training(splits.employees)) .
```

여섯 번째 모델은 tbats 모델이다.

```
model_fit_tbats <- seasonal_reg() %>%
    set_engine("tbats") %>%
    fit(total ~ time, data = training(splits.employees))
```

위에서 생성한 6가지 모델을 사용하여 모델 테이블인 models_tbs를 생성한다.

```
(models_tbl <- modeltime_table(
    model_fit_arima,
    model_fit_ets,
    model_fit_prophet,
    model_fit_lm,
    model_fit_nnetar,
    model_fit_tbats))
```

```
# Modeltime Table
# A tibble: 6 × 3
  .model_id .model   .model_desc
      <int> <list>   <chr>
1         1 <fit[+]> ARIMA(0,1,1)(0,1,1)[12]
2         2 <fit[+]> ETS(A,AD,A)
3         3 <fit[+]> PROPHET
4         4 <fit[+]> LM
5         5 <fit[+]> NNAR(1,1,10)[12]
6         6 <fit[+]> TBATS(1, {0,0}, 0.971, {<12,3>})
```

테스트 데이터 세트를 사용하여 모델들을 조정한다.

```
(calibration_tbl <- models_tbl %>%
    modeltime_calibrate(new_data = testing(splits.employees)))
```

```
# Modeltime Table
# A tibble: 6 x 5
  .model_id .model   .model_desc              .type .calibration_data
      <int> <list>   <chr>                    <chr> <list>
1         1 <fit[+]> ARIMA(0,1,1)(0,1,1)[12]  Test  <tibble [10 × 4]>
2         2 <fit[+]> ETS(A,AD,A)              Test  <tibble [10 × 4]>
3         3 <fit[+]> PROPHET                  Test  <tibble [10 × 4]>
4         4 <fit[+]> LM                       Test  <tibble [10 × 4]>
```

```
5      5 <fit[+]> NNAR(1,1,10)[12]                  Test  <tibble [10 × 4]>
6      6 <fit[+]> TBATS(1, {0,0}, 0.971, {<12,3>}) Test  <tibble [10 × 4]>
```

조정된 모델 테이블을 사용하여 미래 예측값을 산출한다. 새로운 데이터 세트로 테스트 데이터 세트를 사용하고 원본 데이터와 같이 시각화하도록 설정해 준다. 이 예측 데이터를 plot_modeltime_forecast()를 사용해 플롯을 생성해 준다(플롯을 보면 실제 데이터와 다소 차이를 보이는데 트레이닝 세트는 코로나 발생 이전까지의 데이터이고, 테스트 데이터는 코로나 발생 이후 데이터이기 때문에 모델들이 이를 예측하지 못한 것이다).

```
calibration_tbl %>%
    modeltime_forecast(
        new_data    = testing(splits.employees),
        actual_data = employees
    ) %>%
    plot_modeltime_forecast(
        .interactive        = FALSE,
        .conf_interval_show = FALSE
    ) + labs(title = 'modeltime을 사용한 신규 취업자수 6개 모델 예측 결과', x = '연도', y = '취업자수')
```

▲ 그림 7-14 modeltime을 사용한 신규 취업자수 6개 모델 예측 결과

육안으로 성능을 판단하기 힘드니 성능 측정 지수를 확인한다.

```
calibration_tbl %>%
    modeltime_accuracy() %>%
  arrange(rmse)
```

```
# A tibble: 6 × 9
  .model_id .model_desc                 .type   mae  mape  mase smape  rmse   rsq
      <int> <chr>                       <chr> <dbl> <dbl> <dbl> <dbl> <dbl> <dbl>
1         5 NNAR(1,1,10)[12]            Test   652.  2.42  3.60  2.39  731. 0.229
2         4 LM                          Test   728.  2.71  4.02  2.67  738. 0.762
3         2 ETS(A,AD,A)                 Test   730.  2.71  4.03  2.68  740. 0.757
4         3 PROPHET                     Test   824.  3.06  4.55  3.02  833. 0.760
5         1 ARIMA(0,1,1)(0,1,1)[12]     Test   833.  3.10  4.60  3.05  840. 0.795
6         6 TBATS(1, {0,0}, 0.971, {<~  Test   903.  3.36  4.99  3.30  913. 0.724
```

성능 측정 지수를 확인한 결과 신경망 모델과 선형 회귀 모델의 RMSE 값이 가장 적게 계산되었다. 이 두 모델을 다시 생성하는데, 이번에는 트레이닝 데이터 세트가 아닌 전체 데이터 세트를 사용한다(전체 데이터 세트를 사용하니 신경망 모델은 코로나로 인한 취업자수 감소를 다소 반영한 것으로 보인다).

```
model_fit_lm <- linear_reg() %>%
    set_engine("lm") %>%
    fit(total ~ time + factor(lubridate::month(time, label = TRUE), ordered = FALSE),
        data = employees)

model_fit_nnetar <- nnetar_reg() %>%
    set_engine("nnetar") %>%
    fit(total ~ time, data = employees)

(models_tbl <- modeltime_table(
    model_fit_lm,
    model_fit_nnetar))
```

```
# Modeltime Table
# A tibble: 2 × 3
  .model_id .model   .model_desc
      <int> <list>   <chr>
1         1 <fit[+]> LM
2         2 <fit[+]> NNAR(1,1,10)[12]
```

```
models_tbl %>%
    modeltime_forecast(
        h    = '3 years',
        actual_data = employees
    ) %>%
    plot_modeltime_forecast(
        .interactive      = FALSE
    ) + labs(title = '신규 취업자수 모델 예측 결과', x = '연도', y = '취업자수')
```

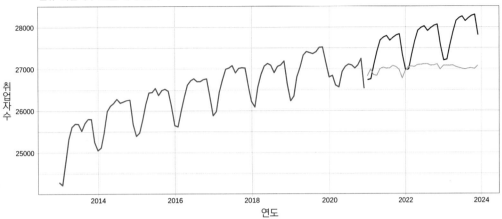

신규 취업자수 모델 예측 결과

Legend —— ACTUAL —— 1_LM —— 2_NNAR(1,1,10)[12]

▲ 그림 7-15 신규 취업자수 모델 예측 결과

7.3.3 미래 코로나 확진자수 예측

이번 절에서는 코로나 확진자를 예측해 본다. 먼저 전체 데이터 세트를 트레이닝 세트와 테스트 세트로 나눈다. 나누는 비율은 90:10으로 설정하였다.

```
splits.covid19 <- initial_time_split(covid19, prop = 0.9)
```

트레이닝 세트를 사용해 ARIMA 모델을 생성한다.

```
model_fit_arima <- arima_reg() %>%
    set_engine(engine = "auto_arima") %>%
    fit(`0-9세` ~ date, data = training(splits.covid19))
```

두 번째 모델로 지수 평활 모델을 생성한다.

```
model_fit_ets <- exp_smoothing() %>%
    set_engine(engine = "ets") %>%
    fit(`0-9세` ~ date, data = training(splits.covid19))
```

세 번째 모델로 prophet 모델을 생성한다.

```
model_fit_prophet <- prophet_reg() %>%
    set_engine(engine = "prophet") %>%
    fit(`0-9세` ~ date, data = training(splits.covid19))
```

네 번째 모델로 선형 회귀 모델을 생성한다.

```
model_fit_lm <- linear_reg() %>%
    set_engine("lm") %>%
    fit(`0-9세` ~ date,
        data = training(splits.covid19))
```

다섯 번째로 신경망 모델을 생성한다.

```
model_fit_nnetar <- nnetar_reg() %>%
    set_engine("nnetar") %>%
    fit(`0-9세` ~ date, data = training(splits.covid19))
```

여섯 번째 모델로 tbats 모델을 생성한다.

```
model_fit_tbats <- seasonal_reg() %>%
    set_engine("tbats") %>%
    fit(`0-9세` ~ date, data = training(splits.covid19))
```

생성한 6가지 모델을 사용하여 모델 테이블인 models_tbl을 생성한다.

```
(models_tbl <- modeltime_table(
    model_fit_arima,
    model_fit_ets,
    model_fit_prophet,
    model_fit_lm,
    model_fit_nnetar,
    model_fit_tbats))
```

```
# Modeltime Table
# A tibble: 6 × 3
  .model_id .model   .model_desc
      <int> <list>   <chr>
1         1 <fit[+]> ARIMA(3,1,1)
2         2 <fit[+]> ETS(A,N,N)
3         3 <fit[+]> PROPHET
4         4 <fit[+]> LM
5         5 <fit[+]> NNAR(1,1,10)[7]
6         6 <fit[+]> BATS(1, {2,2}, -, -)
```

테스트 데이터를 modeltime_calibrate()에 적용하여 모델을 조정한다.

```
(calibration_tbl <- models_tbl %>%
    modeltime_calibrate(new_data = testing(splits.covid19)))
```

```
# Modeltime Table
# A tibble: 6 × 5
  .model_id .model    .model_desc          .type .calibration_data
      <int> <list>    <chr>                <chr> <list>
1         1 <fit[+]>  ARIMA(3,1,1)         Test  <tibble [31 × 4]>
2         2 <fit[+]>  ETS(A,N,N)           Test  <tibble [31 × 4]>
3         3 <fit[+]>  PROPHET              Test  <tibble [31 × 4]>
4         4 <fit[+]>  LM                   Test  <tibble [31 × 4]>
5         5 <fit[+]>  NNAR(1,1,10)[7]      Test  <tibble [31 × 4]>
6         6 <fit[+]>  BATS(1, {2,2}, -, -) Test  <tibble [31 × 4]>
```

조정된 모델이 저장된 모델 테이블을 modeltime_forecast()에 전달하고 테스트 데이터 세트를 사용하여 예측 데이터를 생성한다. 이 결과를 plot_modeltime_forecast()를 사용하여 플롯을 생성한다.

```
calibration_tbl %>%
    modeltime_forecast(
        new_data    = testing(splits.covid19),
        actual_data = covid19
    ) %>%
    plot_modeltime_forecast(
        .interactive       = FALSE,
        .conf_interval_show = FALSE
    ) + labs(title = 'modeltime을 사용한 코로나 확진자수(0-9세)에 대한 6개 모델 예측 결과', x = '연도',
y = '확진자수')
```

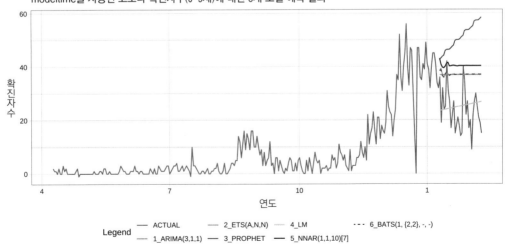

▲ 그림 7-16 modeltime을 사용한 코로나 확진자수(0-9세)에 대한 6개 모델 예측 결과

성능 측정 지수를 사용하여 모델 중에 가장 오류가 적은 모델이 어떤 것인지 확인해 본다.

```
calibration_tbl %>%
    modeltime_accuracy() %>%
  arrange(rmse)
```

```
# A tibble: 6 x 9
  .model_id .model_desc          .type   mae  mape  mase smape  rmse     rsq
      <int> <chr>                <chr> <dbl> <dbl> <dbl> <dbl> <dbl>   <dbl>
1         4 LM                   Test   6.81  34.8 0.909  28.9  8.25  0.0947
2         2 ETS(A,N,N)           Test  13.8   76.2 1.84   49.1 15.4  NA
3         1 ARIMA(3,1,1)         Test  13.9   76.8 1.86   49.4 15.5  0.0227
4         6 BATS(1, {2,2}, -, -) Test  13.9   76.9 1.86   49.4 15.5  0.0365
5         5 NNAR(1,1,10)[7]      Test  16.6   90.5 2.22   55.7 18.2  0.129
6         3 PROPHET              Test  27.2  143.  3.63   75.2 29.0  0.0780
```

오류가 가장 적은 모델인 선형 회귀 모델과 ets 모델을 전체 데이터 세트를 사용하여 다시 구축한다. 모델 테이블을 만들고 3개월 치 데이터를 예측한 후 플롯을 생성한다.

```
model_fit_lm <- linear_reg() %>%
    set_engine("lm") %>%
    fit(`0-9세` ~ date,
        data = covid19)

model_fit_ets <- exp_smoothing() %>%
    set_engine(engine = "ets") %>%
    fit(`0-9세` ~ date, data = covid19)

(models_tbl <- modeltime_table(
    model_fit_lm,
    model_fit_ets))
```

```
# Modeltime Table
# A tibble: 2 × 3
  .model_id .model    .model_desc
      <int> <list>    <chr>
1         1 <fit[+]> LM
2         2 <fit[+]> ETS(A,N,N)
```

```
models_tbl %>%
    modeltime_forecast(
        h    = '3 months',
        actual_data = covid19
    ) %>%
    plot_modeltime_forecast(
```

```
    .interactive       = FALSE
) + labs(title = '코로나 확진자수(0-9세) 모델 예측 결과', x = '날짜', y = '확진자수')
```

코로나 확진자수(0-9세) 모델 예측 결과

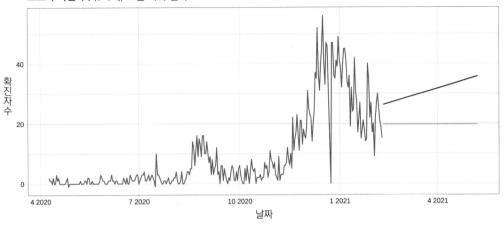

▲ 그림 7-17 코로나 확진자수(0-9세) 모델 예측 결과

찾아보기